자유케 된 자아

당신이 하나님을 더 깊이 알아 가고 더 널리 알리는 사람이 되는 것, 이 책에 담긴 예수전도단의 마음입니다. 말씀을 통해 저자가 깨닫고, 원고를 통해 저희가 누릴 수 있었던 그 감동이 책을 통해 당신에게도 전해지기 원합니다. 그리고 당신을 통해 그 기쁨과 은혜가 더 많은 이들에게 계속해서 흘러가기를 기도하겠습니다. 이 책을 통해 당신이 받은 은혜를 다른 분들에게도 나눠 주십시오. 사랑하고 축복합니다.

Copyright 1991 © Tom Marshall
All rights reserved. No part of this book may be reproduced
in any from without permission in writing from the publisher,
expect for personal study, research, criticism or
review in a newspaper or magazine.

Korean Translation Copyright (c) 1994 YWAM Publishing, Korea

본 저작물의 한국어판 저작권은 도서출판 예수전도단에 있습니다.
저작권법에 의해 보호받는 저작물이므로 무단전재와 복제를 금합니다.

자유케 된 자아

예수전도단

자유케 된 자아

추천의 글		006
들어가는 글		007

1부
- 1장 그리스도인과 그리스도인의 생각 — 012
- 2장 가려진 생각 — 024
- 3장 새롭게 된 생각 — 034

2부
- 4장 감정이란 무엇인가? — 058
- 5장 잘못된 것은 무엇인가? — 067
- 6장 상처 받은 감정 — 072
- 7장 내적 상처의 치유 — 080
- 8장 내적 치유의 과정 — 083
- 9장 감정을 어떻게 다루며 살 것인가? — 093

3부
- 10장 자유 의지 — 112
- 11장 세력 다툼 — 129
- 12장 육체에 대한 하나님의 해답 — 131
- 13장 새 언약의 자유를 경험하기 — 140

4부	14장 진정한 자기 자신이 되기 위한 자유	156
	15장 타락한 자아	166
	16장 자아의 해방	177
	17장 자유케 된 자아	189
5부	18장 영으로 사는 것	204
	19장 파괴된 인간	214
	20장 회심한 인간	218
	21장 영의 기능	221
	22장 영과 혼의 관계	232
	23장 양심과 의지	244
	24장 예배와 감정	259
	25장 말씀이 육신이 되다	274

추천의 글

탐 마샬이 그리스도인의 삶과 사고에 기여한 것은 우리나라인 뉴질랜드에서는 거의 하나의 공공기관이 한 일과 비슷합니다. 그는 제가 알고 있는 사역자 가운데 생각을 가장 창조적이고 민감하게 하는 귀한 사람 중의 한 사람입니다.

자유케 된 자아(Free Indeed)는 온전한 삶에 대한 실제적이고 통찰력 있는 지침일 뿐 아니라, 사역하면서 돕는 사람들에게 실제로 번번이 일어나는 일에 대한 탐의 진술입니다.

자유케 된 자아는 그냥 하루아침에 만들어진 책이 아닙니다. 이 책에 나와 있는 지혜는 구원처럼 값을 주고 산 것입니다.

- 윈키 프래스니

들어가는 글

어느 집회에서 강의를 마치고 돌아가려는 나에게 한 여성이 다가와서 몇 가지 질문을 했다. 그때 나는 이 책에 실린 내가 통찰하여 얻은 몇 가지 것들을 이야기했다. 사람들이 모두 가버린 강의실에서 분필로 칠판에 도표까지 그려가며 설명했던 것이다.

몇 주 후, 그녀가 내게 보낸 편지에는 이렇게 쓰여 있었다. "영원히 잃어버렸다고 생각했던 인격을 하나님께서 송두리째 다시 돌려주시는 것처럼 느껴졌어요." 그녀는 나에게 구원의 본질을 말한 것이다. 성경에서 말하는 구원은 온전하게 회복하는 것과 조금도 다를 바가 없다.

인간은 생각과 느낌과 의지를 가진 존재다. 즉, 인간의 기본적인 본성은 인지(지), 감정(정), 의지(의)로 되어 있다. 이들이 함께 인간, 즉 살아 있는 혼을 구성한다. 또한 육신을 통해 외부 세계와 연결되고 영을 통해 영적인 영역과 하나님과 관계할 수 있다. 인간은 이렇게 영, 혼, 육의 세 가지로 구성된 존재다(살전 5:23).

인간에 대한 하나님의 관심은 온전하시다. 이것은 정말 중요하다. 하나님이 인간의 한 부분만 구원하신다는 잘못된 생각에서 대부분의 문제가 시작된다. 파괴되어 있는 영만 주님이 관여하시고 나머지는 내버려둔다는 것은 진리가 아니다. 하나님은 항상 인간의 온전함을 목표로 다루신다.

우리는 온 마음과 혼과 온 뜻과 힘으로 하나님을 사랑해야 한다. 죄는 온전했던 인간에게 극심한 영향을 주었다. 인간의 영뿐 아니라 지, 정, 의도 영향을 받았다. 구속은 죄로 인해 파괴당한 이 모든 영역이 회복되는 것이다.

이를 분명하게 이해하지 못했기 때문에 '성령으로 행하는' 것이 인격의 지·정·의 중 일부분을 무시하거나 억압하거나 참는 것이라고 생각해왔다. 우리는 그러한 부분을 마치 방해물처럼 필요 없는 것이라고 여겼다. 그러나 그러한 부분은 존재하며 우리가 존재하지 않는 것처럼 가정한다해도 여전히 우리 안에 존재한다.

우리가 가진 감정과 생각과 그 외의 영역이 여전히 구속받지 못하고 주님께 열려 있지 않다면, 그곳이 열려질 수 있는 방향은 한 가지밖에 없다. 바로 세상, 육, 사탄의 방향이다. 그러면서 우리는 왜 그리스도인들이 우울해지는지, 강박적인 생각으로 문제를 겪는지, 옛 습관을 깨뜨리지 못하는지 의아해 한다.

예수님은 항상 그의 제자가 되려는 사람들에게 총체적인 반응을 얻으려 하셨다. 복음서를 읽다보면 주님이 사람들의 지, 정, 의의 영역을 점검하시는 것처럼 여겨진다. 이러한 영역 중 어느 한 곳이든지 또는 다른 결함을 찾아내시면 주님은 그것을 올바로 돌려놓기 위해 수고와 고통을 감내하셨다.

마태복음 8장에서 한 서기관이 와서 "선생님이여 어디로 가시든지 저는 따르리이다"(마 8:19)라고 말했을 때, 예수님은 두 팔 벌려 환영하는 대신 매우 이상한 말씀을 하셨다. "여우도 굴이 있고 공중의 새도 거처가 있으되 인자는 머리 둘 곳이 없다"(마 8:20). 이게 도대체 무슨 말인가?

예수님은 서기관의 반응 중 합당하지 않은 영역이 있음을 감지하셨다. 이 남자는 의지를 주님께 위탁했고 감정을 주님께 고정했지만 제자도에 대해서는 아직 제대로 이해하지 못했음을 예수님은 깨달으셨다. 그는 정말 어떤 것이 문제인지를 잘 인식하지 못했고 그래서 예수님은 그 문제를 명확하게 끄집어내셨다. '네가 나를 따르겠다면 그것은 네가 나처럼 눈에 보이는 어떠한 후원도 없이 지내야 한다는 것을 의미한다. 어떻게 생각하니?'

예수님의 놀라운 점은 항상 우리를 '정확하게 부르신다'는 사실이다. 주님은 뜻이 숨겨진 애매모호한 말로 우리를 부르시지 않는다. '그것이 이런 의미라면 나는 애당초 개입하지 않았을 거예요'라고 말할 상황으로 우리를 이끌지 않으신다. 그러므로 우리는 주님을 완전히 신뢰할 수 있다.

이러한 말이 오고가는 가운데 제자가 되고 싶어 하는 또 다른 사람이 옆에 서 있다가 말했다. "주여 내가 먼저 가서 내 아버지를 장사하게 허락하옵소서"(마 8:21). 이 때 주님이 하신 "죽은 자들이 그들의 죽은 자들을 장사하게 하고 너는 나를 따르라"(마 8:22)는 말씀은 무슨 뜻인가?

이 남자는 이미 예수님의 말씀을 들었기 때문에 예수님을 따르는 것이 어떤 것인가를 잘 이해하고 있었다. 또한 그의 의지도 위탁할 준비가 되어 있었다. 하지만 그의 감정은 그렇지 않았다. 그의 일부분은 주님을 열망했지만, 다른 부분은 그의 부모에게 얽매여 있었다. 그래서 주님은 그가 감정의 우선순위를 다시 세워야 한다고 가르치셔야 했다.

마가복음 10장에서는 한 부유한 청년이 예수님께 달려오는 장면을 읽게 된다. 그는 터질 것 같은 열정을 가지고 예수님의 발아래 무릎을 꿇으며 어떻게 해야 영생을 얻느냐고 주님께 물었다. 특히 우리는 이 부분에서 예수님이 이 젊은이를 사랑하셨다는 사실을 마주하게 된다.

하나님의 법에 대해 그가 잘못 이해하고 있는 것은 거의 없었지만 한 가지 부족한 것이 있었다. 주님은 한 치의 오류도 없이 바로 그 점을 다루셨다. "가서 네게 있는 것을 다 팔아 가난한 자들에게 주라 그리하면 하늘에서 보화가 네게 있으리라 그리고 와서 나를 따르라"(막 10:21). 헌신을 결정하는 순간에 젊은이는 실패했다. 그는 그럴 뜻이 없었던 것이다. "그 사람은 재물이 많은 고로 이 말씀으로 인하여 슬픈 기색을 띠고 근심하며 가니라"(막 10:22).

각각의 경우를 보면 예수님이 요구하시는 총체적인 반응에서 어떤 것이 부족했음을 알 수 있다.

	이해 (지)	감정 (정)	헌신 (의)
서기관	×	V	V
다른 제자	V	×	V
부유한 젊은이	V	V	×

다음 장에서 우리는 구원받아 온전한 인간이 되는 것에 대해 몇 가지를 더 살펴보도록 하겠다.

1부

1장
그리스도인과 그리스도인의 생각

오늘날 성령님의 은혜로운 역사로 교회가 영적 경험의 실재를 회복하고 있음은 깊이 감사할 일이다. 수세대 동안 복음은 지적, 윤리적 제안처럼 소개되어 왔다. 하지만 이제는 성경이 언제나 명백하게 선포해 온 바를 깨닫고 있다. 하나님을 아는 지식은 근본적으로 하나님이 인간의 영에 계시하심으로 얻는 것이지 인간의 생각으로 얻은 지식에서 오는 것이 아니다.

> 기록된바 하나님이 자기를 사랑하는 자들을 위하여 예비하신 모든 것은 눈으로 보지 못하고 귀로 듣지 못하고 사람의 마음으로 생각하지도 못하였다 함과 같으니라 오직 하나님이 성령으로 이것을 우리에게 보이셨으니 성령은 모든 것 곧 하나님의 깊은 것까지도 통달하시느니라…. 육에 속한 사람은 하나님의 성령의 일들을 받지 아니하나니 이는 그것들이 그에게는 어리석게 보임이요, 또 그는 그것들을 알 수도 없나니 그러한 일은 영적으로 분별되기 때문이라(고전 2:9-10, 14)

이 말씀이 그리스도인의 삶 전반에 끼치는 영향은 엄청나다. 성경적인 믿음은 어두운 곳에 무작정 뛰어드는 것이 아니며, 증거도 없이 믿기로 결정하는 것도 아니다. 그와는 정반대로 확고한 증거 위에 근거를 두는 것이다. 사도 바울이 고린도전서 2장에서 얘기한 대로 하나님이 계시하시는 뜻을 우리 영으로 보고 거기에 대해 반응하는 것이다. 신약성경의 위대한 믿음장인 히브리서 11장도 이와 비슷하게 믿음은 우리 영으로 보는 것이라고 강조한다.

그러나 이러한 계시로 얻는 지식은 합리적인 사고로 주어지는 것이 아니며 또한 바울이 지적한 것과 같이 인간의 마음은 이것을 신뢰할 만한 것으로 생각지도 않는다. 그래서 복음은 지적으로만 이해하는 그리스도인에게서 종종 큰 문제를 발견하게 된다. 내 친구 한 명은 그러한 사람들을 '지적인 장애를 가진 그리스도인'이라 부른다. 지식은 종종 믿음을 방해하고 장애를 일으킨다.

완전하지는 않지만 이 모두가 사실이다. 주님과의 동행을 위해 필요한 것이 오로지 '영'이라는 생각은 '지식은 잊어버려, 문제만 일으킬 뿐이니까'라는 식의 생각처럼 위험하다. 이처럼 '지식이 많으면 문제가 많고 지식이 적으면 문제도 적다. 지식이 없다면 문제도 없다'고 하는 반지식주의는 정말 위험하다.

생각은 이 우주에서 전략적인 싸움터다. 생각을 지배하려는 싸움은 곧 인간을 지배하려는 싸움이다. 오늘날의 그리스도인은 반드시 생각의 기능과 문제뿐만 아니라 무엇보다도 하나님이 우리의 생각을 구속하기 위해 정하신 가장 중요한 규정을 분명하게 이해해야 한다.

생각의 기능

인간의 생각은 의사전달의 중심지다. 우리가 무엇을 생각하는가가 우리의 사람됨을 근본적으로 결정한다. 잠언 23장 7절은 "대저 그 마음의 생각이 어떠하면 그 위인도 그러한즉"이라고 말씀한다. 우리가 생각하는 것이 우리의 행동을 결정하고 우리의 행동이 우리가 어떤 사람이 될 것인가를 결정한다.

> 여호와께서 사람의 죄악이 세상에 가득함과 그의 마음으로 생각하는 모든 계획이 항상 악할 뿐임을 보시고(창 6:5)

의사소통의 중심지인 생각에는 이곳저곳에서 받아들인 모든 정보, 메시지, 인상이 넘쳐난다. 생각은 이 모든 것들을 계속 분석, 평가, 판단한다. 많은 부분, 아마도 대다수를 걸러 내거나 무시한다. 어떤 부분은 고려해보고 거부하지만, 미래에 참고로 하기 위해 저장하기도 한다. 그러나 선택한 것은 결정을 위해 의지에 전달한다. 이렇게 받아들인 것들은 최종적으로 서로 다른 종류의 행동을 가져온다. 이 과정은 〈그림1〉과 같다.

생각의 근원

〈그림1〉을 보면 생각이 가지고 있는 또 다른 중요한 면에 주목하게 된다. 만약 생각의 문제를 이해하기 원한다면 우리는 수많은 사고와 인상의 근원까지 추적해 가야 한다. 다시 말하면, 우리의 생각에 원천은 어디에서 오는가? 예수님은 말씀하셨다.

> 못된 열매 맺는 좋은 나무가 없고 또 좋은 열매 맺는 못된 나무가 없느니라 나무는 각각 그 열매로 아나니(눅 6:43-44)

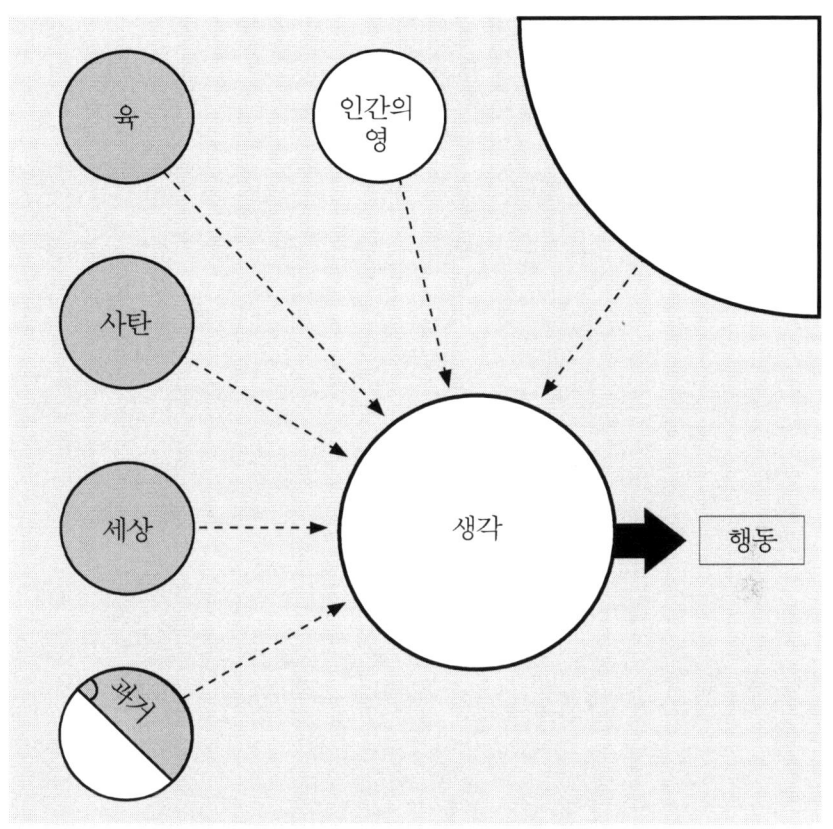

그림1 - 생각의 기능

함께 이 근원에 대해서 좀 더 자세히 살펴보자.

세상

외부로부터 들어온 정보는 감각을 통해 생각에 전달된다. 그 대부분은 도덕적으로 중립성을 띠거나 도덕 이외의 문제이다. 예를 들어 날씨, 배우자의 옷 색깔, 음식에 대한 기호 등이다. 그러나 한편으로 이는 흥미로운 것일 수도, 두려운 것일 수도, 즐거운 것일 수도, 우스운 것일 수도 있다.

그러나 "사람들이 자기 행위가 악하므로"(요 3:19)라고 예수님이 말씀하신 '세상'도 있다. 이 세상은 인간이 하나님께 등을 돌리고 그분을 대적하여 살도록 하는 모든 조건을 갖추고 있다. 그것은 문화, 경제 제도, 기술, 정치를 포함한다. 매일 우리는 세상의 압력, 영향, 가치 판단, 여론, 광고에 노출된다. 라디오, TV, 책, 대화, 음악, 신문을 통해 우리의 마음은 세상의 모습과 사고방식에 노출된다. 이러한 세상의 참모습에 우리는 어떠한 환상도 가져서는 안 된다.

> 또 아는 것은 우리는 하나님께 속하고 **온 세상은 악한 자 안에 처한 것이며**
> (요일 5:19)

> 이것이 곧 적그리스도의 영이니라 오리라 한 말을 너희가 들었거니와 **지금 벌써 세상에 있느니라**(요일 4:3)

나는 그리스도인들이 보고 듣는 것에 대하여 비판적인 태도를 충분히 견지하지 않는다고 생각한다. 대중매체가 보여주는 것이 너무 아름답기 때문에 그 내용이 무엇인지 깨닫지 못한 채 종종 그것에 매혹될 수 있다. 우리의 마음은 어떤 일이 일어나고 있는지 알지 못 하는 사이에 굴절될 수 있다.

세상적인 사고방식이 우리가 그리스도인이 될 때 자동적으로 없어지는 것은 아니다. 네덜란드에서 있었던 회의에서 어느 젊은이가 일어나 "저는 4년 전에 그리스도인이 되었는데 이번 주에 주님은 제가 이제까지 줄곧 이교도들의 생각을 가지고 살아왔던 것을 보여주셨습니다."라고 고백했다.

육

도덕적 또는 영적인 의미에서 '육'이란 말은 인간의 몸을 뜻하지 않는다. 그것은 외적 세계라기보다 내적 세계며, 외부적 환경이라기보다는 내부적 환경이다. 신약에서 '육'은 자기만족을 추구하는 모든 열망, 욕심, 필요, 욕구의 총체다. 타락을 통하여 육은 인간 안에서 죄의 원인이 되었다.

내 속사람으로는 하나님의 법을 즐거워하되 내 지체 속에서 한 다른 법이 내 마음의 법과 싸워 내 지체 속에 있는 죄의 법으로 나를 사로잡는 것을 보는도다 (롬 7:22-23)

전통적인 방법으로 분석하면 야고보서 1장의 유혹은 '육'이 현저하게 나타난 것이다.

오직 각 사람이 시험을 받는 것은 자기 욕심에 끌려 미혹됨이니 욕심이 잉태한즉 죄를 낳고 죄가 장성한즉 사망을 낳느니라(약 1:14-15)

육은 하나님을 향한 완고한 적개심에서 나타난다.

육신의 생각은 하나님과 원수가 되나니 이는 하나님의 법에 굴복하지 아니할 뿐 아니라 할 수도 없음이라 육신에 있는 자들은 하나님을 기쁘시게 할 수 없느니라 (롬 8:7-8)

육의 일을 도모하기 위해 사탄은 먼저 우리의 생각을 사로잡으려 한다. 모든 죄는 예수님이 산상수훈에서 지적하였듯이 생각에서 먼저 짓는 것이다.

사탄

사탄은 인간의 생각에 접근한다. 좋아하든 싫어하든 이것은 우리가 처한 현실이다. 바울은 그리스도인의 생각이 사탄의 공격에 노출되어 있음을 분명히 인정하고 있다.

> 뱀이 그 간계로 하와를 미혹한 것같이 너희 마음이 그리스도를 향하는 진실함과 깨끗함에서 떠나 부패할까 두려워하노라(고후 11:3)

사탄은 우리의 생각에 유혹을 심기 위해 접근한다. 때때로 그리스도인들은 끔찍한 생각이 들 때 당황한다. 그들은 '내가 이런 끔찍한 일들을 생각하면서 어떻게 하나님의 자녀가 될 수 있단 말이야?'하고 느낀다.

육이 비록 악하긴 하지만 대부분의 경우 그러한 생각은 우리 안에서 생기는 것이 아니라 사탄에게서 온다. 우리는 그러한 생각에 책임이 없다. 왜냐하면 그것은 애초에 우리에게서 비롯된 것이 아니기 때문이다. 그러나 만약 우리가 그런 생각을 계속 품는다면 그것은 우리의 의지의 영역에 있는 것이기에 우리에게 책임이 있다.

성경은 생각을 공격하는 사탄의 세 가지 전략이 있음을 보여준다.

1. 제안

제자들에게 십자가에 대해 밝히 말씀하시는 예수님이 막아서는 베드로를 어떻게 꾸짖으셨는지 볼 수 있다. 예수님은 베드로가 하는 생각의 근원을 즉시 인식하셨다. "사탄아 내 뒤로 물러가라"(막 8:33)
사탄은 우리에게 심어둔 생각이 마침내 죄를 짓게 한다. 사도행전 5장에서 베드로는 땅 판 값을 가지고 공동체를 속인 아나니아의 죄를 정확히 본다. "아나니아야 어찌하여 사탄이 네 마음에 가득하여 네가 성령을 속이고"(행 5:3).

2. 방해

사탄은 우리의 생각에서 하나님의 말씀을 빼앗아가려 한다. 마가복음 4장 15절의 길에 떨어진 씨는 말씀이 심겨졌지만 마음으로 받아들여지지 않은 사람에 대해 말하는 것이다. "곧 말씀을 들었을 때에 사탄이 즉시 와서 그들에게 뿌려진 말씀을 빼앗는 것이요."

3. 지배

우리의 생각을 사로잡아 편집증적 강박관념에 빠지도록 해 우리를 지배하는 것이 사탄의 궁극적인 목표다. 이런 문제를 가진 사람들은 "마귀의 올무"(딤후 2:26)에 잡혀 있다.

인간의 영

생각은 또한 인간의 영으로부터 나오는 메시지나 인상과 연결된다. 에베소서 2장 1절에서 사람을 "너희의 허물과 죄로 죽었던"이라고 묘사하지만 거듭나지 않은 사람이라도 그 영까지 존재하지 않는 것은 아니라는 사실을 이해하는 것이 중요하다. 모든 인간에게는 영이 있다.

성경에서 삶과 죽음은 항상 관계의 문제다. 삶은 그리스도를 통하여 생명의 근원이신 하나님과 관계를 맺는 것이고, 죽음은 죄 때문에 하나님으로부터 멀어지는 것이다. 이렇게 인간의 영은 비록 죽음의 상태에 있을지라도 여전히 존재하며 기능한다. 그래서 영적인 세계와 계속 접촉할 수 있다.

그러나 영이 죽은 상태에 있는 인간은 죽음의 상태에 있는 다른 영적 존재와만 관계할 수 있다. 이러한 이유로 성경은 점과 강신술을 어떤 형태로든지 금한다. 유혹에 약한 인간은 신비주의의 노예가 되기 쉽기 때문이다.

인간의 영에 생각으로 오는 메시지의 형태는 주로 다음과 같다.

1. 양심

양심은 하나님의 음성이 아니며 또한 절대 오류가 없는 것도 아니다. 일반적, 도덕적 진리를 이해하고 그것을 행동에 구체적으로 적용할 수 있는 것은 인간의 영의 기능이다. 양심은 우리가 무엇을 할 것인가, 또는 우리가 무엇을 했는가를 보고 '그것은 틀려' 또는 '그것은 옳아'라고 말한다. "이런 이들은 그 양심이 증거가 되어 그 생각들이 서로 혹은 고발하며 혹은 변명하여 그 마음에 새긴 율법의 행위를 나타내느니라"(롬 2:15)

2. 직관

직관은 사고과정을 거치지 않고 곧바로 생기는 즉각적인 인지, 판단 또는 통찰이다. 직관은 무엇인지 알 수 없는 마음속의 부추김에서, 순간적이면서 창조적인 깨달음에 이르기까지 다양하다. 여기서 우리가 말하는 것은 성령님의 음성이 아니라, 단지 인간의 영이 기능하는 방식에 대해 말하고 있음을 기억해야 한다. 일반적으로 여자가 남자보다 더 직관적이며 영적인 것도 이 때문이다.

하나님의 음성

인간은 죄를 짓고 하나님께 반역하지만 한 번도 하나님의 손에서 벗어난 적이 없다. 이것이 인간의 유일한 희망이다. 하나님이 우리를 부르실 때, 우리는 언제나 하나님의 음성을 들을 수 있다. 우리는 영으로 서로에게 다가감으로써 다른 사람과 의사소통한다. 성령님은 우리에게 찾아오시는 하나님이다. 아버지께로서 성령님이 나오신다고 예수님께서 말씀하셨다. "내가 아버지께로부터 너희에게 보낼 보혜사 곧 아버지께로부터 나오시는 진리의 성령이 오실 때에 그가 나를 증언하실 것이요"(요 15:26).

때로는 하나님의 심판을 깨닫고 양심이 찔림으로써, 때로는 직관적인 인상을 받음으로써, 하나님의 음성을 인식하기도 한다. 그리스도인에게 하나님의 음성을 아는 것과, 생각 속에서 다른 여러 가지 인상들 가운데 하나님의 음성을 가려내는 것은 매우 중요하다.

"자기 양을 다 내놓은 후에 앞서 가면 양들이 그의 음성을 아는 고로 따라오되 타인의 음성은 알지 못하는 고로 타인을 따르지 아니하고 도리어 도망하느니라"(요 10:4-5) 생각의 문제가 해결되어서 하나님의 음성을 다시 들을 수 있게 되는 것이 생각을 새롭게 하는 것의 요점이다.

과거

이제까지 말한 모든 근원과 더불어 시간의 차원에 대해서도 보아야 한다. 다른 말로 하면, 생각은 현재에서도 정보를 받지만 기억을 통해서 과거에서도 메지시를 받는다. 어떤 것은 우리가 다시 기억하려고 하지만, 또 다른 어떤 것은 기억하고 싶지 않아도 자꾸 생각이 난다. 과거에 실패한 기억 때문에 아직도 좌절하고 오래 전에 당했던 슬픈 일로 여전히 괴로워한다. 오랜 동안 잃어버린 기쁨을 갈급해하거나 아직 실현하지 못한 꿈과 야망에 쫓기며 괴로워한다.

어떤 사람들은 과거에 집착한다. 이것은 우리의 기억이 선택적인 경향이 있기 때문이다. 광야에서 이스라엘 민족이 불평했던 가장 큰 원인은 이집트에서 노예로 살던 시절의 '좋은 기억' 때문이었다. 그들은 값없이 먹은 생선과 오이와 수박과 부추와 파와 마늘을 기억했다. 그곳에서 노예로 속박당한 것, 진흙벽돌을 만들던 일, 자녀들이 잔혹하게 살해당한 일은 기억하지 못했다.

물론 기억은 긍정적인 영향도 있다. 과거에 받은 축복의 기억은 믿음을 굳건하게 하고 더 적극적으로 순종하게 한다. 이스라엘 백성이 타락할 때마다 예언자들은 '기억하라. 주께서 우리 조상을 이집트에서 어떻게 이끌어 내셨는지, 주님이 어떻게 약속의 땅으로 이끄셨는지를 기억하라'고 말했다. 그리고 최후의 만찬에서 예수님이 "이를 행하여 나를 기념하라"(눅 22:19)고 말씀하신 것은 하나님께 초점을 맞춘 기억이 갖는 거룩한 능력을 확증한다.

지금까지 여러 가지를 설명했다. 그러나 생각의 진짜 문제는 감당해야 할 정보의 양이나 복잡성이 아니다. 그 문제가 무엇인지 이제부터 알아보자.

2장
가려진 생각

이제까지 생각이 끊임없는 정보와 메시지와 인상을 받아들이고 분류하고 전달하는 임무를 맡고 있음을 살펴보았다. 생각은 이 일을 하루에 한 번만 하는 것이 아니라 수천 번도 더 한다. 심지어 우리가 잠들었을 때도 그 작용을 완전히 멈추는 것이 아니다. 생각의 어느 부분은 24시간 동안 계속해서 일하는 것으로 보인다.

들어오는 메시지의 분량과 다양성 때문에 생각의 영역에 어려움이 생기는 것은 아니다. 그것은 문제가 아니다. 진짜 문제는 다른 것에 있다. 우리는 먼저 성경을 통해 생각의 영역에서 어떤 일이 일어나고 있는지 깨달아야 한다. 그런 후에야 진짜 문제가 무엇인지 살펴볼 수 있다.

나는 오랫동안 다음 성경 구절이 갖는 절대적인 중요성을 놓치고 있었다.

> 너희 자신을 종으로 내주어 누구에게 순종하든지 그 순종함을 받는 자의 종이 되는 줄을 너희가 알지 못하느냐 혹은 죄의 종으로 사망에 이르고 혹은 순종의 종으로 의에 이르느니라(롬 6:16)

이 원리의 본질적인 의미를 세 단어로 표현할 수 있다. **'순종은 권위를 낳는다.'** 다른 말로 하면, 우리가 습관적으로 어디에 순종하든 우리 삶에 권위를 갖게 된다. 어떤 것이 우리에게 확고한 권위를 갖는다면 그것은 우리가 그것에 순종하기 때문이다.

내가 처음 이 원리를 배운 것은, 십대들에게 복음을 전하기 위해 뉴질랜드의 웰링턴에서 커피하우스의 운영을 돕고 있을 때였다. 어디서나 불꽃놀이를 볼 수 있는 11월 5일의 축제가 있기 바로 전의 어느 금요일 밤에, 낡은 목조 건물의 이층에 자리한 커피하우스에 폭주족 아이들이 꽉 차 있었다. 9시쯤 되자 누군가가 불붙은 폭죽을 던지기 시작했다.

나는 갑자기 이 낡은 건물이 화염에 휩싸이고 밖으로 나가는 좁은 복도가 시체로 가득 쌓여 있는 환상을 보았다. 무서운 생각이 들어서 생각할 겨를도 없이 좁은 무대 위로 올라가서 음악을 끄고 마이크를 잡았다. "자, 이제 위험한 장난은 그만해. 또 한 번 그런 위험한 장난을 하면 너희들 모두 여기서 내쫓을 테다!"

주위를 둘러보니 나에 비해 덩치가 큰 아이들 몇 명이 눈에 보였다(요즘 아이들은 엄청나게 키가 자라는 것 같다). 덩치가 작고 한두 명뿐이라면 한 번에 한 명씩 어떻게든 해보겠지만, 나는 얼른 부엌으로 들어가서 필사적으로 기도했다. '오, 주님. 아이들이 제발 폭죽놀이를 그만 멈추게 해주세요.'

내 생각에는 폭죽 장수가 담배꽁초로 다시 폭죽에 불을 붙일 때까지 아주 잠시만 조용했던 것 같다. 소녀들이 지르는 괴성, 와자지껄한 웃음소리, 아이들이 시끄럽게 떠드는 소리가 다시 들려왔다. 이미 경고했기 때문에, 애써 당당한 척하며 나는 다시 무대 위로 걸어가서 음악을 끄고 말했다. "이제 됐다. 오늘밤은 문을 닫는다. 이제 모두들 돌아가거라!"

나는 그들이 난동을 부릴 것이라고 생각했는데 놀랍게도 60명쯤 되는 아이들이 모두 투덜투덜하면서 계단을 내려가 추운 거리로 나갔다. 나는 급히 아이들을 뒤따라 내려가면서 혹시라도 다시 들어 올까봐 문을 잠가

버렸다.

　계단을 올라오면서 나는 하나님께 아이들에게 하나님의 권위를 행사하신 것에 대해서 감사했다. 그 때 하나님은 '나의 권위가 아니라 너의 권위란다'라고 말씀하셨다. 주님은 이 원리가 역사하는 것을 내게 보여주시기 시작했고 그 원리는 이후부터 내 삶에 엄청난 영향을 끼쳤다. 이 아이들을 움직인 것이 사실은 그들이 내게 부여한 권위였다. 나는 바울이 로마서 6장에 이 구절을 썼을 때 그가 무엇을 의미했는가를 깨닫기 시작했다. 이것이 그때 일어났던 일이다.

　그동안 커피하우스에서 일하면서 아이들에게 내가 하지 못 하게 한 것들이 있었다. 예를 들어, 탁자 위에 발을 올려놓지 못 하게 했다(탁자는 작았고 아이들의 발은 대부분 컸다!). 나는 피아노 건반을 쿵쿵 두드리지 못 하게 했을 뿐 아니라 여자 친구와 서로 애무하지 못 하게 했다.

　나는 수줍음을 타는 많은 아이들이 놋쇠로 만든 장신구 뒤에 숨어 있는 것을 보았다. 내가 생각하기에 아이들은 내가 진심으로 자신들을 돌보고 있다는 것을 알았다. 그래서 내가 금하는 것을 싫어하지 않았고 순종하는 습관이 들기 시작했다. 그러면서 아이들은 자신도 모르게 내게 권위를 주었다. 그날 내가 문을 닫겠다고 했을 때, 내게 부여해준 권위를 아이들은 스스로 거스를 수가 없었다.

　아이들은 나에게 권위는 순종에 의해 세워진다는 성경의 기본적인 원리를 가르쳐 주었다. 우리가 습관적으로 순종하는 것이 어떤 것이든 그것이 우리 생각을 묶는 권위를 갖게 된다.

　하나님의 말씀이 우리 삶에 권위를 갖기 원한다면 방법은 단 한 가지다. 말씀에 순종하라. 성령님이 우리 삶에 권위를 갖기 원한다면 방법은 단 한 가지다. 성령님께 순종하라. 우리가 항상 두려움이나 의심이나 분노에 순종한다면, 무엇이 우리의 생각에 권위를 갖게 될까? 두려움, 의심, 분노다.

누가 권위를 잡았는가?

이제 생각에 있는 문제의 실제적인 본질을 알겠는가? 문제는 유혹 그 자체가 아니라 유혹에 순종함으로써 그 속에 만들어진 권위가 인간의 생각을 다스리고 지배하는 것이다.

인간이 생각에 세워 놓은 권위가 몇 가지 있는데 그것을 함께 살펴보자.

세상

인간이 세상에 순응하면서 세상은 유혹을 제공자 그 이상이 되었다. 세상의 가치관, 기준, 풍조가 우리 안에 들어오게 되었다. 이러한 수용은 우리의 생각과 태도에 영향을 끼치고 스스로 행복과 복지를 얻을 수 있다고 믿게 했다. 어떤 일을 계획하면서 하나님은 배제한다. 우리의 사고는 세상을 닮아간다.

육

본성적으로 하나님의 뜻을 거스르는 육은 생각에 권위를 갖게 되었다. 이기주의가 모든 결정과 판단의 근본이 된다. 바울이 로마서 8장 7절에 기록한 것처럼 육신의 생각은 하나님과 원수가 된다.

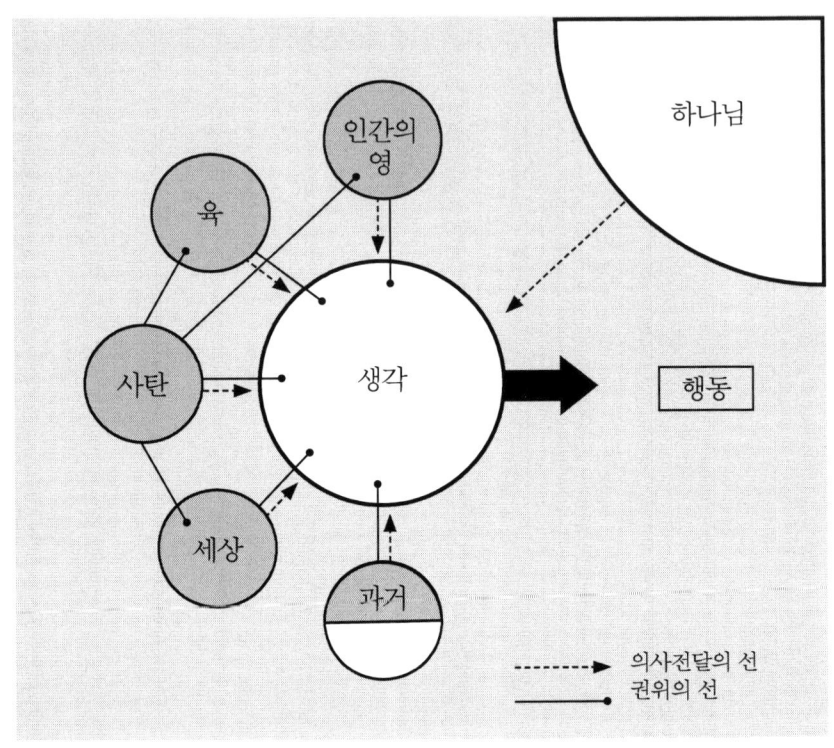

그림2 - 거듭나지 않은 생각

사탄

우리는 세상에 굴복할 뿐 아니라 세상 주관자인 사탄에게도 굴복했다. 육은 세상의 이기주의 철학에 기쁘게 순응하며 또한 사탄이 이용할 수 있는 기회를 제공했다. 이것이 〈그림2〉에 나타난 인간이 피할 수 없는 위치다.

그는 허물과 죄로 죽었던 너희를 살리셨도다 그 때에 너희는 그 가운데서 행하여 이 세상 풍조를 따르고 공중의 권세 잡은 자를 따랐으니 곧 지금 불순종의 아들들 가운데서 역사하는 영이라 전에는 우리도 다 그 가운데서 우리 육체의 욕심을 따라 지내며 육체와 마음의 원하는 것을 하여 다른 이들과 같이 본질상 진노의 자녀이었더니(엡 2:1-3)

사탄은 권위를 사용해서 인간이 하나님께 마음을 닫아버리게 만들었다. 생각이 진리를 보지 못하게 했다. 성경은 복음에 대한 인간의 첫 번째 문제는 복음을 믿지 않으려는 것이 아니라 이해할 수 없다는 것임을 분명히 한다.

그 중에 이 세상의 신이 믿지 아니하는 자들의 마음을 혼미하게 하여 그리스도의 영광의 복음의 광채가 비치지 못하게 함이니 그리스도는 하나님의 형상이니라 (고후 4:4)

당신이 사람들에게 그리스도를 전할 때 종종 이런 경험을 할 것이다. 그들은 성경말씀을 듣는다. 당신이 말하는 것도 듣는다. 그러나 웬일인지 말씀의 진리는 전혀 이해하지 못 한다. 이것은 인간의 언변이나 설득이 통하지 않도록 사탄이 장벽을 만들었기 때문이다.

인간은 이렇듯 소망이 없는 입장에 있다. 사탄이 생각을 지배하고 하나님의 진리를 볼 눈을 가리고 있기 때문에 인간은 하나님을 발견할 수 없다. 인간은 자신의 정신적 속박에서 벗어나 자유롭게 되기를 원해도 그럴 수 없다. 왜냐하면 인간은 사탄의 권위 아래 있고 그 권위가 인간을 풀어 주려 하지 않기 때문이다.

미워하는 생각을 없애려는 자신과의 싸움에서 역설적이게도 자유롭게 되기를 죄책감이 들 수 있다. 왜냐하면 그것이 정당한 권위에 반역하는 것처럼 보이기 때문이다.

회개, 생각의 변화

이 모든 것에 비추어 볼 때, 신약성경에서 '회개'라는 말의 헬라어 어원 '메타노이아'(metanoia)가 '생각의 변화'를 의미한다는 사실은 중요하다. 하나님을 찬양하라! 인간의 생각을 잡고 있는 사탄의 진은 빛의 세계 앞에서 힘이 없다.

> 빛이 어둠에 비취되 어둠이 깨닫지 못하더라(요 1:5)

사탄의 온갖 방해에도 불구하고 성령님은 어두워진 생각을 뚫고 들어가서 인간을 회개로 부르실 수 있다. 인간은 스스로 아무것도 할 수 없기 때문에 회개마저도 하나님이 주신 선물이다.

고넬료의 집에 하나님이 성령을 부어주셨다는 베드로의 이야기를 들은 후, 사도들과 형제들이 내린 결론은 다음과 같다. "그들이 이 말을 듣고 잠잠하여 하나님께 영광을 돌려 이르되 그러면 하나님께서 이방인에게도 생명 얻는 회개를 주셨도다 하니라"(행 11:18).

디모데에게 서신을 쓸 때 바울도 인간의 처지를 똑같이 이해하고 있었다. 그는 디모데에게 하나님께 대항하는 사람들을 온유함으로 바로잡도록 권하였다.

거역하는 자를 온유함으로 훈계할지니 혹 하나님이 그들에게 회개함을 주사 진리를 알게 하실까 하며 그들로 깨어 마귀의 올무에서 벗어나 하나님께 사로잡힌 바 되어 그 뜻을 따르게 하실까 함이라(딤후 2:25-26)

그리스도를 인격적으로 신뢰하는 행위로써 회개하고 그리스도에게 위탁할 때 인간은 성령님의 능력으로 위로부터 거듭난다. 인간의 마음과 생각에 하나님이 빛을 비추시는 것이다.

어두운 데에 빛이 비치라 말씀하셨던 그 하나님께서 예수 그리스도의 얼굴에 있는 하나님의 영광을 아는 빛을 우리 마음에 비추셨느니라(고후 4:6)

믿는 자의 거듭난 영에 성령님이 거하신다. 성령님이 인간의 영을 비추실 때 양심이 생각을 다루기 시작하고 죄와 불순종에 민감해진다. 회개와 고백은 죄 사함과 깨끗함으로 이끈다. 성령님께 순종할 때 성령님이 우리의 생각 안에 권위를 갖게 되고 성경을 이해할 수 있도록 생각을 열어 주신다. 생각에 빛이 비추인 것이다.

빛이 비추었지만 두 가지로 나뉜 생각

회심하면서 은혜를 충만하게 경험하면 생각에 있던 죄악 된 습관의 지배와 권위에서 해방된다. 그러나 항상 그렇진 않다. 무덤에서 나온 나사로처럼 우리는 수의에 묶여 있을 때도 있다.

더욱이 세상, 육, 사탄은 빼앗긴 영역을 되찾기 위해 계속 애쓴다. 아마 회심한 지 오래된 대부분의 그리스도인들은 과거에 묶여 있던 많은것을 여전히 마음속에 가지고 있거나, 혹은 승리하며 사는 삶에 실패함으로써 순종의 원리에 의해 다시 예전처럼 속박에 묶이는 고통스러운 경험을 하게 된다.

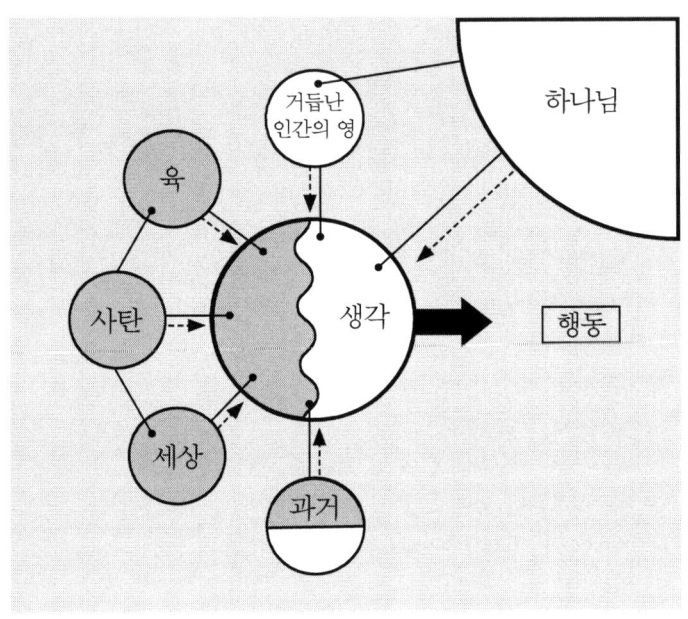

그림3 - 빛이 비추었지만 아직 두 가지로 나뉜 생각

그러한 결과가 〈그림3〉에 나타나 있다. 어떤 영역은 빛으로 가득 차서 주님께 열려 있지만, 다른 곳은 어둠에 지배당하고 있다. 양쪽을 나누는 선은 매순간 우리의 경험이나 생명력을 반영하는 일종의 움직이는 최전 방이다. 생각에서 전쟁이 벌어진다. 이런 상태에서 생각은 거룩한 진리에 대한 계시와 성령님의 인도하심에 열려 있지만 동시에 다른 것에도 열려 있다.

    옛 사고방식이나 유혹의 끈질김에 놀라 지쳐 실패와 절망에 빠지기도 한다. 생각의 영역은 우리가 보았듯이 여전히 옛 주권자들의 통제 아래 있다. 그들은 이 영역에 독을 주입한다. 육은 영과 전쟁하고, 영은 육과 전쟁한다. 바로 생각이 이 영과 육의 전쟁터다. 어느 쪽이든 생각을 먼저 차지하는 쪽이 전투에서 승리한다.

3장
새롭게 된 생각

이제까지 살펴본 생각이 수년 동안 나의 모습이었다. 빛이 들어오고 어둠이 밀려나는 성장과 축복의 때가 여러 번 있었다. 오래된 문제가 다시 떠올라 빛이 거의 잠길 때는 영적으로 침체하기도 했다. 생각의 최전방은 야고보서 1장에서 말한 것처럼 계속적으로 밀려오고 밀려나가는 바다의 파도와도 같은 모습이었다.

> 오직 믿음으로 구하고 조금도 의심하지 말라 의심하는 자는 마치 바람에 밀려 요동하는 바다 물결 같으니…두 마음을 품어 모든 일에 정함이 없는 자로다(약 1:6,8)

야고보가 옳았다. 생각은 이처럼 원래부터 불안정하다. 예를 들어, 내 생각 속에 어떤 특별한 인상이 생겼다면 다음의 근원에서 온 것이다.

- 성령으로부터 오는 것.
- 내 자신의 만족을 구하는 육적인 욕망.
- 나를 속이려는(광명의 천사의 모습으로 가장한) 사탄으로부터 오는 것.

'하나님으로부터 온 생각이라면 마음에 평강이 있다'라는 말을 자주 듣는다. 그렇지만 그런 말은 정말 별 도움이 못 된다. 평강은 매우 가변적이고 상대적인 것이다. 빛과 어둠 혹은 질서와 혼돈의 차이도 가변적이고 상대적이다.

나는 빌립보서 2장 5절 말씀을 읽었다. "너희 안에 이 마음을 품으라 곧 그리스도 예수의 마음이니." 그리곤 도대체 그가 어떻게 그런 마음을 품을 수 있었는지 궁금했다. 더욱 어려운 것은 고린도전서 2장 16절이었다. "그러나 우리가 그리스도의 마음을 가졌느니라." 내 생각 속에 있는 정신적 혼란과 불확실성 때문에, 어떻게 내 안에 주님의 생각을 품을 수 있을지 도무지 알 수 없었다.

어느 날 우연히 성경에서 두 개의 매우 낯익은 대목을 보게 된 것도 내가 이런 상태에 있을 때였다. 나는 그 구절을 전에 여러 번 읽었지만 그러나 어떻게 된 일인지 그 구절의 진짜 중요한 바는 깨닫지 못했다.

첫 번째는 로마서 12장 2절이었다.

너희는 이 세대를 본받지 말고 오직 마음을 새롭게 함으로 변화를 받아 하나님의 선하시고 기뻐하시고 온전하신 뜻이 무엇인지 분별하도록 하라(롬 12:2)

바울은 세상의 제도를 본받지 않는 것과 하나님의 뜻을 확실하게 아는 것을, 생각이 새롭게 되는 것과 연결해서 말하고 있다. 나의 생각은 새롭게 되었는가? 나는 그렇지 못했다는 것을 알았다. 내가 나의 삶을 향한 하나님의 뜻이 무엇인가를 증명할 수 있었는가? 아니, 할 수 없었다.

두 번째는 에베소서 4장 22-24절이다.

너희는 유혹의 욕심을 따라 썩어져 가는 구습을 따르는 옛 사람을 벗어 버리고 오직 너희의 심령이 새롭게 되어 하나님을 따라 의와 진리의 거룩함으로 지으심

을 받은 새 사람을 입으라(엡 4:22-24)

생전 처음으로 나는 이 말씀에 두 가지가 아닌 세 가지의 단계가 있음을 보았다.

- 1단계: 옛 사람을 벗어 버리라.
- 2단계: 심령을 새롭게 하라.
- 3단계: 새 사람을 입으라.

나는 이제까지 줄곧 2단계를 건너뛰고 1단계에서 3단계로 한 번에 뛰어 오르려 했음을 깨닫기 시작했다. 그렇게 함으로써 나는 사탄이 후방에서 아무 때든지 의사소통의 선을 끊어서 나의 영적 성장을 멈추게 할 수 있도록 내버려둔 꼴이 되었다.

동시에 내 혼란스러운 생각을 새롭게 한다는 개념은 실제로 이루어지기 어려울 것 같았다. 하나님이 나의 생각의 습관을 바꾸시고 뿌리 깊은 고정 관념과 정신적인 습관을 바꾸시는 것이 정말 가능할까? 생각은 습관을 따라 받아들이는 정보를 가지고 일정한 형식을 만들어 나간다.

무슨 말인가? 먼저 접시에 젤라틴을 가득 담은 후 위에서 뜨거운 물을 한 숟가락 부어라. 그러면 물이 흐르는 대로 작은 홈이나 수로의 모양으로 젤라틴이 녹는다. 얼마 후 다시 물을 그 위에 부으면 물은 다른 곳으로 흘러가지 않을 것이다. 이미 난 길을 따라 흘러가는 것이다. 생각은 받아들이는 정보를 비슷한 방법으로 내보낸다. 우리가 받아들이는 것은 이미 마음속에 존재하고 있는 형태와 같아지게 된다. 같은 말을 듣는 수백의 사람들은 수백 가지의 다른 방법으로 그 말을 받아들일 것이다. 똑같은 것이 어떤 사람에게는 재밌겠지만, 다른 사람들에게는 기분 나쁘게, 즐겁게, 화나게 할 수 있다. 그들의 다양한 반응은 전적으로 그들의 생각이 정보를 받아서 형태를 만드는 방법에 따라 좌우된다. 나는 이렇게 깊이 새겨진 사고의 형태를 뿌리째 뽑을 수 있는지 과연 궁금했다.

예를 들어, 나에게는 부끄러운 심리적 특성이 한 가지 있다. 바로 공상하는 습관이다. 나는 이것을 평생 버리지 못했다. 꼬마였을 때는 수줍고 겁이 많은 편이었다. 나는 항상 반에서 두 살이나 세 살 많은 남자아이들과 함께 있었던 것 같은데 그것이 상황을 더 나쁘게 했다. 또한 풍부한 상상력을 가지고 아무것도 겁낼 필요가 없는 안전한 정신적인 세계를 만들었다.

자라면서, 겁이나 수줍음은 많이 없어졌지만 공상하는 버릇은 고쳐지지 못 하고 남아서 때때로 나를 곤경에 빠뜨렸다. 어쩔 수 없어 보이기도 했지만 사실은 이제까지 그렇게 지내왔다며 단념해 버렸던 것이다.

오늘날 나는 더 이상 공상을 하지 않는다. 내가 하려고 하면, 내 생각은 '너, 나를 어디로 떠다밀려는 거야? 나는 이제 어떻게 공상하는지 몰라' 하며 말하는 것 같다. 공상보다도 더 심각하며, 마음속에 깊이 뿌리박힌 많은 문제에 대해 나는 옛 사고에 매여 있을 필요가 없음을 발견했다. 새롭게 되어 그리스도를 따라 자유롭게 생각할 수 있음을 나는 성경에서 찾아냈다. 그리고 그것을 내 자신이 경험했다.

사실 이것은 제안이 아니라 두 번이나 반복한 명령이다. "오직 마음을 새롭게 함으로 변화를 받아"(롬 12:2) "오직 심령으로 새롭게 되어"(엡 4:23) 이 명령은 우리의 경험이 중요함을 알려준다.

이것을 어떻게 경험할 수 있는지 자세히 살펴보자.

인간의 필요를 아시고 예비하시는 하나님

인류의 모든 필요를 채우기 위한 하나님의 예비는 언제나 두 가지의 거룩한 역사 속에서 찾아볼 수 있다. **바로 십자가의 역사와 성령님의 역사다.** 모두 다 필수적이며 함께 가는 것이다. 하나님의 생명과 사랑의 십자가를 통한 역사가 없이는 타락한 인간을 구원할 수 있는 방법이 없다. 성령이 우리를 다루실 수 있는 기초가 없는 것이다.

> 십자가의 도가 멸망하는 자들에게는 미련한 것이요 구원을 받는 우리에게는 하나님의 능력이라(고전 1:18)

이것은 정말 중요하다. 갈보리 십자가의 역사를 무시한 그 어떤 심리학적인 이해나, 온전해지려는 수단이나, 치유는 실패할 수밖에 없다. 십자가의 역사가 중심이 되지 않는 성화를 이루려는 어떠한 형태의 '영적 삶'도 마찬가지다. 이런 시도들은 결국 좌절할 것이다.

또한 성령님이 역사하지 않는다면 갈보리에서 이룬 위대한 승리는 경험할 수 없는 무용지물이 될 것이다. 그리스도를 계시하며 우리를 위해 죽으심을 우리 안에서 경험하여 실재가 되게 역사하는 분은 성령님이시다.

하나님의 역사, 십자가

인간의 죄 때문에 십자가가 필요했다. 그 정도는 우리가 이해한다. 그러나 우리는 십자가에서 행하신 주님의 위대한 역사를 자주 잊는다. 주님은 인간의 모든 필요를 채우셨다. 우리의 죄가 사해졌다는 사실은 놀라운 것이다. 우리 그리스도인은 죄의식에 억눌린 세상에서 깨끗한 양심을 가지고 사는 것이 무엇인가를 경험할 수 있다. 그것은 굉장한 일이다.

그러나 십자가는 **우리의 죄** 문제 그 이상을 해결했다. 십자가는 우리의 **죄성**의 문제를 해결했다. 인간이 되신 하나님의 아들은 우리가 당하는 모든 시험을 받으셨지만 33년의 생애 동안 죄와 사탄을 완전히 이기고 승리하셨다. 마지막에 주님은 이렇게 말씀하셨다.

이 세상의 임금이 오겠음이라 그러나 그는 내게 관계할 것이 없으니(요 14:30)

인간으로 오신 예수님께 사탄은 권위를 행사하거나 요구도 할 수 없었다. 주님은 어떤 죄도, 어떤 실패도, 어떤 굴복도 없으셨다. 그러나 이런 자유와 승리는 예수님 개인의 인성에 갖혀 있었다.

하지만 예수님이 십자가에 달리셨을 때 주님 개인의 인간성은 공동의 것이 되었다. 그것은 주님을 믿는 모든 사람들과 공동의 것이 되었다. 요한복음 12장 32절에서 예수님은 "내가 땅에서 들리면 모든 사람을 내게로 이끌겠노라"고 말씀하셨다. 그러나 이 말씀은 예수님이 어떠한 죽음을 죽으실지 가리키기 위해 하신 것이다.

이것은 너무나 중요해서 분명하게 풀이하고 이해할 필요가 있다. 이것은 죄의 권위로부터 참된 자유를 얻는 열쇠가 된다.

- 우리가 그리스도와 합하여졌기 때문에 주님이 죽었을 때, 우리도 함께 죽었다. 주님이 죄에 대하여 하나님의 심판을 받았을 때, 우리의 죄도 심판을 받았다. 주님이 장사되었을 때, 우리도 장사되었다. 주님이 부활하셨을 때, 우리도 부활했다. 예수님이 권위의 자리로 높임을 받으셨을 때, 우리도 그곳에 자리했다(롬 6:3-6, 엡 2:5-6).

- 십자가에서 예수님이 자신을 어두움의 권세에 잠시 내주셨지만(눅 22:53) 죽음과 부활로, 주님과 하나 된 모든 사람 가운데서 어둠의 권세를 영원히 몰아내셨다.

다시 말하면, 십자가는 우리의 생각을 묶고 있는 모든 권위들을 무력하게 만드는 작용을 한다. 성경은 이것을 명확히 보여준다.

1. 세상

예수님 안에 있는 자들에게 십자가는 세상 제도의 권위와 지배를 무력화했다. 세상의 모든 정사와 권세는 갈보리에서 패배했다.

> 통치자들과 권세들을 무력화하여 드러내어 구경거리로 삼으시고 십자가로 그들을 이기셨느니라(골 2:15)

그러나 내게는 우리 주 예수 그리스도의 십자가 외에 결코 자랑할 것이 없으니

> 그리스도로 말미암아 세상이 나를 대하여 십자가에 못 박히고 내가 또한 세상을 대하여 그러하니라(갈 6:14)

나는 더 이상 세상의 가치, 두려움, 억압의 권위에 복종할 필요가 없다. 십자가가 그 모든 것을 내게서 끊어버렸고 그 모든 것에서 나를 끊어버렸다.

2 육

예수님과 함께 죽음으로써 우리는 육에 대한 종속에서 완전히 자유롭게 되었다. 주님 안에서 우리는 자유롭게 되는 죽음을 경험한다.

> 그리스도 예수의 사람들은 육체와 함께 그 정욕과 탐심을 십자가에 못 박았느니라(갈 5:24)

> 우리가 알거니와 우리의 옛 사람이 예수와 함께 십자가에 못 박힌 것은 죄의 몸이 죽어 다시는 우리가 죄에게 종노릇 하지 아니하려 함이니 이는 죽은 자가 죄에서 벗어나 의롭다 하심을 얻었음이라(롬 6:6-7)

그렇다고 육의 존재 자체가 없어진 것이 아니라 우리에 대한 육의 권위가 십자가에서 끝났다는 것이다. 그리스도와 합하여져 우리는 주님과 함께 그곳에서 죽었다. 그리고 우리에게 복종을 요구하는 육의 권리도 또한 끝났다. 부활한 생명은 육에 대하여 아무것도 빚진 것이 없다.

이는 그리스도께서 죽은 자 가운데서 살아나셨으매 다시 죽지 아니하시고 사망이 다시 그를 주장하지 못할 줄을 앎이로라 그가 죽으심은 죄에 대하여 단번에 죽으심이요 그가 살아 계심은 하나님께 대하여 살아 계심이니(롬 6:9-10)

사망이 쏘는 것은 죄요(고전 15:56)

3. 사탄

십자가로 인해 사탄은 무너졌고 완전히 패배했다. 갈보리의 승리는 그곳에 있었던 모든 사람들, 즉 그리스도 안에서 그와 함께 죽고 부활한 모든 사람들의 것이다.

자녀들은 혈과 육에 속하였으매 그도 또한 같은 모양으로 혈과 육을 함께 지니심은 죽음을 통하여 죽음의 세력을 잡은 자 곧 마귀를 멸하시며(히 2:14)

십자가는 세상이 그리스도를 심판한 것이 아니라, 하나님이 세상을 심판하신 것이다. 마귀는 승리하지 못 했고 쫓겨났다. 주님이 치르실 희생으로 말미암아 주님은 "이제 이 세상에 대한 심판이 이르렀으니 이 세상의 임금이 쫓겨나리라 내가 땅에서 들리면 모든 사람을 내게로 이끌겠노라"(요 12:31-32)라고 선포할 수 있었다.

4. 과거

우리의 현재와 지난 모든 과거 사이에 십자가가 있다는 것을 분명하게 이해할 필요가 있다. 십자가가 우리의 기억 속에서 과거를 지워버리는 것은 아니지만 우리를 묶고 있는 과거의 권세를 완전히 없애 버린다.

> 그리스도의 사랑이 우리를 강권하시는도다 우리가 생각하건대 한 사람이 모든 사람을 대신하여 죽었은즉 모든 사람이 죽은 것이라…그런즉 누구든지 그리스도 안에 있으면 새로운 피조물이라 이전 것은 지나갔으니 보라 새 것이 되었도다
> (고후 5:14,17)

과거를 우리의 힘으로 수정하거나 다시 시작할 수 없기 때문에 하나님의 능력으로도 어쩔 수 없다고 우리는 생각한다. 그러나 그렇지 않다. 하나님이 우리 과거의 부정적인 것들에 대해 하고자 원하시는 세 가지 것이 있다. 그 세 가지는 다음과 같다.

첫째, 주님은 우리의 과거를 용서하길 원하신다. 갈보리는 완전한 용서, 값없는 용서, 모든 것에 대한 용서를 의미한다. 그것은 더 이상 우리를 정죄하지 않는 깨끗해진 양심을 의미한다. 오직 예수님의 보혈만이 의식적인 또는 무의식적인 죄책감의 파괴적인 영향으로부터 우리를 자유롭게 할 수 있다.

둘째, 하나님은 우리를 과거의 권세로부터 자유롭게 하셔서, 우리가 과거의 죄와 원수에 대한 두려움으로 현재의 삶을 망치기를 원하지 않으신다. 그러한 해방은 죄사함과 마찬가지로 완전하며 궁극적이다.

셋째, 주님은 우리의 과거를 구속하기 원하신다. 이 말은 무엇을 뜻하는가? 우리의 과거를 하나님의 멋진 손에 내려놓을 때, 주님은 할 수 있는 모든 것을 구속하실 것이다. 나의 실수와 잘못에도 주님은 합력하여 선을 이루시는 것을 보았다. 심지어 나의 죄에서도 선을 이루셨다. 죄나 잘못은 여전히 남지만 주님은 그것을 주님의 목적을 위하여 유익이 되도

록 만드실 수 있다. 나의 죄를 변명해주지는 않지만 주님의 은혜는 얼마나 위대한가!

우리의 생각을 깨뜨려 자유롭게 되기

예수님이 십자가에서 행하신 역사가 우리의 실생활에서 영향을 발휘하기 위해서는 그것을 개인적으로 소유해야 한다. 모든 믿는 자들은 예수님을 구주로 영접하고 주님의 죽음을 우리 죄의 용서에 대한 확증으로 받아들여야 한다.

그러나 십자가는 단지 용서를 다루는 것이 아니다. 그것은 또한 구원을 다룬다. 역시 이것도 개인적으로 소유해야 한다. 그것만이 우리의 생각을 다스리는 권위의 지배에서부터 우리가 자유롭게 될 수 있는 유일한 길이다. 그렇게 되려면 어떻게 해야 하는가?

첫 번째 단계는, 생각의 죄를 자백하고 하나님의 용서를 받아들이는 것이다. 우리에게는 용서 이상의 것이 필요하지만, 먼저 죄를 자백하고 용서받아야 한다. 그것은 우리의 잘못된 생각(분노, 두려움, 정욕, 불안, 후회 등)을 정직하게 고백하고 갈보리의 보혈로 값 주고 사신 죄 사함을 받아들이는 것을 의미한다.

두 번째 단계는, 생각 안에서 우리가 세상, 육, 과거, 사탄에게 부여했던 권위를 거절하고 끊는 것이다. 우리가 그렇게 해야 한다는 것을 명심하라. 우리는 하나님께 그것을 해주시도록 요구해서는 안 된다. **우리 스스로 그것을 해야 한다.** 다음 구절을 아주 주의 깊게 읽어 보라.

우리의 싸우는 무기는 육신에 속한 것이 아니요 오직 어떤 견고한 진도 무너뜨리는 하나님의 능력이라(고후 10:4)

만약 그리스도가 이러한 모든 외적인 권위들을 무력하게 하지 않았다면 우리가 그 권세에서 벗어날 수 있는 방법이 없음을 분명히 이해하라. 그러나 만약 스스로 거절하고 끊지 않는다면 십자가의 역사가 있어도 여전히 그 권세 아래 있게 된다. 처음 그들에게 권위를 부여한 사람이 바로 우리들이기 때문에 그것을 무너뜨려야 하는 사람도 우리들이다. 그 권위는 우리가 그리스도 안에서 자유를 얻게 될 때까지 우리를 사로잡고 억압할 것이다.

나는 언젠가 한 친구에게 구원이란 믿는 사람이 죄의 힘으로부터 벗어나는 것이라고 말했던 것을 기억한다. 그는 나중에 "그날 밤 나는 집으로 돌아가서 내가 20년 가까이 항상 문이 열려 있었던 감옥 속에서 살아왔다는 것을 깨달았어. 나는 바로 그때 그 자리에서 밖으로 걸어 나와 자유로운 사람이 되었지"라고 내게 말했다.

끊을 때는 매우 구체적이고 명확하게 하라. 구체적이자 않은 기도와 고백은 소용이 없다. 당신은 각각의 권위와 구체적인 문제를 다루고 있는 것이다. 그것이 끝났음을 마음속에서 깨닫게 될 때까지 큰 소리로 고백하라. '사탄아! 내가 너와 너의 모든 궤계를 끊는다. 예수님의 이름으로 나는 네가 내 생각에 심은 두려움을 거절한다. 너의 권위는 갈보리에서 힘이 없어졌다. 내가 두려움에 내주었던 내 생각의 한 뼘의 영역까지도 이제 다시 되찾아온다. 그리고 내 모든 생각을 주인 되신 예수 그리스도께로 가져간다.'

어떤 때는 구체적인 문제를 다루어야 한다. 예를 들어, 당신이 오랫동안 품어온 원한을 던져버려야 할지도 모른다. 수년 동안 키워 온 오랜 상처를 놓아버려야만 할 것이다. 과거에 괴로웠던 어떤 사건이 현재 당신의 생각을 사로잡고 있는지도 모른다. 이를 주목할 필요가 있다. 다른 사람에 대해 계속 품고 있는 상한 감정은 당신의 생각과 인격을 그 사람이 지배하도록 하는 것이다.

한번은 어떤 여자가 내게 찾아와 함께 사는 늙은 어머니가 매사에 불평하고 잔소리하는 것이 자신에게 엄청난 영향을 끼쳐서 자신도 분노하고 미워하는 반응을 하지 않을 수 없다고 고백한 적이 있다. 그녀의 생각 속에 작용하는 권위가 깨질 때, 그녀는 자유롭게 되었고 어머니의 다혈질 성격이 더 이상 그녀의 평안을 빼앗지 못하게 되었다.

이렇게 구체적으로 사역해야 하는 두 가지 특별한 경우가 바로 '묶임'과 '저주'다.

1. 묶임

우리 중 누구도 하나님의 손에서 곧바로 이 땅에 태어나게 되지 않는다. 다시 말하면, 우리는 과거 세대로부터 선천적이든지 후천적이든지 어떤 성격적 특성이나 행동을 물려받는다. 쉽게 우울해지거나, 내성적이거나, 다혈질 등의 경향을 보일 수 있다. 일반적으로 부모님께 있던 태도의 특성들이 우리에게도 있으며 우리의 자녀들에게도 같은 경향이 있다.

이러한 특성들이 결코 전부 나쁜 것만은 아니다. 우리는 약점뿐 아니라 장점도 물려받는다. 그러나 어떤 영역에서 물려받은 약점을 그대로 따라 행동하면 그 약점은 다른 어떤 습관보다도 깨기 어려운 묶임이 된다.

조상들의 범죄(죄책감이 아닌)가 삼대, 사대의 후손들에게도 영향을 끼치는 경우가 있다. 수년 동안 상담을 하면서 나는 이러한 묶임이 성적인 공상, 분노, 침체, 염려, 상한 감정, 원한 등의 주된 원인이 되는 것을 보아 왔다. 신비주의에 빠지는 것은 종종 자녀나 손자에게 심각한 정신착란과 환영을 일으킨다. 묶임이 있는 사람은 죄나 유혹의 잎사귀들을 떨어뜨리려 몸부림치지만, 과거의 문제가 뿌리 깊이 박혀 있어 기도하고 회개하고 결심하는 것이 별 효과가 없는 것처럼 보인다.

그럼에도 과거(심지어 태어나기 이전)의 힘은 깨질 수 있다. 예수님의 이름으로 그 뿌리를 잘라낼 수 있고, 우리의 한계를 넘는 문제의 근원을 잡고 있는 악한 유전으로부터 자유로워질 수 있다. 중요한 단계를 살펴보자.

첫째, 실패한 특정 영역에서 우리가 지은 죄에 대한 책임을 반드시 받아들여야 한다. 부모나 조상에게 물려받은 것이라도 문제를 야기한 것은 우리의 잘못이며 이것에 대해 우리는 회개하고 어떠한 변명도 하지 말고 용서를 구해야 한다.

둘째, 우리는 마음속에 자리 잡도록 우리가 허용했던 권위를 끊어야 한다. 여기까지의 접근은 생각에 대한 다른 문제의 경우와 같다.

셋째, 다른 사람들의 기도의 도움으로 과거의 유전을 예수님의 이름으로 끊어야 한다.

> 그런즉 누구든지 그리스도 안에 있으면 새로운 피조물이라 이전 것은 지나갔으니 보라 새 것이 되었도다(고후 5:17)

> 내가 천국 열쇠를 네게 주리니 네가 땅에서 무엇이든지 매면 하늘에서도 매일 것

이요 네가 땅에서 무엇이든지 풀면 하늘에서도 풀리리라 하시고(마 16:19)

자연적인 유전은 그 속에 어떤 약점과 죄가 있든지 끊을 수 있다. 사실 우리를 다시 심을 수 있는 새로운 유산이 있다. 우리의 생명은 이제 새로운 근원에서 솟아난다. 우리가 하나님에게서 났기 때문에 우리가 물려받은 본성은 예수님의 성품이다. 예수님의 성품이 이제부터 우리가 바뀌어야 할 형상이다.

과거의 힘이 끊어졌을 때 영광스러운 자유를 경험하는 많은 사람을 보아왔다. 그들은 처음으로 예전에 완전히 패배했던 삶의 영역에서 실제적이고 지속적인 승리를 경험한다. 그것이 유혹 자체를 없애지는 않지만, 우리가 싸워서 이길 수 있을 정도의 일상적이고 제어할 수 있는 수준으로 줄여 준다.

마지막 단계는 오랫동안 나를 교묘히 피해 다녔던 문제였다. 그런데 어느 날 밤, 어느 집에서 모여서 예배할 때 하나님이 갑자기 예언의 말씀을 주셨다. 주님은 단순히 '너의 어머니와 아버지를 공경하라'고 말씀하셨다. 그래서 우리는 그냥 그렇게 했다. 한 사람씩 차례로 자기 부모님을 공경하겠다고 고백했다. 어떤 사람은 부모님이 온화하셨고, 어떤 사람은 부모님이 가난하셨고, 한두 사람은 부모님이 없었다.

그러나 그들은 자신의 어머니와 아버지를 그들에게 생명을 주시고 낳아 주신 분으로 공경했다. 부모의 역할 속에서 아주 못된 부모님이라도 어느 정도는 하나님 아버지를 나타낸다. 마지막에 하나님은 우리에게 다른 말씀을 주셨다. '너희가 오늘밤 행한 것으로 저주가 바뀌었다.'

그것이 무슨 뜻인가? 세대를 거쳐 내려온 죄와 연약의 유산이 저주다.

그러나 우리가 그것에서 자유롭게 되어 부모와 조상을 존경하고 축복할 때, 묶임은 그 자리에서 끝난다. 우리의 자녀들도 우리에게서 물려받게 될 같은 묶임에서 자유롭게 된다. 많은 경우에, 주님의 명령에 대한 이러한 순종은 유전되어 온 굴레로부터 벗어나 완전히 새롭게 하나님이 주신 자유 안에서 사람을 세워간다.

2. 저주

사람을 자유롭게 하기 위한 특별한 사역이 더욱 필요한 또 다른 유사한 영역이 있다. 다른 사람에게 들은 말, 특히 어린 시절에 자신과 가까운 사람들(부모, 가족, 선생님 등)로부터 들은 말이 깊은 상처를 주어서 자신의 삶에 저주나 장애가 되는 경우가 있다. 잠언은 '사망과 생명은 혀의 능력에 달려 있다'고 말한다.

오래 전에 나와 함께 단 위에서 사람들을 주님께로 초청하는 사역을 했던 성공회의 나이 드신 목사님이 나에게 했던 말을 기억한다. "탐, 나를 위해 기도해 주게. 소년 시절, 영국에 있던 고등학교에 다닐 때 누군가 내게 했던 말이 그 이후 줄곧 내 마음에 갈고리처럼 걸려 있다네."

그런 말에 묶고 파괴하는 힘이 있는 이유는 그 안에 어느 정도 진실이 있기 때문이다. "까닭 없는 저주는 참새가 떠도는 것과 제비가 날아가는 것 같이 이루어지지 아니하느니라"(잠 26:2) 우리는 우리 안의 자기의심이 반영된 그 말에 의해 묶인다.

자신감을 잃게 하는 그런 말들을 사랑하거나 존경하는 사람들로부터 들을 때, 우리의 영에 자기의심이 고착화되어 치명적인 영향을 준다. 잔인한 빈정거림, 분노에 찬 학대, 상처를 주는 비웃음, 무자비하게 깎아내리는 경솔하고 생각 없는 유머는 실제로 몇 년 후에 그렇게 이루어지는 예언이 될 수 있다. 그러나 그 저주는 깨질 수 있다. "그리스도께서 우리를 위하여 저주를 받은바 되사"(갈 3:13).

이러한 모든 잔인한 저주의 말은 이런저런 모양으로 율법에서부터 나온다. 그러나 우리를 구속하기 위하여 그리스도께서 저주를 받으셨다. 잠시 동안 그들이 예수님에 대하여 말했던 상처를 주는 잔인한 말들을 생각해 보라. 그들은 주님이 죄인이며, 사생아며, 귀신들렸다고 말했다. 예수님은 사람들이 퍼붓는 모든 저주를 참아 내셨고 십자가에서 그것을 파하셨다. 우리는 예수님의 십자가의 능력을 통하여 그런 말의 힘으로부터 풀려날 수 있다.

새롭게 된 생각을 선물로 받기

새롭게 되기 위해서 생각을 다스리던 권위의 힘을 깨뜨리는 것은 십자가다. 자유롭게 된 우리의 생각을 새롭게 하시는 분은 성령님이다. 새롭게 되는 생각은 하나님의 선물임을 이해할 필요가 있다. "하나님이 우리에게 주신 것은 두려워하는 마음이 아니요 오직 능력과 사랑과 절제하는 마음이니"(딤후1:7). 이렇게 새롭게 되는 것은 오직 성령님의 역사하심에서 온다는 것을 깨달을 필요가 있다.

> 우리를 구원하시되 우리가 행한 바 의로운 행위로 말미암지 아니하고 오직 그의 긍휼하심을 따라 중생의 씻음과 성령의 새롭게 하심으로 하셨나니(딛 3:5)

고린도후서 3장에서 바울은, 예수님 당시의 유대인처럼 성경을 읽을 때 생각이 수건으로 가려진 사람들에 대해 말한다. 그런 다음 그는 "그러나 언제든지 주께로 돌아가면 그 수건이 벗겨지리라"(고후 3:16)고 말한다.

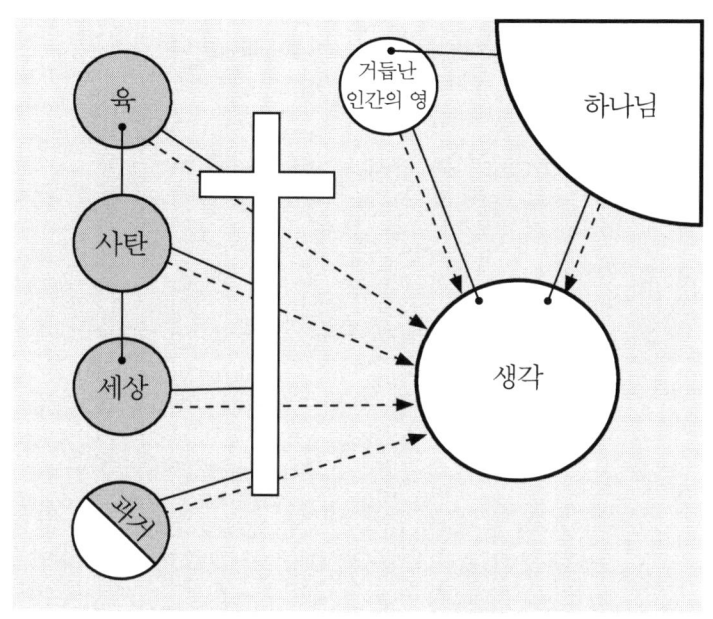

그림4 - 새롭게 된 생각

성령님은 우리가 의식적으로, 의지적으로 그분의 임재 앞에 내려놓은 습관적인 사고, 마음대로 하려는 강박적인 생각, 부정적인 성향 등을 씻어주실 것이다. 묶임은 벗겨졌고, 저주는 깨어졌으며, 생각은 자유로워졌다. 새롭게 된 생각은 〈그림4〉에 나타나 있는 것같이 된다.

좋지 않은 생각이 침범할 때, 그것이 얼마나 그럴 듯하게 보이든 간에 그 진짜 근원이 점차로 드러난다. 잠시 평강이 사라지지만, 침입자를 물리치면 곧 다시 평강이 머물게 된다.

> 그리하면 모든 지각에 뛰어난 하나님의 평강이 그리스도 예수 안에서 너희 마음과 생각을 지키시리라(빌 4:7)

> 그리스도의 평강이 너희 마음을 주장하게 하라 너희는 평강을 위하여 한 몸으로 부르심을 받았나니 너희는 또한 감사하는 자가 되라(골 3:15)

얼마 전에 말씀을 전하도록 초청한 강사의 설교를 듣고 있었다. 하나님의 은혜가 그가 전하는 말씀 위에 분명하게 있다고 느끼는 순간, 그는 내가 전혀 다르게 생각하고 있는 부분에 대해서 잠시 언급했다. 나는 곧, '그가 나를 실망시켰다. 그는 내가 준 기회를 이용한 것이다'라고 생각했다.

그가 나를 이용한 것은 아니지만 어쨌든 내 마음은 무거웠다. 나는 그것을 주님께 올려드렸다. 그리고 어떤 일이 일어난 것이었는지 분명히 깨달았다. 나는 그에 대해 사탄이 모함하는 소리를 들었고 그 생각을 잠시 품었다. 그것이 목사로서의 신중함과 관심을 가장하여 내 생각 속으로 들어왔지만 나는 죄를 고백하고 그 생각을 쫓아냈고 즉시 기쁨과 평강을 되찾았다.

새롭게 된 생각은 점점 영적인 직관을 지적으로 다룰 수 있게 되어서 하나님의 뜻이 무엇인가를 알게 한다. 만약 새롭게 되지 못한 상태에서 영적인 직관으로 일을 다루려 한다면 우리는 자신이 생각한 것을 성령의 음성이라고 혼돈 하는 커다란 위험에 빠질 수 있다.

새롭게 된 생각을 지키기

한 번 생각이 새롭게 되었다고 해서 영원히 지속되는 것이 아님을 깨닫는 것이 중요하다. 생각이 새롭게 된 후 낭비하지 말아야 할 하나님의 역사에 대해 우리가 이해해야 할 몇 가지 중요한 점이 있다.

첫째, 생각이 새롭게 된 이후에는 **무슨 생각을 품을지 스스로 결정해야 한다.** 어떤 사람은 자유롭게 아무 생각이나 품는 것에 익숙해서 그것을 결정해야 한다는 사실에 깜짝 놀라는 경우도 있다. 빌립보서 4장 8절에서 바울은 "끝으로 형제들아 무엇에든지 참되며 무엇에든지 경건하며 무엇에든지 옳으며 무엇에든지 정결하며 무엇에든지 사랑 받을 만하며 무엇에든지 칭찬 받을 만하며 무슨 덕이 있든지 무슨 기림이 있든지 이것들을 생각하라"고 말한다. 생각은 결코 수동적이지 않다. 바울은 우리에게 "그러므로 너희 마음의 허리를 동이고"(벧전 1:13)라고 권면한다.

나는 어떤 나이 어린 그리스도인과 대화한 적이 있었다. 처음 그리스도인이 되었을 때 그는 누군가에게서 하나님의 음성을 듣기 위해서 해야 할 것은 생각을 완전히 비워야 한다는 말을 들었다. 이로 인해 그는 모든 종류의 영적인 어려움을 겪었다. 말할 것도 없이 온갖 종류의 불안과 터무니없는 생각들이 빈 공간 속으로 흘러들어 왔다. 그리스도인의 생각은 수동적이어서는 안 된다. 그리스도인의 생각은 적극적이며 열심이어야 한다. 우리는 "마음을 일깨워"(벧후 3:1)야 하고 잠자도록 내버려둬서는 안 된다.

둘째, 생각이 새롭게 되었다고 해서 우리가 유혹으로부터 자유로운 것은 아니다. 〈그림4〉를 다시 보라. 십자가가 유혹의 권위의 선을 끊는다.

그러나 의사전달의 선을 끊지는 않는다. 유혹은 여전히 온다. 마귀는 우리로 하여금 옛 권위가 아직도 적용되고 있음을 믿게 하려고 노력할 것이다. 속지 말라. 부서진 멍에는 우리를 묶지 못한다.

반면에 순종은 권위를 낳기 때문에, 우리는 자신이 만든 속박의 덫에 걸려 들 수 있음을 기억하라. 만약 우리가 잘못된 생각에 굴복하고 그러한 권위를 세워가고 있음을 깨닫는다면, 풀려나는 방법은 간단하다. 우리는 우리의 자유를 지켜야 한다.

유혹 그 자체는 문제가 아니다. 진짜 문제는 유혹이 우리 생각 속에 갖는 권위의 자리다. 이것이 원치 않는 생각을 물리치는 것을 어렵게 만든다. 일단 우리가 권위의 문제를 해결하면, 승리는 신나는 현실이 된다.

셋째, 생각을 새롭게 하는 것은 **한 번으로 그치는 것이 아닌 계속적인 과정이다.** 이것은 인간 본성 때문에 필수적이다. 우리는 자유롭게 될 뿐만 아니라 자유를 어떻게 누리는지를 배워야 한다.

> 형제들아 너희가 자유를 위하여 부르심을 입었으나 그러나 그 자유로 육체의 기회를 삼지 말고 오직 사랑으로 서로 종노릇 하라(갈 5:13)

우리 마음이 주님의 주 되심 앞에서 '예'라는 대답을 했다면 성령님의 새롭게 하는 역사를 지속적으로 경험하게 된다. "새 사람을 입었으니 이는 자기를 창조하신 이의 형상을 따라 지식에까지 새롭게 하심을 입은 자니라"(골 3:10). 이렇게 계속적인 새롭게 하심으로 말미암아 변화가 지속된다. 바울은 그것에 대해 로마서 12장 2절에서 말하며, 또한 고린도후서 3장 18절에서 그러한 변화의 방법론을 확대해서 말하고 있다.

우리가 다 수건을 벗은 얼굴로 거울을 보는 것 같이 주의 영광을 보매 그와 같은 형상으로 변화하여 영광에서 영광에 이르니 곧 주의 영으로 말미암음이니라

(고후 3:18)

거울은 보는 것만 비출 수 있다. 그렇듯이 우리도 예수님을 본 만큼 우리의 삶에서 비출 수 있다. 우리가 보는 예수님은 성령님의 계시에 의한다.

생각을 깨끗이 하고 새롭게 한 다음에야 하나님의 모습, 곧 우리 주 예수 그리스도께서 영광을 입으시고 인간이 되신 모습, 하나님의 아들의 모습을 닮도록 변화 받을 수 있다.

자유케 된 자아

2부

4장
감정이란 무엇인가?

정서나 감정은 많은 도움이 필요한 인격의 영역이지만 실제로는 아주 조금의 도움밖에 받지 못하고 있다. 일반적으로 기독교는 감정이란 주제에 대해 아주 부정적으로 가르쳤다. 일부 교회에서는 예배 중에 찬양할 때 마음껏 기쁨을 표현하도록 허용하지만, 그 외의 교회에서는 아직도 '감상주의'로 낙인찍는다. 예배 때 자유롭게 표현하도록 권장하는 교회에서도 감정 전반에 대해서는 대개 아직도 매우 유보적이고 불확실한 견해가 남아 있다.

반역하는 감정(Our Rebel Emotions)이라는 책의 제목은 일반적인 관점을 대체로 잘 표현했다. 우리가 감정을 잘 표현하지 않으려는 이유는 그것을 풀어 놓았다가는 어떤 일이 생길지 알 수 없다고 생각하기 때문이다. 또한 우리는 이러한 생각이 주는 위축감을 무의식적으로 인지하고 있다. 우리는 그것에 대해 노이로제에 빠지거나 바짝 긴장하고 있다.

우리 도시에서 젊은이들을 대상으로 사역하는 기독교 공동체가 어느 집에서 모임을 가졌을 때 말씀을 전한 적이 있다. 그곳은 모임 가운데 경배와 찬양을 자유롭고 아주 아름답게 표현했고 이러한 방법이 그곳에 참석한 사람들에게는 주님께 그들의 마음을 열도록 독려하는 것이었다. 그러나 나중에 그들의 사역에 대하여 공동체 대표가 "우리의 큰 장점 중 하나는 감정이 없다는 것입니다"라고 말하는 것을 들었다. 나는 그가 한 말의 뜻이 무엇인지 안다. 그러나 그가 한 말은 힘 있고 아주 중요한 우리 본성에 대하여 우리가 가지고 있는 양면적인 태도를 나타낸다.

그리스도인들을 위한 많은 책이 감정이 아니라 믿음으로 살아야 한다고 반복해서 강조한다. 바울은 "이는 우리가 믿음으로 행하고 보는 것으로 행하지 아니함이로라"(고후 5:7)라며 보는 것을 믿음과 비교했지만 물론 감정을 진리와 진실에 대한 유일한 해결책으로 간주해서는 안 된다. 그러나 감정을 무시해서도 안 된다. 문제는 우리가 선택할 수 있는 것이 아니라는 데 어려움이 있다. 만약 본성의 감정적인 면을 무시하거나 억누르거나 억압한다면 우리는 부정적인 감정뿐 아니라 긍정적인 감정에도 손상을 주게 된다. 그것은 많은 그리스도인들로 하여금 하나님의 사랑 혹은 하나님에 대한 사랑을 **알면서도 느끼지** 못하게 하는 이유가 된다.

감정이란 무엇인가?

감정은 말로 설명하는 것보다 경험하는 것이 더 쉽다. 감정을 이해하는 가장 단순한 방법은 벌어지는 어떤 일에 대한 사람들의 전반적인 반응을 보는 것이다. 갑작스런 큰 소음은 당신을 두렵게 한다. 욕을 들으면 화가 난다. 고통당하는 사람을 보면 동정하는 마음이 생긴다.

예를 들어보자. 들판을 평화롭게 거닐던 나는 갑자기 네 개의 다리와 한 쌍의 뿔이 달린 크고 검은 짐승을 보았다. 이 짐승은 분명히 나를 붉은 깃발로 오인하고 급히 맹렬하게 달려왔다. 여기서 재미있는 것은 이때 나는 그 자리에서 앉아서 황소가 달려올 경로, 속도, 무게, 그리고 부딪히면 어떤 결과가 일어날지 등에 대해 머리로 계산하고 있지 않을 거라는 사실이다. 그런 일은 전혀 있을 수 없다!

어떤 일이 벌어지느냐하면 감정의 상태에 강력한 자극이 주어져서-말 그대로의 두려움-나는 올림픽 경기에 출전해도 될 만큼의 속력으로 가장 가까운 울타리를 향해 뛰기 시작한다.

모든 감정이 두려움이나 분노처럼 급작스런 상황에 대처하기위해 신체의 모든 요소를 움직이게 하는 것은 아니지만 모든 감정은 자극에 대해 전체적으로 반응을 일으키는 요소를 가지고 있다. 우리가 이러한 상황에서 경험하는 반응은 영향력을 동반한다. 말하자면, 어떤 종류의 감정을 동반한다. 감정의 힘에 의지하여 많은 물리적인 변화와 반향이 생기기도 한다. 우리는 화가 나면 얼굴이 빨개지고 근육이 긴장되는 것을 발견한다. 우리가 긴장하면 입이 마르고 손바닥에 땀이 나기 시작한다. 이사야는 극도의 감정적 스트레스로 일부 생리적인 결과가 일어나는 것을 매우 생생하게 묘사하고 있다.

> 이러므로 나의 요통이 심하여 해산이 임박한 여인의 고통 같은 고통이 나를 엄습하였으므로 내가 괴로워서 듣지 못하며 놀라서 보지 못하도다 내 마음이 어지럽고 두려움이 나를 놀라게 하며 희망의 서광이 변하여 내게 떨림이 되도다(사 21:3-4)

감정의 또 다른 중요한 면은 일련의 상황으로 한 번 자극을 받으면 그 사건을 단순히 생각만 해도 같은 감정이 반복해서 생길 수 있다는 것이다. 우리를 두렵고 부끄럽게 했던 상황에 대해 몇 년이 지나고 나서 생각해도, 그때마다 여전히 불안과 당혹감을 느낄 수 있다. 반복적인, 특히 생리적인 변화를 일으키는 강한 부정적인 감정은 여러 범위의 기능적인 이상 현상을 일으키는 원인이 될 수 있다.

감정과 행동

성경에 분명히 나온 것처럼 감정은 강력한 행동의 동기를 유발한다.

모든 지킬 만한 것 중에 더욱 네 마음을 지키라 생명의 근원이 이에서 남이니라
(잠 4:23)

대부분의 사람들이 결정을 내릴 때는 논리적인 이유에 근거해서 결정을 내린다고 생각하고 있지만, 많은 영업인과 광고인들은 사람들을 의사 결정 지점까지 끌고 가려면 감정을 움직여야 한다는 사실을 알고 있다. 일반적으로 이성적인 능력은 우리가 **느꼈기 때문**에 내린 결정을 정당화하기 위해 **나중에** 사용한다.

감정을 분석하는 데 있어 다음을 따라 분류하면 유용하다.
1. 유쾌한가 아니면 불쾌한가?
2. 감정을 유발한 것에 끌리는가 아니면 등을 돌리게 되는가?

〈그림5〉에서 보는 것처럼 인간 감정의 모든 영역은 이 두 가지 범위에서 구분 지을 수 있다. 예를 들어 평강은 유쾌한 감정이어서 우리는 그것을 주는 경험이나 사람에게로 끌린다. 분노는 불쾌한 감정이어서 우리는 그것을 일으킨 것에 등을 돌린다. 희락은 매우 유쾌한, 아주 매력적인 감정이다. 두려움은 불쾌한, 누구나 등을 돌리는 감정이다. 비록 때때로 놀라운 것에 병적으로 끌려서 공포물이나 살인 영화를 즐기더라도 말이다.

본성적으로 우리는 불쾌한 감정보다는 유쾌한 감정을 더 좋아한다. 등을 돌리게 만드는 것보다는 끌림을 주는 쪽에 더 긍정적으로 반응한다.

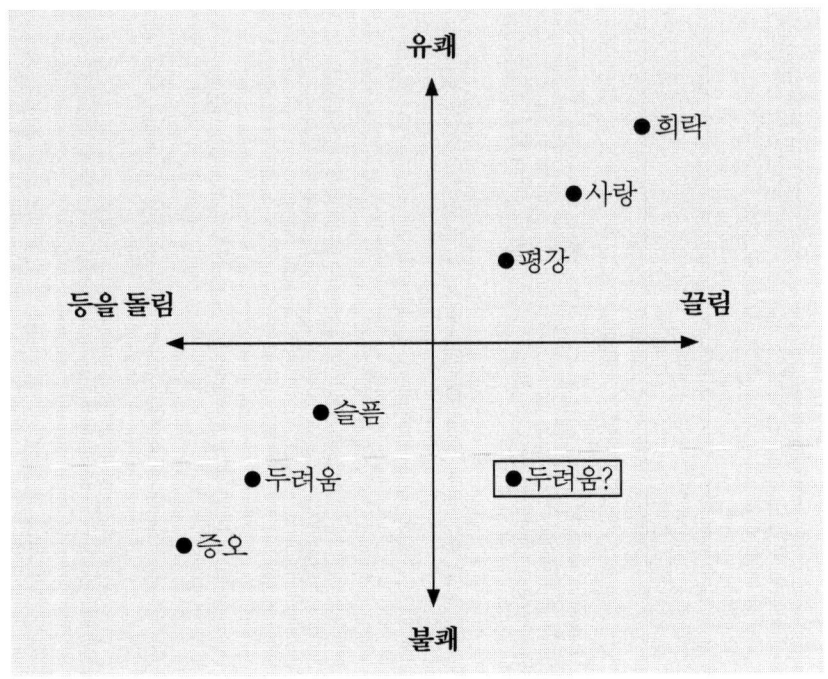

그림5 - 감정의 반응에 대한 도표

그런데 꼭 알아야 하는 매우 중요한 교훈은 **도덕적 또는 윤리적 가치의 기준을 감정에 두면 심각한 어려움에 빠질 수 있다는 것이다.** 만약 유쾌한 모든 감정을 선한 것으로, 불쾌한 모든 감정을 나쁜 것으로 여긴다면 혼란이 따른다. 도덕적으로 잘못된 혹은 죄악에 빠져 있는 사람은 '이것이 내 기분을 좋게 해주는 데 어떻게 나쁠 수가 있어?'라고 말할 것이다.

유쾌한 감정이 도덕적으로 선한 것이 아님을 분명히 알아야 한다. 반대로, 불쾌한 감정이다 해서 악한 것은 아니다. 유쾌하건 불쾌하건, 끌리건 등을 돌리게 하건, 모든 감정은 선한 것일 수도 나쁜 것일 수도 있으며, 옳은 것일 수도 그른 것일 수도 있다. 이것은 너무나 중요하기 때문에 성경 말씀에 따라 그것을 입증할 필요가 있다.

사랑

사랑은 언제나 좋은 것이라고 생각한다.

사랑하는 자들아 우리가 서로 사랑하자 사랑은 하나님께 속한 것이니 사랑하는 자마다 하나님으로부터 나서 하나님을 알고(요일 4:7)

그러나 완전히 잘못된 종류의 사랑도 있다. 같은 서신의 다른 구절이 그것을 말해 주고 있다.

이 세상이나 세상에 있는 것들을 사랑하지 말라 누구든지 세상을 사랑하면 아버지의 사랑이 그 안에 있지 아니하니(요일 2:15)

사랑의 의미에 대해 회의적이고 미심쩍은 경우를 대비하여, 요한은 두 구절에서 똑같이 사랑(아가페, agapao)이라는 말을 사용한다. 그렇다. 잘못된 종류의 사랑이 있을 수 있다.

분노

분노는 우리가 도덕적인 면에서 부정적으로 판단하는 불쾌한 감정이다.

옛 사람에게 말한바 살인하지 말라 누구든지 살인하면 심판을 받게 되리라 하였다는 것을 너희가 들었으나 나는 너희에게 이르노니 형제에게 노하는 자마다 심판을 받게 되고 형제를 대하여 라가라 하는 자는 공회에 잡혀가게 되고 미련한 놈이라 하는 자는 지옥 불에 들어가게 되리라(마 5:21-22)

내 친구 중 하나가 이 구절에 대해 나눈 적이 있다. 그는 어느 비 오는 토요일 오후, 어린 두 아들이 시끄럽게 떠드는 혼란스러운 상황 속에서 설교를 준비하게 되었다. 한동안은 참았지만, 결국 화가 머리끝까지 치밀어 두 아들에게 소리쳤다. "계속 떠들면 죽여 버릴 테다!" 나중에 그는 나에게 덧붙여서 말했다. "내 입술에서 나간 말을 통해 하나님은 분노가 살인과 얼마나 가까이 있는지를 내게 보여주셨네."

에베소서 4장 26절은 "분을 내어도 죄를 짓지 말며 해가 지도록 분을 품지 말고"라고 말씀한다. 다시 말해, 우리가 죄를 짓지 않고도 분을 낼 수 있다는 말이다. 손 마른 사람이 있었던 회당에서 예수님은 바리새인과 헤롯당을 "그들의 마음이 완악함을 탄식하사 노하심으로"(막 3:5) 둘러보셨다. 만약 어린이나 동물에게 잔인하게 구는 것을 분내지 않고 볼 수 있다면 도덕적 지각 능력이 뭔가 잘못된 것이다. 다시 말해 분노는 좋을 수도 나쁠 수도 있다.

평안

평안은 확실히 언제나 선한 것 같다. 예수님은 "평안을 너희에게 끼치노니 곧 나의 평안을 너희에게 주노라"(요 14:27)고 말씀하셨다. 우리는 사람들에게 만약 어떤 일에 대해 평안이 있다면 하나님이 그 일과 함께 하신다고 말하지 않는가? 그러나 성경이 말하는 또 다른 평안이 있다. 바로 희망이 없는 속박의 침묵이다.

강한 자가 무장을 하고 자기 집을 지킬 때에는 그 소유가 안전하되(눅 11:21)

예수님은 여기서 사탄을 '무장한 강한 자'로 언급하고 계신다. '안전' 속에 있는 자는 다름 아닌 사탄의 포로다.

두려움

두려움이 불쾌한 감정이라고 해서 항상 나쁜 것일까? 히브리서 저자는 그리스도께서 "또 죽기를 무서워하므로 한평생 매여 종노릇하는 모든 자들을"(히 2:15) 구원하러 오셨다고 말한다. 그러나 시편 기자는 "너희 성도들아 여호와를 경외하라 그를 경외하는 자에게는 부족함이 없도다"(시 34:9), "여호와를 경외하는 도는 정결하여 영원까지 이르고 여호와의 법도 진실하여 다 의로우니"(시 19:9)라고 외친다.

슬픔

슬픔도 마찬가지로 어떤 것은 선하며 어떤 것은 나쁠 수 있다.

하나님의 뜻대로 하는 근심은 후회할 것이 없는 구원에 이르게 하는 회개를 이루는 것이요 세상 근심은 사망을 이루는 것이니라(고후 7:10)

모든 슬픔이 불쾌한 것이지만 우리는 선한 것이라고 쉽게 추측한다.

그러나 바울은 사망을 낳는 슬픔도 있다고 말한다.

이러한 예들은 다음과 같이 중요한 결론에 이르게 한다. **감정을 행동의 기준으로 삼을 만큼 감정 자체는 신뢰할 만한 것이 아니다.** 선한 것을 추구하거나 나쁜 것을 하지 않기 위한 기준을 감정에 둘 수 없다. 구체적인 감정 하나하나는 선할 수도 있고 나쁠 수도 있으며, 옳을 수도 있고 잘못된 것일 수도 있다.

5장
잘못된 것은 무엇인가?

인간의 감정은 행동을 불러일으키는 강력한 요인이지만 신뢰할 만한 것이 못 된다. 이 말은 감정의 위험성에 대하여 우리가 읽었던 모든 것이 옳다고 확인해 주는 것처럼 보인다. 그렇다면 감정을 무시해야만 하는가? 문제는 감정을 완전히 무시하는 것도 억압하는 것도 모두 가능하지 않다는 것이다.

우리의 행동이나 태도를 정당화할 이유를 다른 곳에서 찾는 동안에도 감정은 보이지 않게 강력하게 작용한다. 감정적인 문제를 무시하거나 억압하는 그리스도인은 계속되는 지적 혹은 교리상의 문제를 갖게 될 수도 있다. 그런 사람은 전보다 더 나빠진다. 지적인 어려움이 그 사람의 진짜 문제가 아니기 때문에 어떤 논쟁이나, 설명 혹은 증거에도 만족할 수 없을 것이다.

그러나 우리의 눈을 성경으로 돌리면, 하나님이 감정을 믿을 만하지 못하게 만드셨기 때문이 아니라, 어떤 일이 일어났기 때문에 신뢰할 수 없음을 발견한다. 문제는 아담의 타락 때부터 시작했다. 실제로 어떤 일이 일어났는가를 살펴보자.

하나님의 형상대로 창조된 인간은 완전하고 아름다운 조화를 이루었다. 아담의 생각이 몸을 다스렸고 영이 생각을 다스렸고 성령님이 영을 다스리셨다. 이런 상태의 인간은 자신을 방어하는 데 있어서 죄나 질병 혹은 죽음이 들어올 틈이 없는 스스로 치유할 수 있는 유기체였다. 이처럼 타락하지 않은 상태의 아담과 하와에게는 실제로 죽음이 없었다. 그들이 죽을 수 없었기 때문이 아니라 그들이 죽어야 할 이유가 없었기 때문이다. 바울이 로마서 5장 12절에서 지적했듯이 죽음은 죄로 인해 인간에게 들어왔다.

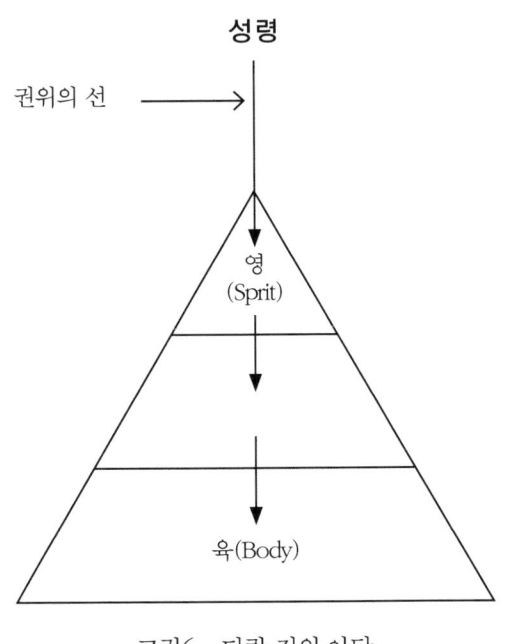

그림6 - 타락 전의 아담

하나님은 인간의 혼 안에 지, 정, 의의 기능을 두셨다. 그러므로 인간의 혼에는 자유로운 선택을 하는 잠재적 능력이 있으며 사탄이 공격한 곳도 바로 이 영역이다. 인간의 영(양심)을 유혹했다면 성공하지 못했을 것이다. 영은 유혹이 왔을 때 성령님께 아뢰었을 테고, 그것으로 문제가 해결됐을 것이다. 그러나 인간의 혼에는 자기주장과 반역의 가능성이 있다.

인간이 유혹을 받고 타락한 곳이 바로 여기다.

사탄은 하와의 본성 중 자극에 민감한 모든 부분을 이용했다. 하와는 그 나무가 먹기에 좋은 것처럼 보였고(육적인 감각), 눈에 보기에도 즐거웠고(정), 사람을 지혜롭게 할 것같이 보였다(지). 그래서 그녀는 열매를 따서 먹었다(의).

그녀는 아담에게도 열매를 주었다. 아담은 하와처럼 속지 않았지만 그래도 먹었다. 그래서 죄에 영적인 반역을 더했다. 창세기에서 볼 수 있듯이 인간의 본성 전체가 죄에 참여했고, 따라서 인간 본성 전체가 타락 이후로 고통을 겪었음이 분명하다. 인간의 감정이 타락한 결과는 다음 두 가지로 나타났다.

1. 왜곡

도덕적 판단에 관한 한 인간의 감정적 반응은 심각하게 왜곡되었다. 이것은 즉시 명백하게 나타났다. 아담과 하와는 전적으로 선하고 사랑이신 하나님의 임재로부터 피하려는 부정적인 감정을 갖게 되었다. 그들은 두려워 숨어버렸다. 죄와 불순종을 향하여 감정이 끌리는 것을 그들은 경험한다. 금지된 열매를 그들이 마지못해 먹었다는 증거는 어디에도 없다. 그들은 그것이 약속한 즐거움에 굴복하여 금지된 열매를 먹었다.

이것이 오늘날 인간의 감정적인 본성 안에 있는 근본적인 결함이다. 감정은 더 이상 인간에게 예정되어 있던 선함과 아름다움과 기쁘고 영광스러운 하나님과의 교제 추구에 대한 동기를 유발하지 못한다.

2. 분열

영이 중심이 되어야 인간은 온전해질 수 있다. 인간은 영을 통해서 생명의 근원이신 하나님과 연결되었다. 죄가 끼어들자 인간의 영혼은 하나님과 끊어졌다. 그렇다고 인간의 영이 사라진 것은 아니지만 〈그림7〉과 같은 무력한 사망의 상태로 떨어진 것이다. 결과는 무질서다. 인간 본성의 모든 부분이 이제 우리를 지배하기 위해 싸우고 있다.

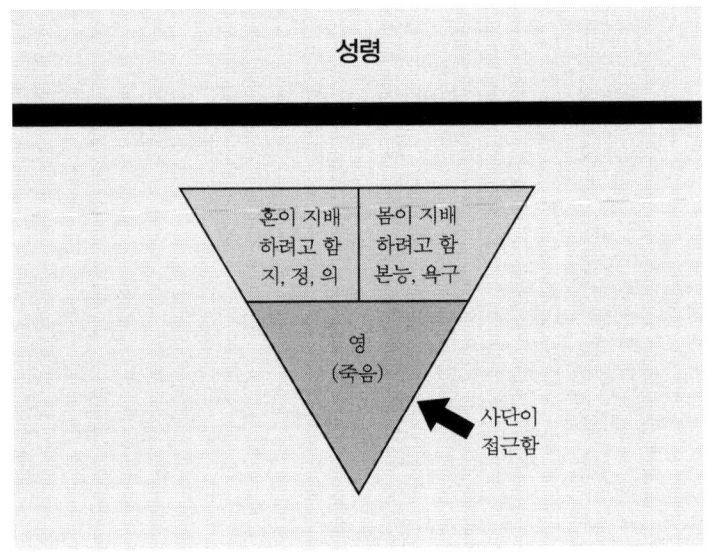

그림7 - 타락한 인간

어떤 사람은 지식이 다스리는데 그들은 전혀 감정을 느낄 수 없는 것처럼 보인다. 다른 극단에 있는 사람은 하루하루를 흥분에 도취되어서 방종하거나 깊은 침울함에 빠지거나 하며 삶을 보낸다. 한편 매우 강한 의지에 의해 지배받는 사람도 있다. 그들은 힘에 목말라하며, 무엇이든지 결정한 것은 누가, 어떤 대가를 지불하든 시행한다. 그리고 어떤 사람들은 육체적 욕구에 따라 움직이는 것처럼 보이는데, 이들은 이런 욕구를 통제할 수 없고 단지 욕구를 채워주거나 달래줄 수밖에 없다.

일관적인 원칙이 없는 타락한 인간은 항상 심각한 긴장 상태에 있어서 대부분의 경우는 무너지게 된다. 그의 생각은 한 쪽으로 끌려가고, 그의 감정은 다른 쪽으로 끌려간다. 그의 육체적 욕구는 만족을 구하고 그의 양심은 정죄하며 그의 생각은 마음으로는 받아들일 수 없는 하나님을 향하여 울부짖는다. 결과는 견디기 힘든 내적 갈등이다. 우리는 심지어 스트레스에 눌려서 병까지 나는 사람에 대한 이야기를 듣는다. 그것은 실제로 벌어지고 있는 일이다.

6장
상처 받은 감정

우리가 처한 환경에 육체적, 정신적으로 뿐만 아니라 감정적으로 반응하는 것은 정상적인 성장에 필요한 과정이다. 정상적인 성장에는 신체적인 노력만큼이나 일정한 수준의 정서적 압박과 자극도 필요하다. 모든 불쾌한 정서적 경험이 우리 감정에 항상 손상을 주는 것은 결코 아니다. 슬픔, 절망, 실패, 좌절, 두려움은 그 모두가 우리에게 성장의 기회를 줄 수 있다.

그러나 만약 특정한 정서적 충격이나 스트레스가 감당할 수 있는 정도를 넘어선 것이라면 치명적인 상처와 손상이 생겨서 종종 그 결과가 오랫동안 지속하기도 한다. 심한 경우에는, 한 사람의 정서 반응 체계 전체가 혼란에 빠질 수 있다. 그렇게까지 반응할 상황이 아닌 데도 때로 매우 민감한 반응을 나타낼 수 있다. 두려움이 있는 사람은 무엇을 두려워하고 걱정하는지 알지 못하면서 사소한 일에도 두려워할 수 있다.

> 그들이 두려움이 없는 곳에서 크게 두려워하였으니(시 53:5)

실제로 어떤 감정을 느낄 때 심한 고통이 따르는 수도 있다. 실패와 관련된 감정은 누구에게나 불쾌한 것이지만 어떤 사람에게는 무력하게 할 만큼 극도의 고통을 가져다준다.

내게 굽히사 응답하소서 내가 근심으로 편하지 못하여 탄식하오니 이는 원수의 소리와 악인의 압제 때문이라 그들이 죄악을 내게 더하며 노하여 나를 핍박하나이다 내 마음이 내 속에서 심히 아파하며 사망의 위험이 내게 이르렀도다 두려움과 떨림이 내게 이르고 공포가 나를 덮었도다(시 55:2-5)

모든 감정이 억눌려서 무감각해지거나 냉담해지는 경우를 드물지 않게 볼 수 있다. 성격이 예민한 사람이 감정적으로 너무 많은 짐을 지고 있으면, 마치 퓨즈가 끊어진 것처럼 어떤 종류의 감정이든지 거의 느끼지 못하게 된다.

상처받은 감정의 증상

감정의 상처는 분명히 실제로 존재하지만 베인 살이나 멍처럼 눈에 보이지는 않는다. 사실 상처받은 감정의 고통은 보통 신체적 부상이나 질병보다 더 심하여 종종 사고나 질병의 원인이 된다. 감정적 손상은 일반적으로 행동이나 태도에서 관찰할 수 있다. 우리는 내적 상처로 인하여 밖으로 드러나는 증상을 이해해야 한다.

첫째, 대인관계에 큰 어려움이 있다. 지배하려 하거나 소유하려는 태도가 있을 수 있고 반면에 극도로 의존하는 경향도 있다. 인격적인 면에서 참된 사랑과 애정을 주거나 받아들이는 것을 어려워한다. 즉, 친구를 사귄다거나 친구 관계를 유지하는 것이 불가능하다.

둘째, 열등감이나 매우 빈곤한 자아상을 가진다. 많은 경우, 반대로도 표출된다. 심한 부끄럼, 타인에 대한 매우 비판적인 태도, 자신을 증명하려는 혹은 인정받으려는 계속적인 노력, 실패에 대한 과도한 두려움 등이 그것이다.

셋째, 대체로 부정적인 말과 태도로 삶에 대한 비관적인 관점을 갖는다. 우울하고 무서운 것에 대한 강박적인 생각을 하며, 심한 경우 우울증과 자살 충동을 보인다.

넷째, 그리스도인의 감정 문제에는 구원에 대한 확신을 잃거나 영적으로 의심하게 하는 심한 영적 공격이 자주 있다. 그런 경우에는 문제의 진짜 본질이 무엇인지 가려내는 것이 중요하다. 실제 문제는 다른 곳에 있기 때문에 지식적인 대답은 소용이 없다.

내적 상처의 원인

이미 살펴보았듯이 사별, 결혼 생활의 파탄, 직장에서의 실패, 건강의 상실, 지위나 명예의 추락 또는 사고와 같이 우리가 감당할 수 없는 충격적인 경험으로 인해 정서적인 상처를 입을 수 있다.

좀 더 심하게 내적 상처를 주는 원인은 가정불화, 잔소리, 비판, 심한 권위주의적 가정교육, 여러 형태의 심리적 잔인함 등에서 오는 스트레스다. 스트레스는 점차 축적이 되어 어느 때가 되면 우리를 무너뜨린다. 필요를 채우기 위해 어떤 목적을 달성하려고 했다가 이루지 못 하는 경우는 무가치함, 죄의식, 분노, 불안 같은 무력하게 만드는 부정적 감정 상태에 이를 수 있다.

어릴 때의 인격은 상처받기 쉽기 때문에, 어린 시절의 그러한 경험은 종종 치명적이다. 이사야 53장 2절의 그리스도에 대한 말씀은 모든 어린

아이들에게도 사실이다. "그는 주 앞에서 자라나기를 연한 순 같고…." 이렇게 유아기와 어린 시절의 거절감은 어떤 아이들에게는 파괴적이며 모든 것을 부정적으로 느끼는 감정을 심어줄 수 있다. 어린이는 자기가 전혀 가치가 없기 때문에 당연히 받아야 할 무서운 벌을 받고 있다고 생각할 수 있다. 나는 그렇게 자라온 많은 성인들에게 말씀을 전해 왔다.

결혼과 가정에 큰 문제가 있는 한 젊은 기혼 여성을 생생하게 기억한다. 나는 그녀와 그녀의 언니가 미혼모에게서 태어났다는 것을 알았다. 나중에 그녀의 어머니는 결혼을 하면서 그녀의 언니는 데려갔지만 그녀는 버렸다. 그녀는 말했다. "나는 살면서 내게는 나쁜 일만 일어나야 한다고 생각했습니다." 비극적인 사실은 우리가 삶에서 무언가를 기대하면 실제로 그런 일이 생긴다는 사실이다. 그러한 사람의 삶은 비정상적으로 자주 병이 나고 재정적인 어려움, 사건, 사고, 관계에서의 문제 등으로 얼룩지게 된다.

결혼 생활이 깨어질 때 아이들은 종종 죄 없는 희생자가 된다. 결혼이 깨어짐으로써 아이들에게 생기는 불안정감은 차치하고라도 가장 사랑했던 두 사람이 서로를 향하여 적대시하는 것을 알게 되면 아이들은 큰 충격을 받는다. 때로 부모 간의 격렬한 감정싸움과 충돌을 해결하려던 아이들은 자신이 모든 문제의 원인이라고 자책한다.

때때로 원인은 부모가 어떤 일을 했는가보다는 어떤 일을 하는 데 실패했는가에 있다. 예를 들어 모든 사람은 두 가지 필요, 곧 사랑과 존중에 대한 필요를 가지고 태어난다. 이러한 필요가 어린아이 때 만족되지 않으면 삶의 단계에서 필연적인 고통을 당하게 된다.

그러나 사랑은 경험해야 하는 것이다. 사랑을 경험하기 위해서는 사랑을 표현해야 한다. 나에게 자신의 어린 시절에 대하여 이야기한 많은 어른들이 "나는 부모님이 나를 사랑하셨다는 것을 압니다. 틀림없이 저를 사랑하셨을 겁니다. 그러나 나는 정말 사랑을 느껴보지 못 한 것 같아요"라고 말한다. 부모는 자주 말과 행동으로 아이들에 대한 사랑을 표현해야 한다.

존중에 대한 필요는 사랑에 대한 필요와 똑같지는 않다. 사랑받고 있다는 것을 아는 아이는 자신의 가치를 느낄 수 있는 좋은 기회를 가지고 있음이 분명하다. 그러나 항상 그렇지만은 않다. 아버지가 중요한 이유가 바로 여기에 있다.

아버지 노릇과 어머니 노릇의 차이점 중 하나는 일반적으로 아이는 자신의 사랑의 필요를 채우기 위하여 어머니를 바라보지만 존중의 필요를 채우기 위해서는 아버지를 바라본다는 사실에 있다. 만약 아이가 넘어졌거나 상처를 입는다면 위로를 얻기 위하여 보통 어머니를 찾는다. 그러나 아이가 자기가 만든 것을 자랑스럽게 생각하면서 학교에서 집으로 온다면 대개 아버지에게 그것을 보여주고 싶어 한다.

부모는 자녀의 물질적인 필요만을 채워주거나 필요 이상으로 지나치게 채워줄 수 있다. 그러나 만약 부모가 사랑받을 욕구 혹은 존중받을 욕구를 채워주지 못한다면 아이는 거절감과 열등감을 가지고 자라서 정서적인 발달에 장애를 일으킬 수 있다.

하지만 이런 아동기의 경험에 있어서 몇 가지 중요한 사항을 이해할 필요가 있다. 그렇지 않으면 부모는 부모로서 자신들의 책임에 대해 필요 없는 죄책감을 느끼거나 아이들의 경우엔 부모에 대해 잘못된 분노를 느낄 수 있다.

첫 번째는 어린 시절에 경험한 것의 결과를 거의 예측할 수 없다는 것이다. 그 결과는 어린아이의 성격과 환경이 결합된 것에 좌우된다. 따라서 한 아이에게는 안정감을 주고 격려를 주는 가정의 환경이 다른 아이에게는 숨 막히고 억누르는 것이 될 수 있다. 한 사람에게는 그들의 장점을 세우고 개발하도록 도전이 되는 것이 다른 사람에게는 기를 죽이고 심지어 절망적이고 억누르는 것이다. 나는 어린 시절 동안 어떻게 살아남았을까 의아할 정도로 극한 상황을 지났지만 상처입지 않고 건강하게 지내온 사람들을 보아왔다. 또한 매우 좋은 환경에서 자라났지만 하나의 작은 사건을 오랫동안 상처로 갖고 있는 사람들도 알고 있다.

두 번째는 문제의 객관적 진실보다 상황 해석이 어린아이에게 영향을 준다는 것이다. 따라서 어린아이가 자기를 향한 아버지의 태도를 거절이나 무관심으로 해석한다면 그 아이에게는 그렇게 영향을 미친다. 비록 아이의 해석이 전적으로 오해여서 사실 아버지는 아들을 사랑했고 그가 할 수 있는 한 사랑을 표현했고 아들을 자랑스럽게 생각해도 말이다.

상처받은 감정에 어떤 일이 생기는가?

내적 상처의 가장 흔한 결과는 〈그림8〉처럼 정서적인 성장이 멈추는 것이다. 특히 어린 시절에 받았다면 더욱 그렇다. 우리는 그런 경험을 이렇게 말한다. '나는 절대 잊지 못해.' 매우 정확한 표현이다. 감정에 어떤 영역에서 문제가 되는 경험을 우리는 잊지 못한다. 우리는 그것에 완전하게 혹은 다시 반응할 수 없고 결국 그 영역에서 더 이상의 성장을 할 수 없다.

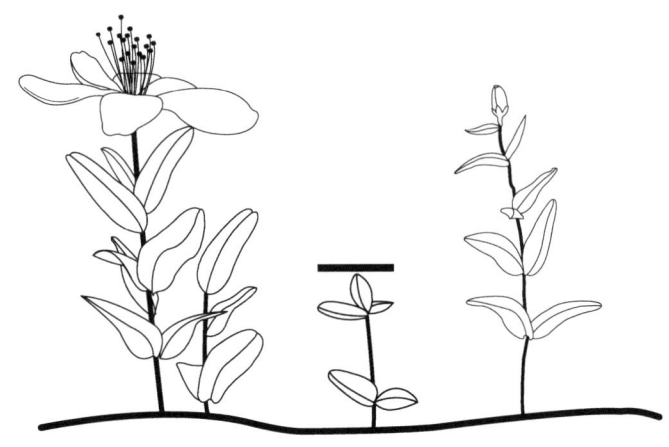

그림8 - 내부의 상처로 인하여 정서의 성장이 멈춤

　우리는 신체적, 지적, 사회적으로 심지어 영적으로 계속 성장할 수 있지만, 정서적 성장의 어떤 부분은 여전히 미성숙한 상태로 묶여 있을 수 있다. 심리학자들은 미성숙에 대해 정신적, 정서적, 사회적 문제를 일으키는 요인이라는 사실에 동의한다.
　부적응, 염려, 근심은 우리의 어떤 부분이 아직도 어린아이같이 느끼고 있는 반면 성인으로서 삶에 대한 의무와 스트레스에 직면해 있기 때문이다. 우리는 극복할 수 없다고 혹은 결코 해내지 못할 것이라고 느낀다.
　미성숙은 울화를 터뜨리는 식으로 스트레스에 반응하거나 순간의 흥미에 집중하며 긴 안목을 갖지 못해 나타난다. 아이는 짧은 안목을 가지고 있으며 당면한 현재에 대해 더 많이 생각하며 산다. 정서적으로 미성숙한 어른도 자주 그런 식으로 행동한다. 그러나 우리를 향한 하나님의 열망은 인생의 모든 면에서 성숙해지는 것이다.

오직 사랑 안에서 참된 것을 하여 범사에 그에게까지 자랄지라 그는 머리니 곧 그리스도라(엡 4:15)

7장
내적 상처의 치유

인간의 필요를 채우기 위한 하나님의 해결책은 십자가를 통한 역사와 성령님의 역사, 두 가지임을 반복해서 살펴보았다. 이제 하나님의 은혜로 예비하신 이 두 가지가 어떻게 감정의 상처와 고통을 해결하는지 알아보겠다.

십자가의 사역

갈보리에서 우리의 구속주가 되신 예수 그리스도는 죄로 인해 인류에게 들어온 모든 고통을 감당하셨다. 주님은 우리 대신 죄와 악에 대한 하나님의 심판을 감당하여 영적인 고통을 받으셨다. 타락한 인간이 고안한 참혹한 사형 집행 중 하나인 십자가형으로 육체적인 고통을 당하셨다. 고대의 십자가형은 적의 시체에 손상을 가함으로써 궁극적인 모독을 가하는 것이었다. 그러나 로마 사람들은 희생자가 살아있을 때 십자가에 달도록 했다. 또한 예수님은 감정적인 고통을 받으셨다. 실제로, 신약성경의 저자들은 십자가의 고통보다도 예수님이 받으신 치욕에 더 초점을 맞추었다.

그는 멸시를 받아 사람들에게 버림 받았으며 간고를 많이 겪었으며 질고를 아는 자라 마치 사람들이 그에게서 얼굴을 가리는 것 같이 멸시를 당하였고 우리도 그를 귀히 여기지 아니하였도다 그는 실로 우리의 질고를 지고 우리의 슬픔을 당하였거늘 우리는 생각하기를 그는 징벌을 받아 하나님께 맞으며 고난을 당한다 하였노라(사 53:3-4)

구주 예수님은 인간이 당하는 그 어떤 고통보다도 거절과 상처가 주는 고통에 대해 잘 아셨다. 주님은 사랑하는 백성을 찾아 사랑하는 성(城)에 찾아오셨지만 사랑하는 백성들에게 알리고자 하셨던 바로 그 아버지의 이름으로 그들은 주님을 거절했다.

십자가에서 주님은 완전히 파멸하였다. 주님은 자신의 존엄성과 명예와 추종자들을 잃으셨다. 더욱 고통스러운 것은 우리의 죄를 감당하는 자로서 우리 대신 죄인이 되신 것이다. 그는 자신의 내적인 성결을 잃으셨다. 그리고 주님은 가장 극적인 위대한 사건에 아버지가 자신에게 등을 돌리셨다는 것을 깨닫게 되었다. "나의 하나님 나의 하나님 어찌하여 나를 버리셨나이까"(막 15:34)

그러나 주님은 가장 큰 고통을 당하셨기 때문에 가장 큰 고통 가운데 있는 우리를 구할 수 있으며 이에 베드로는 승리감에 차서 당당하게 쓸 수 있었다. "그가 채찍에 맞음으로(헬라어로 trauma) 너희는 나음을 얻었나니(다시 온전하게 되었고)"(벧전 2:24)

성령의 역사

로마서 8장 15절에서 성령님을 "양자의 영"이라고 했다. 이것은 현대 서구적인 용어에서의 양자가 아니다. 유대인에게 양자는 성숙한 성인이 된 아들이다. 그러므로 성령님은 성숙한 영으로 우리를 그리스도의 분량까지 자라게 해주신다. 그러한 사역의 일부분으로 성령님은 또한 깨어진 마음을 싸매주시는 분이기도 하다.

> 주 여호와의 영이 내게 내리셨으니 이는 여호와께서 내게 기름을 부으사 가난한 자에게 아름다운 소식을 전하게 하려 하심이라 나를 보내사 마음이 상한 자를 고치며 포로된 자에게 자유를, 갇힌 자에게 놓임을 선포하며(사 61:1)

특별히 예수님은 성령님의 사역을 나타내는 말로 중재자, 위로자라는 이름을 주셨다. 성령님이 어떻게 그 사역을 수행하시는지 살펴보자.

8장
내적 치유의 과정

24장의 〈그림22〉를 보면 '정'은 소망을 통해 영과 연결된다. 다시 말해서 성령님이 감정을 치유하기 위해서는 감정에 접근하셔야 한다. 우리는 성령님이 사역하시도록 상처받은 영역을 열어야 한다.

감정을 열기

내적 치유에서 기억해야 할 중요한 점은 당신이 그 감정을 느끼고 있을 때만 치유가 가능하다는 것이다. 상처라는 감정과 직접 연결되는 때에 우리가 하나님의 출입을 허락해드리기만 하면 된다.

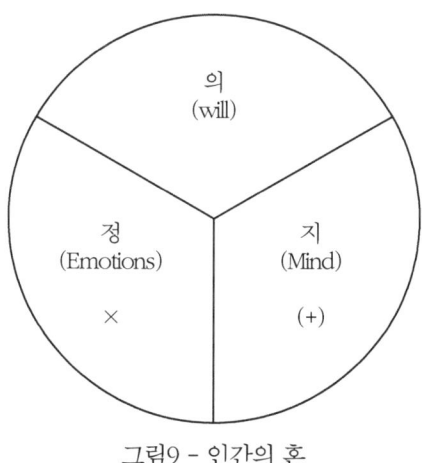

그림9 - 인간의 혼

〈그림9〉를 보자. 만일 내 의지에 문제가 있다면, 예를 들어 버려야 할 나쁜 습관이 있다면, 문제가 있는 곳은 '의지'의 영역이므로 역시 의지적인 행위를 통해 다룰 수 있다. 아무리 많은 합리적인 사고(지)나 양심의 가책(정)을 느낄지라도 실제 문제를 해결할 수는 없다.

그러나 일반적으로 우리가 불쾌한 '감정'을 다룰 때는 감정을 억압하고 파묻어서 더 이상 그것을 느끼지 않으려 한다. 그렇기 때문에 그 문제에 대해 기도할 때, 정 안에 있는 느낌(X)이 아니라 지의 상태(+)를 보고하는 것으로 끝난다. 나는 몇 년 전에 처음으로 이 사실을 배웠는데, 그때 나는 하나님이 내 삶 속에 무엇인가를 만지기 원하심을 알았지만 그게 무엇인지는 몰랐다.

어느 날 아침에 잠에서 깨어 내가 꾼 꿈을 생각했다. 내용은 대수롭지 않지만 그 의미는 중요했다. 꿈에서는, 갈 수만 있다면 하나님이 만지기 원하시는 깊은 영역까지 나를 이끌어갈 수 있는 길이 하나 있었다. 나는 반은 깨고 반은 잠든 채로 침대에 누워서 이렇게 말했다. '주님, 내가 어떻게 그 길을 갈 수 있겠습니까?' 즉시 주님이 내 마음에 분명하게 말씀하셨다. '어린 시절의 기억부터 시작해라.'

이것은 내가 내적 치유 또는 기억을 치유하는 것에 관한 책을 읽기 훨씬 이전의 일이라는 것을 말해둔다. 그런 주제를 들어본 적이 없지만 내 마음에 어린 시절의 기억이 곧바로 뻔쩍 떠올랐다. 25년 혹은 그보다 더 오랫동안 내가 의식적으로 생각하지 않은 일이다.

대공황이 한창이던 1930년대 내가 고등학교에 다닐 때였다. 나는 못 말릴 정도로 운동을 좋아했지만 우리 집은 매우 가난해서 축구 신발이나 운동복을 살 형편이 안 되었다. 그래서 운동하고 싶을 때마다 누군가의 운동복을 빌리러 다녀야 했다. 그날 아침 침대에서 내가 그 일로 인해 얼마나 열등감과 당혹감과 창피를 느꼈는지 기억했다. 여기에 중요한 요점이 있다. 그 단계에서 나는 단지 사실을 기억했다.

그러나 토요일이었던 그날, 나중에 침실에 벽지를 바르는 일을 하던 나에게 다시 모든 것이 떠올랐다. 이번에는 감정까지도 함께 되살아났다. 대공황 시절의 학생으로서 화가 나고 당황하고 부끄럽던 감정을 그대로 느꼈다. 그 느낌이 너무나 강했기 때문에 나는 벽지 위에서 그만 울어버리고 말았다.

그때 주님이 이전의 그 어느 때보다도 아주 분명하게 내게 말씀하셨다. 나는 주님의 그 말씀을 결코 잊지 못할 것이다. '네가 어떤 심정이었는지 나도 안다. 나도 너와 함께 가난했단다.' 그렇게 말씀하셨을 때 주님은 나를 치유하셨다. 그 때까지 내가 극복할 수 없었던 어떤 것이 제거되었다. 주님과 나의 감정이 하나 됨으로 내가 수년 동안 지녀왔던 상처가 치유되었고 내 깨어진 마음을 성령님은 싸매어 주셨다.

나는 그날 아침 이후 다음 성경구절을 새롭게 좋아하게 되었다. "어린 아이들을 용납하고 내게 오는 것을 금하지 말라"(마 19:14) 내가 비록 가족이 있는 장성한 남자이긴 하지만 상처받은 어린아이처럼 느끼고 있다면 나는 예수님께 그 모습 그대로 나아갈 수 있고 주님은 나를 거절하지 않으신다는 것을 깨달았다.

그 후에야 나는 묻혀 있던 상처의 영향이 내 삶에 얼마나 널리 퍼져 있었던가를 점차 알게 되었다. 예를 들어 그때 나는 가난에 찌든 사람이 아니었음에도, 항상 잘 사는 사람들 사이에서는 말도 잘 못하고 그들 사이에 낄 수도 없다고 느꼈다. 또 내가 충분히 살 수 있음에도 불구하고 항상 내 자신을 위해서 물건을 살 때 지독한 갈등을 겪었다. 아직도 학교 다닐 때의 그 소년처럼 느끼고 있다는 것을 깨달았다.

또한 기억할 것은 우리는 **현재의 상처**를 다루고 있다는 것이다. 때로 '기억의 치유' 같은 표현은 우리가 과거로 돌아가서 이미 일어난 어떤 일을 바꿔야 한다는 오해를 불러일으킬 수 있다. 기억은 중요하지만 상처를 준 사건은 실제로 몇 년 전의 일이다. 그러나 상처는 그대로 현재 남아있기 때문에 우리나 하나님이 접근할 수 있는 것이다.

그것이 현재의 상처이므로, 내가 아픔을 느낄 때 그 문제와 연결할 수 있는 것이다. 어린 시절의 문제를 다루는 어려움은 성인이 된 지금 어린아이로서 똑같이 문제를 겪을 수 없다는 사실이다. 바울처럼, 우리는 어른이 되었고 어린아이의 일을 버렸다. 성인이 되어 뒤돌아보고 웃을 수 있지만 그때는 웃을 일이 아니었다. 아직도 잠재해 있는 이러한 감정을 느껴보면 금방 알 수 있다.

필요가 너무 급박하고 굉장히 크며 강할 때는 우리의 감정을 여는 것이 별로 어렵지 않다. 어떤 표면적인 감정은 실제 문제가 아니라 더 깊은 곳에 있는 문제의 결과일 뿐이거나 혹은 원치 않는 감정을 억누르기 위해 오랫동안 취해 온 자기 방어기제다.

이러한 경우 의지로는 감정을 열 수 없다. 우리는 단지 감정을 억누를 수 있을 뿐 만들어 낼 수는 없다. 의지적으로 기뻐하거나 화내거나 두려워 할 수 없다. 당신이 만약 뜻도 알지 못하는 농담에 대해 웃으려고 노력해 본 적이 있다면 이 말을 이해할 것이다.

기억은 상처받은 감정에 접근하는 가장 강력한 방법 중 하나다. "이제 이 일을 기억하고 내 마음이 상하는도다"(시 42:4) 앞에서 살펴보았듯이 감정의 특징 중 하나는 처음에 그 감정을 일으켰던 상황을 기억함으로써, 다시 그 감정을 불러일으킬 수 있다는 것이다.

그러나 우리는 다시 기억하는 일을 성령님이 하시도록 해야 한다. 그분만이 어떤 것이 중요한지 아신다. 우리가 중요하다고 생각하는 기억은 사실 중요한 것이 아닐 수도 있다. 우리는 심하게 스트레스 받는 심지어 고통스럽기까지 한 경험을 아주 성공적으로 다루었을 수 있고 또 그 경험으로부터 유익한 것을 얻었을 수도 있다. 치명적인 위기의 경험들은 우리에게 너무 벅찬 것이어서 기억 밖에다 묻어버린 것들이다. 그러므로 우리는 다윗처럼 기도할 필요가 있다. "하나님이여 나를 살피사 내 마음을 아시며 나를 시험하사 내 뜻을 아옵소서"(시 139:23)

어떤 경우에는 사건이나 상황에 대한 기억만으로는 불충분하다. 우리가 과거의 사실을 다시 기억할 수는 있지만 여전히 감정은 그것을 이해하지 못할 수 있다. 우리가 이제까지 키워 온 잘못된 태도가 자주 장애물이 되기도 하며 이러한 것이 다루어질 때 치유가 가능하다.

우리가 상처받고 난 후에는 분노와 상한 감정이 자주 생긴다. 이러한 것을 반드시 다루어야 한다. 우리에게 상처를 준 사람들에 대해 상한 감정을 계속 품고 있는 한 우리는 그리스도께서 그 상황에 개입하시는 것을 막고 있는 것이다. 아무리 열심히 구한다 해도 주님이 오셔서 우리를 치유하실 수 없다. 만약 그렇게 하신다면 그것은 우리가 다른 사람에 대한 원망을 품는 것이 옳다고 말하는 것이 된다. 용서는 치유의 필수적인 선행조건이다.

용서가 중요한 또 다른 이유는 우리가 용서하지 않는 한 우리에게 상처를 준 상황 혹은 사람의 권세 아래 놓이기 때문이다. 그렇게 되면 우리는 우리가 어떻게 느끼거나 혹은 반응할 것인가를 자유롭게 선택할 수 없다. 바로 그 사람이 없거나 죽었다 해도 우리는 그 상처의 권세 아래 놓인다.

용서가 죄를 사면해주는 것은 아니다. 오직 하나님만이 죄를 사면해주실 수 있다. 내게 잘못한 누군가를 용서할 때 나는 그들이 잘못한 것이 옳았다는 말을 하는 것이 아니다. 그들을 향한 나의 감정적인 반응을 다루고 있는 것이다. 내가 그들에 대해 품고 있었던 적의와 굳어진 감정들로부터 그들을 풀어주고 있는 것이다.

그것은 의지의 문제다. 내가 그들에 대해 적대감을 품고 있으므로 나의 의지가 개입되어 있다. 그러므로 나의 자유로운 선택에 의해서 내가 그들에 대해 품고 있던 적의로부터 그들을 풀어줄 수 있다. 그것이 바로 용서가 명령인 이유다.

용서는 우리의 적을 향하여 올바른 행동을 선택하는 것으로부터 시작한다. "그러나 너희 듣는 자에게 내가 이르노니 너희 원수를 사랑하며 너희를 미워하는 자를 선대하며 너희를 저주하는 자를 위하여 축복하며 너희를 모욕하는 자를 위하여 기도하라"(눅 6:27-28).

비탄, 슬픔 또한 치유의 장애물이 될 수 있다. 사별, 결혼 파탄, 이와 유사한 깨진 관계로 인해 슬퍼하는 과정을 통과하게 된다. 그러나 그런 슬픔이 우리 마음의 중심을 차지하고 삶 전체가 상실의 기억을 중심으로 돌아가면 그것은 우상이 될 수 있다. 그런 우상은 버려야 한다.

마지막으로 상처가 실은 자신이나 자신의 행동에 대한 불쾌한 진리를 직면하지 못하거나 받아들이지 않는 데서 오는 것일 수 있다는 사실을 직시해야 한다. 이런 경우에는 진리를 말한 사람을 용서하려는 노력은 소용이 없다. 진리를 말한 사람은 옳았고 잘못은 우리에게 있기 때문이다. 때로는 진리로 인해 상처를 입지만 진리로 인한 상처는 우리가 진리를 직면한다면 깨끗하게 그리고 빠르게 치유된다. 이러한 문제와의 정직한 싸움은 거의 언제나 진짜 상처와 문제를 의식의 표면으로 이끌어 내서 그것에 접근할 수 있게 하고 우리가 무엇을 다루어야 하는지를 깨닫게 한다.

상처를 그리스도께 올려드리기

용서는 종종 치유의 선행조건이지만 용서 그 자체가 우리를 치유하지는 않는다. 이와 마찬가지로 고통스럽거나 부정적인 감정을 다루기 위해서는 의식적으로 자각해야 할 필요가 있다. 그러나 그렇게 하는 것 자체가 우리를 온전하게 만들지는 못한다. 그 상처를 그리스도께 넘겨드려야 한다.

복음의 치유가 독특한 것은(그리고 다른 모든 인간적인 방법의 심리치료와 구별되는 것) 실재하고 살아계신 초자연적인 구세주가 치료자로 개입하신다는 사실이다. 사람들의 억눌린 고통과 상처를 보게 될 때 나는 단 한 가지 사실이 없었다면 그들에게 그것을 열어보라고 격려하는 것이 정말로 두려웠을 것이다. 바로 예수님이 그곳에 계신다는 사실이다.

주님이 계시기 때문에 우리가 상처를 느낄 때 그분께 나아가서 그것을 넘겨드려야 한다. 죄를 그분께 넘겨드릴 때 그분의 은혜로 자유롭게 됨을 배웠다면 죄와 싸우는 것은 끝났다. 고통을 의식하지 못하도록 숨기려고 할 때도 그 고통을 주님께 올려드려야 한다. 그때 우리의 상처와 고통은 우리의 마음을 떠나서 예수님의 보혈로 들어간다. 마치 우리의 죄와 병이 그랬듯이. 우리가 결코 극복할 수 없다고 생각했던 상처를 영원히 없애버릴 수 있다.

> 백성들아 시시로 그를 의지하고 그의 앞에 마음을 토하라 하나님은 우리의 피난처시로다(시 62:8)

상처를 넘겨드리면 우리는 치유하시는 아버지의 무조건인 사랑을 받을 수 있다. 우리는 성령의 능력으로 자유롭게 되어 감정적인 미성숙에서 벗어나고 성장하기 시작한다.

그리스도인의 형상으로 성장하기

감정의 상처는 대부분 미성숙을 초래하기 때문에 상처를 치유하면 성장이 따르게 된다. 엄격히 말하면 미성숙은 치유 받거나 미성숙에서 구원되는 것이 아니다. 단지 미성숙으로부터 성장할 수 있을 뿐이다. 그러므로 막혀 있던 것을 제거하거나 억제하던 경험을 일시적으로 다룰 수 있지만 성숙의 과정이 완성되는 데는 시간이 소요된다. 인생의 많은 부분들이 종종 이러한 막힘 속에 눌려 있기 때문에 일단 그 부분이 풀리고 난 후에는 매우 빠른 성장이 일어날 수 있다. 그러나 일정 기간의 시간이 항상 필요하다.

우리는 우리를 향한 하나님의 사랑의 실체를 개인적으로 경험하기 시작한다. 나는 하나님의 사랑에 대하여 경험했던 것을 결코 잊을 수가 없다. 어느 날, 로마 가톨릭을 믿는 친구와 함께 성령세례를 받기 원하는 어떤 남자가 기도해달라고 요청해왔다. 우리는 그 남자와 함께 잠시 그 문제에 대해 이야기를 나누었는데 비록 내가 전에는 그 형제를 한 번도 만났던 적이 없었음에도 나는 그 사람을 향하여 깊은 사랑을 느꼈다. 그때 그가 말했다. "이야기는 그만하면 됐습니다. 자, 저를 위해 기도해주세요." 그는 마루에 무릎을 꿇었고 우리는 함께 모여서 그 사람을 위해 기도하기 시작했다.

갑자기 나는 그 남자에 대한 하나님의 사랑을 경험하기 시작했다. 그 날 밤 나는 하나님의 사랑에 대하여 놀라운 것을 발견했는데 지금까지 그것을 잊을 수가 없다. 나는 하나님의 사랑이 인간의 사랑과는 전혀 같지 않다는 것을 발견했다. 그것은 인간의 사랑과 질적으로 차이가 있었다. 나는 만약 그 형제가 마루에서 일어나 내 얼굴에 침을 뱉거나 심지어 나를 죽이려 해도 그것이 하나님의 사랑에 티끌만큼의 영향도 주지 못한다는 것을 확실히 알았다.

하나님의 사랑은 절대적으로, 완전히 무조건적이다. 그것은 공로로 얻을 수도, 추가할 수도, 바꿀 수도, 잃는 수도 없다. 하나님의 사랑은 그대로 하나님의 사랑이다. 우리가 그것을 알든 모르든, 우리가 반응하든 거절하든 간에 하나님의 사랑이 우리에게 다가온다. 하나님의 사랑이 너무나 놀라웠기 때문에 우리가 기도를 멈춘 후, 나는 내 마음속에서 그 사랑을 찾아보았다. 그러나 그것은 더 이상 거기에 없었다. 나는 인간적인 동정이나 사랑의 수준으로 다시 돌아왔다. 바로 똑같은 그 사랑이 우리 모두에게 다가온다. 우리는 그 사랑이 필요하도록 만들어졌다.

나는 이 경험을 통해 우리가 하나님의 임재를 가장 열망하는 때는 절망이나 절실한 도움이 필요한 때가 아니라 오히려 가장 기쁘고 행복한, 인간적으로 말해서 인생의 가장 충만하고 최상의 때인지를 이해했다. 그 모든 와중에서도 우리 속에서 무엇인가가 외친다. '이것도 충분하지 않아.'

하나님의 무조건적이고 영원하고 한없는 사랑은 사람의 삶에 어떤 사랑이 부족하든 다 채워진다. 그 사랑이 없다면 사랑의 결핍은 항상 있을 것이다. 마지막으로 하나님은 또한 우리를 존귀하게 여기신다. 내 삶 속에 믿을 수 없을 만큼의 안정감을 가져다 준 것은 나의 가치, 나의 존귀함이 전적인 하나님의 은혜의 선물임을 배웠을 때다. 내가 그 은혜에 티끌 하나라도 더할 수 없는 것이다.

내가 손대는 모든 일에 성공한다 해도(사람이 할 수 있는 모든 것에 손을 댄다 해도), 그것으로 나의 영원한 가치가 조금이라도 더해지는 것이 아니다. 반대로 내가 시도하는 모든 일에 실패하고 내 모든 인생이 불행해진다 해도 나의 영원한 가치와 존귀함이 줄어들지는 않는다. 나는 다른 사람에게 인정받는 것을 즐길 수도 있고 목적을 성공적으로 달성하는 달콤함을 열망할 수도 있지만, 내가 영원토록 존귀하게 되는 것에는 그 어느 것도 필요하지 않다. 소망과 가치, 그 모두가 하나님이 그분의 자녀에게 주신 선물이다.

9장
감정을 어떻게 다룰 것인가?

죄가 끼친 피해가 어느 정도인가를 이해해야 구원이 미치는 범위를 알 수 있다. 구원은 타락으로 기인한 모든 영역에 미친다. 어느 영역도 제외되는 것이 없다. 영혼이 거듭나는 것뿐 아니라 생각이 새롭게 되고 몸도 치유된다. 또한 감정이 풀어지고 조화를 이루게 된다. 그리스도의 십자가에 대한 가장 위대한 진리 중 하나는 화목을 이룩한 사건이다.

> 전에 악한 행실로 멀리 떠나 마음으로 원수가 되었던 너희를 이제는 그의 육체의 죽음으로 말미암아 화목하게 하사 너희를 거룩하고 흠 없고 책망할 것이 없는 자로 그 앞에 세우고자 하셨으니(골 1:21-22)

화해는 전에 나뉘었던 양쪽의 화합을 이루는 것이다. 하나님 편에서는 화해가 감정의 변화를 포함하는 것이 아니다. 왜냐하면 타락한 인간을 향한 하나님의 사랑은 결코 변한 적이 없기 때문이다. 그러나 관계에 변화가 생겼다. 왜냐하면 하나님은 죄 있는 인간을 향하여 심판이 아닌 축복을 하실 수 있기 때문이다. 인간 편에서는 하나님을 향한 인간의 전반적인 태도가 변해야 한다. 하나님에 대한 두려움과 죄의식, 반역, 완고함과 강경함을 극복해야 한다.

곧 우리가 원수 되었을 때에 그의 아들의 죽으심으로 말미암아 하나님과 화목하

게 되었은즉 화목하게 된 자로서는 더욱 그의 살아나심으로 말미암아 구원을 받을 것이니라(롬5:10)

하나님은 그분의 원수인 인간과 어떻게 화해하시는가? 당신에게 적대적이고 적의를 계속 가지고 있는 사람과 화해하기 위해 당신은 어떠한 노력을 하는가? 하나님은 도망가고 숨어버리는, 그리고 가까이 하시려 할 때마다 온갖 부정적인 감정을 느끼는 불순종하는 인간을 어떻게 회복하시는가? 계속적으로 돌아서서 거짓되고 잔인한 우상을 숭배하는 동안에도 내내 이스라엘에게 손을 뻗치시는 하나님을 살펴보자.

성육신-찾아옴

인간의 태도를 바꾸기 위해 하나님이 하신 첫 번째 일은 인간 안으로 들어가는 것이었다. 안에서부터라야만 인간을 고칠 수 있었다. 이것이 성육신이 그토록 중요한 이유다. 영원한 진리이신 아들이 육신이 되었다. 주님은 완전한 인간으로 옷 입었다. "자녀들은 혈과 육에 속하였으매 그도 또한 같은 모양으로 혈과 육을 함께 지니심은…그러므로 그가 범사에 형제들과 같이 되심이 마땅하도다…"(히 2:14,17)

창세전부터 삼위일체 하나님은 완전한 사랑의 관계, 혹은 요한이 말한 "영광"안에 계셨다. 이 사랑 혹은 영광은 항상 하나님 안에 있다. 이 생명의 관계가 인간의 죄로 인해 끊어졌다. 예수님이 인간이 되심으로써 이 사랑의 관계를 확대하길 하나님은 바라셨다. 예수님 안에서 인간은 처음으로 하나님과 함께 영광과 사랑의 관계를 나누기 시작했다.

그것은 복음 안에서 몇 가지 중요한 표현으로 드러났다. 예수님은 '아버지 품안에' 혹은 '천국 안에' 혹은 서로 안에 있음을 말씀하셨다. "내가 아버지 안에 거하고 아버지께서 내 안에 계심을 믿으라"(요 14:11)고 표현하셨다. 또한 처음으로 인간은 하나님과 완전한 조화를 이루며 완전한 교제와 완전한 순종 가운데 살기 시작했다.

세례-일체감

예수님은 그저 사람들 앞에서 한 개인으로서 완전한 인간의 삶을 살다 가기 위해 오시지 않았다. 그것은 주님은 우리가 얼마나 잘못하며 사는지 드러내 보이시는 것 이상의 일을 행하기 위해서 오셨다. 주님은 우리와 하나님과의 관계, 하나님을 향한 우리의 태도를 변화시키기 위해 오셨다.

요단강에서 주님이 세례 요한에게 세례를 받으신 것은 매우 중요하다. 우리는 그것을 어떻게 이해해야 하는가? 우리가 세례 받을 때, 우리는 그리스도와 하나가 된다. 주님의 죽음과 장사됨과 부활 안에서 우리는 주님과 일체가 된다. 예수님이 세례 받으셨을 때 주님은 **우리와 하나가 되신 것**이다. 그것은 곧 주님이 우리의 죄성과 우리의 잃어버린바 된 것과 우리가 하나님을 멀리 떠나온 것과 자신을 일치시켰다는 것이다.

세례 받을 때, 우리는 성도로서 부르심을 받은 자, 하나님이 부르신 자, 구속받은 자가 된다. 그 후에 예수님이 행하셨던 모든 것은 곧바로 구원과 연결되었다. 주님은 오해, 침 뱉음, 그리고 증오를 자신이 아닌 우리를 위해 견디셨다. 주님은 모든 종류의 시험을 자신을 위해서가 아니라 우리를 위해 이기셨다. 주님은 아버지의 뜻에 완전히 순종하는 삶을 사셨다.

오직 우리를 위해서다. 자신을 위해서가 아니다.

싸움과 갈등은 언제나 인간 쪽에서 먼저 시작된다. 사탄이 영원한 말씀이신 주님을 죽이고 유혹하고 다치게 하는 것은 문제가 아니었다. 문제는 예수님이 인간으로서, 시험을 극복하시고 십자가를 통하여 부활까지 이르실 수 있는가다. 주님이 실패하셨다 해도 그것이 주님의 신성에는 티끌만큼의 영향도 주지 못한다. 그러나 우리는 영원을 잃어버렸을 것이다.

예수님은 우리를 얻으시기 위해서 인간으로서 그 모든 것들을 친히 겪으셨다.

십자가-하나 됨

요한복음 12장 32절에서 예수님은 말씀하셨다. "내가 땅에서 들리면 모든 사람을 내게로 이끌겠노라." 주님 자신이 어떠한 죽음으로 죽을 것을 보이시는 것이다. 그것은 인간을 대신할 뿐 아니라 그 일부를 인간에게도 부여하셨던 죽음이었다. 바울은 이것에 대하여 이해한 바를 갈라디아서 2장 20절에서 "내가 그리스도와 함께 십자가에 못 박혔나니…"라고 말했다. 이것은 단지 죄만을 다루는 문제가 아니라 깨어진 관계를 회복하고 뿌리 깊은 두려움과 적대감의 태도를 변화시키는 화목의 문제다.

십자가에서 인간의 인성과 하나 된 예수님의 인성은 주님을 믿는 모든 사람에게 해당되어, 주님의 죽으심과 부활을 통해 주님이 하나님과 누리시는 관계 속으로 똑같이 들어갈 수 있게 되었다.

에베소서 2장 5-6절에서 바울은 이것을 자세하게 설명하고 있다. 우리는 그리스도 안에서 십자가에 못 박혔고 주님과 함께 부활하였다. 뿐만 아니라 주님과 함께 하늘에 앉히게 되었다. 이 하늘은 무엇인가? 바로 성부, 성자, 성령과의 관계다. 또한 예수님이 경험하신 '안에 거하는' 관계다. 아버지는 그 아들 안에, 아들은 아버지 안에 있다. 이제 아버지는 우리 안에 계시며 우리는 아버지 안에 있다. 아들은 우리 안에 계시며 우리는 그리스도 안에 있다. 성령이 우리 안에 계시며 우리는 성령 안에 있다.

이것이 화목이다. 여기에서부터 하나님께 대한 변화 받은 태도가 나온다. 이제 주님을 향한 우리의 감정적인 반응은 더 이상 두려움, 죄의식, 적대감이 아니다.

> 예수를 너희가 보지 못하였으나 사랑하는도다 이제도 보지 못하나 믿고 말할 수 없는 영광스러운 즐거움으로 기뻐하니(벧전 1:8)

더욱이 인간의 본성이 다시 처음 지음 받았을 때의 모습으로 회복했다. 인간을 향한 하나님의 영원한 뜻은, 언제나 인간이 그리스도를 통하여 하나님의 자녀가 되는 것이다(엡 1:15) 구속하신 그분의 목적은 인간이 "그 아들의 형상을 본받게 하기" 위해서다(롬 8:29). 그러므로 예수님은 하나님과 화목한 인간성의 원형이 된다. 주님 안에서 인간의 인격은 모든 부분에서 올바른 자리로, 하나님의 창조적인 역사를 나타내는 자리로 돌아왔다. 이것이 우리의 삶의 감정의 영역에서 어떤 것을 의미하는지 살펴보자.

우선 감정이 정결케 된다. "하나님이여 내 속에 정한 마음을 창조하시고"(시 51:10) 성경에서 마음은 일반적으로 감정을 말한다. 사도행전 15장 9절에서 하나님은 믿음으로 우리의 마음을 깨끗하게 하신다고 말했다.

감정은 죄로 인한 타락으로부터 깨끗케 될 수 있다. 그렇기 때문에 하나님이 처음에 의도하신 감정, 즉 악에서 떠나 선을 향하여 강력한 동기를 불러일으키는 감정을 회복할 수 있다. 당신은 당신의 감정을 신뢰하는 일이 가능할 것이라고 생각하는가? 감정에 의존함으로써 하나님을 바라볼 수 있다고 생각하는가?

> 하나님이여 사슴이 시냇물을 찾기에 갈급함 같이 내 영혼이 주를 찾기에 갈급하니이다 내 영혼이 하나님 곧 살아 계시는 하나님을 갈망하나니 내가 어느 때에 나아가서 하나님의 얼굴을 뵈올까(시 42:1-2)

> 주의 증거들로 내가 영원히 기업을 삼았사오니 이는 내 마음의 즐거움이 됨이니이다…내가 두 마음 품는 자들을 미워하고 주의 법을 사랑하나이다(시 119:111,113)

둘째로, 감정은 풀어질 수 있다. 대부분의 문제는 풍부한 감정이 아니라 강퍅함이다. 나는 많은 사람들의 감정 온도가 너무 높기보다는 너무 낮다는 것을 발견한다. 많은 사람들에게 있어서 애정과 감정의 자연스런 표현은 거의 전적으로 금기시 되어 왔다.

에스겔 36장 26절에서 그리스도 안에서 새 언약의 일부인 놀라운 약속을 보게 된다. 우리는 그것이 진짜 중요하다는 것을 보통 놓치고 있다.

> 또 새 영을 너희 속에 두고 새 마음(감정)을 너희에게 주되 너희 육신에서 굳은 마음을 제거하고 부드러운 마음을 줄 것이며(겔 36:26)

새 언약 아래서 우리의 권리 중 하나는 굳어지고 메마른 감정 대신 부드러운 마음을 받는 것이다. 다시 말해서 본성의 정서적인 면이 풀어질 수 있으며 새로운 감정을 부여받을 수 있다는 말이다. 너무 좋아서 사실이 아닌 것처럼 여겨지는가?

우리는 그리스도의 **생명**을 가질 뿐 아니라 고린도전서 2장 16절은 우리가 그리스도의 **생각**을 가진다고 말한다. 또한 바울은 빌립보서 1장 8절에서 우리가 **그리스도의 심장**을 가진다고 말한다. "내가 예수 그리스도의 심장으로 너희 무리를 어떻게 사모하는지 하나님이 내 증인이시니라." 그것은 예언서가 말하고 있는 새로운 마음이다. 주님이 당신의 삶 가운데서 억제되어 있는 굳어진 마음을 뽑아내시고 주님 자신의 심장과 주님 자신의 감정적 반응을 당신에게 주시길 원하는가? 당신이 그리스도 안에서 언약의 권리인 새 마음과 새 심장을 받을 수 있도록 하겠다고 주님은 이미 약속하셨다.

나는 한때 이런 문제를 가진 젊은 남자를 만났다. 그는 아버지가 얼마 전에 돌아가셨는데 자신이 전혀 아무것도 느끼지 못하는 것에 놀랐다. 슬픔, 상실감, 사랑 등 그 어떤 감정도 느끼지 못했다. 그리고 비록 외관상으로는 잘 지내고 있었지만 똑같은 감정의 결핍이 아내와 두 어린 자녀를 향해서도 있다는 사실을 알게 되었다. 내가 그를 만났을 때 그는 정신과 의사의 치료를 받고 있었지만 아무런 실질적인 진척이 없었다.

그는 아내와 함께 우리 가족이 여는 작은 주말 파티에 오곤 했다. 그러던 어느 날 밤 그는 마음을 주님께 열고 예수님을 구세주로 영접했다. 어떤 일이 일어났는지 아는가? 주님은 굳어진 마음을 제하시고 그에게 새로운 마음을 주셨다. 그는 펑펑 울었다. 그 후에 자주 그는 우리 집에 와서 그의 삶이 얼마나 변했는지 나에게 이야기했다. 이제 그는 어린 자녀를 간지럽힐 수도, 웃게 할 수도, 그들을 들어 올려 장난칠 수도 있다. 그들과 사랑을 나눌 수 있게 되었다. 누군가가 그렇게 생기를 되찾는 것은 아름다운 일이다.

예수님은 말씀하셨다. "도둑이 오는 것은 도둑질하고 죽이고 멸망시키려는 것뿐이요 내가 온 것은 양으로 생명을 얻게 하고 더 풍성히 얻게 하려는 것이라"(요 10:10)

화목(화해, reconciliation)이 이루어진 인격 안에서는 감정이 풀어져 자유롭게 표현하는 것이나, 감정이 제 기능을 하는 것이 안전하다. 왜냐하면 하나님이 그리스도 안에서 인간의 영에 생명을 불어넣어 주셨기 때문이다.

우리는 인간의 인격이, 다른 모든 것을 통합하는 영을 중심으로 세워졌다는 것을 살펴보았다. 바로 이러한 것이 모든 것을 조화롭게 하며 제 기능을 발휘하고, 인간을 생명의 근원이신 하나님과 연결해주는 중심적 원리가 되어야 한다. 죄가 들어왔을 때 영혼은 권위의 자리를 잃어버렸다. 곧, 부조화와 불안과 분열이 뒤따랐다. 오늘날 자유를 대단히 중요시하지만, 인간의 의지만을 의존하는 자유는 파괴적이다. 그러한 자유는 인간이 할 수 있는 일이라면 무엇이든지 허용해야 한다고 주장한다. 도덕 혹은 다른 어떠한 제한도 인간의 자유를 방해해서는 안 되는 것이다.

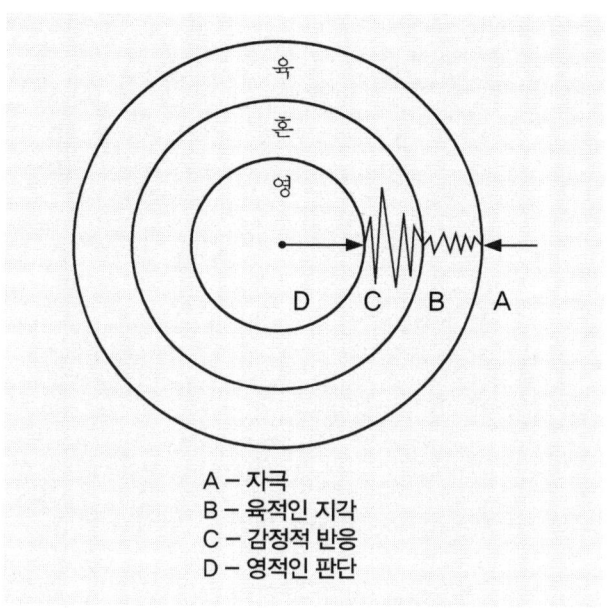

그림10 - 영, 혼, 육의 감정적 반응

그러나 인간은 그의 자유 의지가 아닌 영혼을 중심으로 창조되었다. 그리고 우리가 살펴보았듯이 영의 각 기능은 혼의 기능과 관련되어 있다. 특별히 의사전달에 관해서 영의 기능이 감정을 다스리도록 되어 있다. 우리는 영, 혼, 육의 관계를 설명하는데 〈그림10〉과 같은 도표를 사용한다. 이 도표는 우리 대부분이 살아가는 방식을 보여준다. 그러나 무엇보다도 정서에 관한 결과가 어떤 것인지 주목하라.

1. 이런저런 종류의 자극이 우리에게 감각을 통해 도달한다. 지난주에 한 이웃과 말다툼을 했다고 상상해보자. 우리는 자극을 받는다. 이웃은 A, 그리고 우리의 물리적인 지각이 B라 하자. 현재 그 이웃을 보고 있다.

2. 이 감각적인 지각(이웃을 보는 것)에서부터, 감정적인 반응이 활동하게 된다. 그것은 짜증, 당황, 분노 혹은 원망일 수 있다. 우리는 그가 말한 것, 그가 말한 태도, 생각이 나지 않아 하지 못한 말 등을 기억한다.

3. 마침내 이런 모든 감정이 넘치면 양심으로 기능하는 우리의 영혼이 끼어들어 우리의 태도에 대해 판단한다. '그것 틀렸어. 너는 네 이웃에게 화를 내거나 원망하면 안 돼.'

문제는 양심이 이미 자극을 받은 감정을 다루어야 한다는 것이다. 이 단계에서 양심의 영향력이 가장 약해진다. 이때, 복음으로 눈을 돌리면 예수님은 전혀 우리가 본성적이라고 생각해 왔던 것이 원래는 그렇지 않은 것이다. 그러므로 올바른 균형을 찾으려면 전환이 필요하다.

나는 사람과, 상황과, 환경에 대하여 예수님은 영혼을 바깥쪽에 두고 계시다는 것을 발견했다. 〈그림11〉을 보라. 실제로 이 그림은 우리의 감각이 미치는 정도와도 일치한다. 물리적으로 인간의 촉각은 1미터 정도밖에 미치지 못한다. 청각은 3미터 정도, 시간은 4킬로미터 정도밖에 미치지 못한다. 그러나 우리의 생각이 미치는 것은 훨씬 광대하다. 그리고 우리의 영이 미치는 것은 영원까지, 무한대까지, 하나님까지다.

예수님은 영을 가장 바깥쪽에 두고 사셨기 때문에, 주님은 상황을 먼저 영으로 접하셨다. 그러므로 주님의 행동을 불러일으키는 감정적인 반응은 영적인 지각에서 일어난다. 이것은 매우 중요하기 때문에 복음서의 기록에서 다시 확인해 볼 필요가 있다. 마가복음 6장의 이야기를 보자. 많

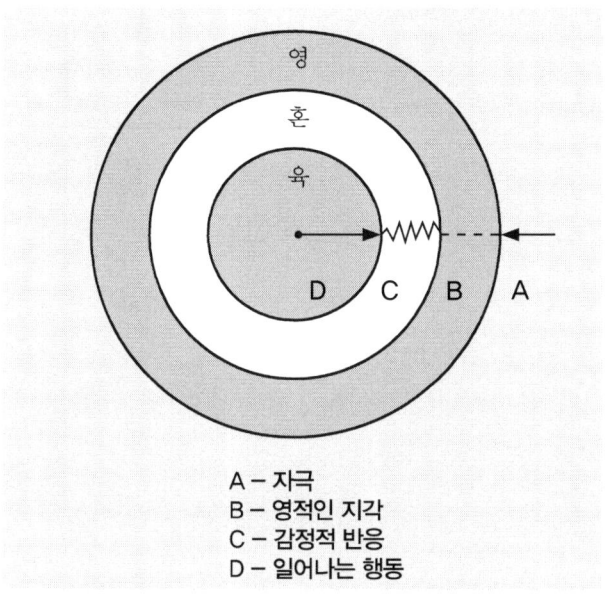

A – 자극
B – 영적인 지각
C – 감정적 반응
D – 일어나는 행동

그림11 - 예수님의 경험에 나타난 영, 혼, 육

은 군중이 제자들과 함께 배를 타고 가시는 예수님을 보고서 먼저 달려가 주님을 기다리고 있었다.

> 예수께서 나오사 큰 무리를 보시고 그 목자 없는 양 같음으로 인하여 불쌍히 여기사 이에 여러 가지로 가르치시더라 (막 6:34)

어떤 일이 있었는가? 예수님은 그들을 '보셨다'. 그것은 예수님이 그들을 통찰력으로 보셨다는 것을 의미한다. 주님은 단지 그들을 남자, 여자, 아이들이 모인 군중으로 보신 것이 아니다. 주님은 돌보아 줄 사람이 없는 양과 같은 그들을 진정 영적으로 이해하셨다. 이 영적인 이해로 긍휼이라는 감정적인 반응이 나왔다. 이 긍휼로부터 알맞은 행동이 나왔다. 주님은 그들을 가르치기 시작하고 나중에는 먹이셨다.

마가복음 3장에 기록되어 있는 다른 예를 보자. 예수님은 회당에서 손이 마른 사람을 발견하시고 모여 있는 회중에게 말씀하셨다. "안식일에 선을 행하는 것과 악을 행하는 것, 생명을 구하는 것과 죽이는 것, 어느 것이 옳으냐"(막 3:4). 그들이 입을 다문 이유는 답을 몰라서가 아니다. "그들의 마음이 완악함을 탄식하사 노하심으로 그들을 둘러 보시고 그 사람에게 이르시되 네 손을 내밀라 하시니 내밀매 그 손이 회복되었더라"(막 3:5).

예수님이 보신 것은 종교적인 규율이 깨지는 것보다 손 마른 사람이 계속 불구인 채로 있는 것을 원하는 그들의 굳어진 완악한 마음이었다. 영적인 이해로부터 감정적인 반응이 나왔다. 이 경우에는 슬픔과 분노였다. 이러한 감정의 동기에서 예수님은 손이 마른 사람을 불러내시고 그들이 있는 자리에서 안식일에 마른 손을 고치셨다.

마지막으로 예를 하나 더 보자. 누가복음 19장에서 예수님은 예루살렘에 들어가셨고, 군중은 '호산나!'라고 외치며 환영하면서 길에 그들의 옷을 깔았다.

> 가까이 오사 성을 보시고 우시며 이르시되 너도 오늘 평화에 관한 일을 알았더라면 좋을 뻔하였거니와 지금 네 눈에 숨겨졌도다 날이 이를지라 네 원수들이 토둔을 쌓고 너를 둘러 사면으로 가두고(눅 19:41-43)

예수님은 성(城)을 보셨다. 거리, 건물, 지리적인 경관 그 이상의 것을 보셨다. 예언의 영이 주님께 임했고 주님은 죄로 인해 일어날 일과 성의 상태를 '보셨다'. 그리고 주님은 그로 인한 슬픔으로 우셨다. 그 피할 수 없는 심판을 선고하시면서 말이다.

이들 각 경우에 있어서 사건의 결과는 같다.
1. 영적인 접근과 이해
2. 그로부터의 감정적 반응
3. 그로부터의 알맞은 행동

감정과 지각

여기서 설명하고 있는 중요한 원리는 감정이 주로 지각에 좌우된다는 것이다. 상황과 사건을 해석하는 데에 따라 감정은 일어난다. 예를 들어, 새벽 3시에 갑자기 우당탕탕 소리가 들려 잠에서 깬다. 심장이 쿵쾅쿵쾅 뛴다. 도둑? 지진? 휴거? 아니면 비행기 추락? 잠시 후 불을 켜보니 밤중에 화장실에 가던 남편이 탁자에 걸려 넘어졌다는 것을 알게 된다. 이제 이런 종류의 일이 얼마나 자주 일어나는가에 따라서 재미있기도 하고, 동정심이나 짜증을 느낀다. 자극은 같으나 인식하는 것도 다르고 느끼는 감정도 다르다.

더운 날 수영하기 위해서 부두에서 뛰어내릴 때 경험하는 물리적인 감각은 친구를 배웅하다가 실수로 부두에서 떨어진 경험과 아주 비슷하다. 그러나 인식이 다르기 때문에 감정적인 반응은 아주 다를 것이다.

모든 환경에서 예수님의 감정적인 반응이 전적으로 옳았던 이유는 인식이 올바르기 때문이었다. 주님은 상황을 영으로 인식하셨기 때문에 항상 옳으셨다. 요한복음 5장 30절에서 그 방법을 설명하시는 말씀을 들어보라. "내가 아무 것도 스스로 할 수 없노라 듣는 대로 심판하노니 나는 나의 뜻대로 하려 하지 않고 나를 보내신 이의 뜻대로 하려 하므로 내 심판은 의로우니라." 예수님은 상황에 따라 심판하지 않으셨다. 주님은 '들으신' 대로, 즉 내적으로 증거 하시는 성령님을 따라 심판하셨다.

실질적인 문제는 우리가 어떻게 이런 식의 삶을 살기 시작해야 하는가다. 사람과 상황을 접할 때 어떻게 예수님처럼 깨어있는 영으로 그것을 바라보아야 하는가? 어떻게 예수님이 그들을 향해 가지신 사랑을 느낄 수 있는가?

우리가 영으로 인식하는 것을 배우면 우리의 감정적 반응은 진리와 현실을 좀 더 정확한 방법으로 반영할 것이다. 감정적인 반응을 더 신뢰할 수 있게 되며 우리 행동의 동기부여자로서 더욱 믿을 만하게 될 것이다.

우리는 대부분 그와는 아주 다르게 살도록 배워왔다. 사람이나 상황에 대해서 우리의 실제 모습이 아니라 다른 사람들이 받아들일 만하거나 언제든지 버릴 수 있는 그런 모습을 투사한다. 왜냐하면 그래야 실제의 자기를 거기에 별로 쏟아 붓지 않을 수 있기 때문이다.

그렇기 때문에 만약 다른 사람들이 우리의 모습을 거절한다 해도 우리는 큰 곤란을 겪지 않는다. 다른 사람들이 우리에 대하여 비슷한 방식으로 투사하면 우리는 다시 그들의 행동에 대해 같은 식으로 대응한다. 우리 중 누구도 행동 이면에 있는 본래의 사람을 접해보지 못한다. 그러므로 오해의 가능성이 많다.

대신 우리는 사람과 상황을 향해서 개방적인 자세로 사는 것을 배워야 한다. 그래서 우리의 진정한 자아가 우리가 행하는 혹은 말하는 모든 것에 드러나야 한다. 만약 사람들이 이런 식으로 반응한다면 우리는 진정한 실체를 인식할 것이다. 그렇게 하지 않는다 해도 우리는 비쳐지는 겉모습 뒤에서 진정한 자아가 반응하고 싶지만 감히 그렇게 하지 못하는 것을 간파하게 될 것이다. 우리는 상대방의 겉모습이 아닌 진정한 자아에게 자비로운 마음과 이해하는 태도로 자발적으로 반응하고 있는 자신을 발견할 것이다.

이러한 새로운 형태의 삶을 시작하는 데 있어서 중요한 단계가 있다.

1. 우선은 하나님 앞에 이러한 삶을 사는 것을 배울 수 있다. 주님은 우리를 전적으로 받아주시며 우리에게 전적으로 반응하신다. 다윗은 하나님 앞에서 이렇게 마음을 여는 것이 안전하다는 것을 배웠다.

하나님이여 나를 살피사 내 마음을 아시며 나를 시험하사 내 뜻을 아옵소서 내게 무슨 악한 행위가 있나 보시고 나를 영원한 길로 인도하소서(시 139:23,24)

우리는 주님을 피해 숨을 수 없으며 숨을 필요도 없다. 왜냐하면 우리는 주님의 사랑 안에 전적으로 받아들여지기 때문이다.

2. 성령으로 우리의 죄를 씻기 위해서는 주님이 필요하다. 그렇게 되면 우리는 우리의 영으로 자신감 있게 자발적으로 살 수 있다. 깨끗케 되지 않으면 우리에게서 드러나는 것이 생명의 반응을 불러올 수 없다. 우리는 예수 그리스도 안에서 "의와 진리의 거룩함으로"(엡 4:24) 창조된 새로운 사람으로 살아야 한다.

3. 우리는 언제 우리가 새로운 사람으로, 혹은 영으로 살고 있지 않는가를 인식해야 한다. 나는 천주교 기도모임에 갔을 때를 기억한다. 내가 갔을 때 전에 한 번도 만나본 적이 없는 젊은이가 내게 와서 팔을 두르며 정말 따뜻한 사랑의 포옹을 하였다. 내 팔도 그에게 둘렀는데 그때 갑자기 나는 그가 나를 사랑하고 있음을 가슴 저리도록 느낄 수 있었다. 그러나 내가 하고 있는 것은 고작 내 팔을 그에게 두르는 것이 전부였다. 나는 내가 새로운 사람들 속에 있었기 때문에 내 마음을 움츠리고 있었다.

나는 알맹이 없는 내 겉모습만을 투사하고 있는 때를 분별하는 것을 배우고 있다. 겉모습만 투사하는 허구심은 나를 불안하게 만든다. 진리 혹은 현실은 아주 민감하게 느낄 수 있는 것이다.

4. 사람과 상황을 향하여 이런 식으로 살기를 배울 때 우리는 진리를 좀 더 분명하게 인식하는 것이다. 또한 성령께서 우리의 성격을 넘어서 다른 사람을 만져줄 수 있도록 준비하는 것이다. 예수님은 요한복음 7장 38절에서 "그 배에서 생수의 강이 흘러나오리라"고 말씀하셨다. 만약 우리의 배가 닫혀 있고 거짓된 겉모습을 투사한다면 생수의 강이 흘러나올 수 없다. 진리의 영은 거짓을 사용하실 수 없다.

우리의 진정한 내적 자아는 처음에는 아무리 서툴고 어색하다 할지라도 그것이 우리의 참 존재이기 때문에 생수의 강이 넘치게 해주시도록 모든 것을 하나님께 드린다. 이렇게 되면 우리는 자신의 감정이 아니라 실제로 성령의 감정을 경험하게 된다. 이것이 이해하기 너무 어렵다면 바울의 이야기를 다시 들어보자.

내가 예수 그리스도의 심장으로 너희 무리를 얼마나 사모하는지 하나님이 내 증인이시니라(빌 1:8)

3부

10장
자유 의지

구원이 단순한 용서 그 이상임을 깨달은 후에도 오랫동안 나는 하나님이 우리 삶에 우리 스스로 싸우도록 남겨두신 영역이 하나 있다고 생각했다. 바로 인간의 의지라는 영역이다. 생각이 새롭게 되고 정서도 풀리는 것은 알았지만, 하나님께서 나의 자유를 간섭하지 않으면서 의지 속으로 들어와 도와주시는 것을 이해하지 못했다.

그러나 또한 도움이 가장 필요한 영역이 바로 의지임을 알았다. 나는 어떻게 진정으로 하나님의 뜻에 순종할 수 있는가? 오늘은 내가 성공한 수 있다 해도, 내일도 여전히 순종하리라고 내 자신을 신뢰할 수 있는가? 그것은 마치 항상 감독받지 않으면 올바로 행동할 수 없는 제멋대로 고집 세고 말 안 듣는 아이를 둔 부모와 같은 운명이 되는 것이다.

로마서 7장은 최악의 상황에 대한 나의 의심을 확인해주는 것 같다.

> 내가 행하는 것을 내가 알지 못하노니 곧 내가 원하는 것은 행하지 아니하고 도리어 미워하는 것을 행함이라(롬 7:15)

바울도 동일한 문제와 싸우고 있었던 것 같다. 사실 바울은 관 덮개가 다시 열리지 않도록 못질을 하는 수고를 하는 것처럼 보였다.

> 육신의 생각은 하나님과 원수가 되나니 이는 하나님의 법에 굴복하지 아니할 뿐

아니라 할 수도 없음이라(롬 8:7)

이것은 진리다. 바울은 "그리스도와 함께 십자가에 못 박혔나니"(갈 2:20), "너희 자신을 죄에 대하여는 죽은 자요 그리스도 예수 안에서 하나님께 대하여는 살아 있는 자로 여길지어다"(롬 6:11)라고 말했다. 이것은 어떤 해답을 주지만, 또 다른 문제도 제기한다. 바울처럼 그리스도의 종이 되는 경험이 주는 것은 자유인가 아니면 단지 자유의 환영(幻影)인가? 성경에서는 우리가 자유롭다고 말했지만 사실인가? 의지를 포기하고 자유를 느낀다 해도 하나님이 우리 발목에 비밀의 밧줄을 묶어서 딴 길로 가면 언제든지 줄을 당겨 우리를 끌고 오시는 모습을 상상해보라!

그러나 하나님은 우리의 자유에 큰 관심을 갖고 계시다는 사실을 배우기 시작하면서 흥분을 멈출 수 없었다. 주님은 우리를 자유롭게 하시기 위해 엄청난 값을 치르셨다. 그리고 주님의 목적은 우리가 자유로운 상태로 있는 것이다. 우리는 왜 그런가에 대해 알아야 한다.

첫째, 하나님은 사랑이다. 그것이 그분의 속성이기 때문에 주님과 우리의 관계는 사랑과 신뢰에 기반을 둔다.

둘째, 사랑과 신뢰가 언제나 존재하기 위해서는 자유로운 의지와 자유로운 선택이 있어야 한다.

이것은 인간에게도 마찬가지다. 존은 제인을 사랑하고 제인이 자신을 사랑해주길 간절히 바란다. 그러나 존은 그녀의 반응이 자유롭게 나온 것이어야 참다운 사랑이라는 것을 안다. 만약 존이 어떤 강제적인 방법이나 조건을 사용해서 제인이 자신을 사랑하게 만든다면 아무 소용없다. 다시 말하면, 존은 제인이 자유롭게 자신을 거부하도록 하는 모험을 해야 한다. 그런 때에만 사랑이 가능하다.

사랑 그 자체인 하나님은 인간보다 이것을 더 잘 아시며 이 토대 위에 인간과 관계 맺기를 간절히 원하신다. 그러므로 우리가 거듭나기 전이나 후나 모든 관계에서 주님은 인간의 의지를 자유롭게 하셨다.

우리는 그것이 지극히 중요하기 때문에 한번 이상 이 사실을 되돌아 봐야 하겠지만 먼저 의지 그 자체와 자유라는 개념이 무엇을 뜻하는가에 대하여 알아야 할 몇 가지 기본적인 사실들을 살펴보자.

인간의 의지, 선택의 메커니즘

하나님의 창조물 중에 인간만이 가지고 있는 중요하고 독특한 한 가지는 선택이라는 영역이다. 사실, 동물도 선택을 하지만 본능적인 행동일 뿐이다. 그것은 동물이 환경에 적응하는 반응이다. 하지만 인간은 다르다. 자신의 형상을 닮도록 인간을 지으신 창조주 하나님은 인간을 또 다른 창조자로 만드셨다. 즉, 인간은 창조적인 선택을 할 수 있다. 인간은 자신의 목적을 선택할 수 있으며 자기가 무엇이 될 것인가를 결정할 수 있다.

동물은 행동을 조건에 따라 바꾸거나 수정할 수 있다. 동물도 배울 수 있다. 말은 안장을 매고 다닐 수 있고 강아지는 집에서 길들일 수 있다. 단지 인간만이 도덕적인 선택을 할 수 있는데, 본능이나 외부 조건이 아닌 옳고 그름의 기준이나 가치에 근거하여 자신의 의지를 결정하는 것이다. 그러므로 인간만이 죄를 지을 수 있다.

앵무새는 비가 오는 때라도 '맑은 날, 맑은 날'이라고 말할 수 있지만 그것을 가지고 거짓말한다고 할 수 없다. 개가 슬리퍼를 물고 도망칠 수 있지만 그것은 훔치는 것이 아니다. 단지 인간만이 도덕적인 행동 혹은 옳지 못한 행동을 할 수 있는 선택의 자유를 가진다.

이러한 선택의 최종 결정을 내리는 부분이 의지다. 그것이 인간의 행동을 결정하는 과정의 마지막 단계다. 우리는 그 전체적인 과정을 오토바이를 들어 설명할 수 있다.

-지: 운전대처럼 방향을 정하는 메커니즘
-정: 모터처럼 움직이고 추진하는 메커니즘
-의: 클러치처럼 선택하고 연동하는 메커니즘

효과적인 행동을 낳기 위해서는 이 세 가지가 조화롭게 기능해야 한다.

적절한 동기 유발 없이 어떤 것을 하겠다는 결정은 엔진이 돌아가고 클러치에서 발을 떼고 있어 오도가도 않는 것과 같다.

공포 같은 정서에 극도로 몰려 이성적인 기능이 눌린 당황한 상태에서는 혼란스러운 행동을 할 수 있다. 그것은 가속 페달을 꽉 누르고 양손을 운전대에서 뗀 채 가는 것과 같다.

생각에 열중하지만 실제로 아무것도 행하지 않은 사람은 시동을 걸고 양손으로 운전대를 꽉 잡은 채 기어는 중간에 둔 초보자와 같다.

전체적인 반응에 대한 이러한 원리는 하나님과 사람의 모든 관계에 기본적이다. '네 마음과 목숨과 뜻과 힘을 다해'라고 말씀하셨을 때 예수님이 의미하신 것이 바로 이것이다. 만약 우리가 이것을 이해하지 않으면 회개, 믿음, 사랑, 의지 등 성경적 기본 개념의 많은 부분을 크게 오해하게 될 것이다. 이러한 것들은 각각 지, 정, 의로부터 반응이 필요하다. 만약 반응이 한 영역에서만 나온다면 나중에는 아래의 그림과 같이 전혀 다른 것이 된다.

	이성에서만 나온다면	감정에서만 나온다면	의지에서만 나온다면
회개	생각을 바꿈	후회	개선
믿음	신념	충동	결정
사랑	칭찬	감상	자비

그럼에도 불구하고, 우리는 자주 의지의 영역에서 무너져 온전한 반응을 하지 못한다. 그래서 회개는 생각을 바꾸거나 후회하는 감정을 넘어서지 못하고 믿음도 단지 충동이나 지적인 동의에 머문다. 우리는 그러므로 인간의 의지가 가지고 있는 문제의 기본적인 본질을 이해해야 한다.

자유 의지의 본질

오늘날에는 자유에 대한 이야기를 많이 한다. 하지만 실제로 인간의 참된 자유의 영역은 빠르게 축소하고 있으며 현대 사회에서 자유는 거의 사라지고 있은 것만 같아 불안하다.

우리는 자유의 본질을 분명히 알아야 한다. 자유는 삶의 중심 원리가 **아니며,** 절대적인 것도 **아니다.** 프랑스의 철학자, 장 폴 사르트르는 인간의 자유가 절대적인 것이 될 때 어떤 일이 일어나는가를 확실하게 이해했다. 그는 그렇게 되면 필연적으로 신을 죽임, 살인, 자살 이 세 가지로 귀결된다고 말한다. 이것은 무엇을 의미하는가?

하나님은 인간의 도덕적 자유의 궁극적 한계다. 오늘날 인간이 할 수 있는 것은 그것이 유전공학이든 많은 사람을 핵으로 대량 학살하는 끔찍한 방법의 개발이든 간에 무엇이든 자유롭게 하기를 원한다. 그러나 현대의 인간이 기술적인 능력이 있어서 할 수 있는 것들에 대해서 하나님은 여전히 '해서는 안 된다…'라고 말씀하신다. 그러므로 인간이 문자 그대로 '자유'로워지려면, 하나님은 죽었다고 생각해야 한다.

또한 하고 싶은 것을 마음대로 하도록 자유로워지려면 타인이 그 자유에 대하여 잠재적인 제한이 된다. 완전한 인간의 자유를 표현하고 어떤 제한에도 묶이지 않으려면 타인을 죽여야 한다. 자유는 살인으로 이끈다.

거기서 끝나는 것이 아니다. 이제는 자신의 존재가 제한의 요인이 된다. 궁극적인 진정한 자유를 얻기 위해서 나를 초월하여 자유로워져야 하므로 자신을 죽여야 한다.

에덴동산에서 인간의 '자유'를 빼앗기 위해 하나님처럼 되라는 유혹을 한 사탄의 의도가 적나라하게 드러난다. "그는 처음부터 살인한 자요"(요 8:44).

자유에 관한 진리

그렇다면 진정한 자유란 무엇인가? 그것은 **항상 정해져 있는 한계 안에서 표현해야 한다.** 우리는 이것을 순종이라 한다. 불순종 혹은 법을 조롱하는 것은, 법이 우리의 적이 되며 우리가 더 이상 자유롭지 않다는 것을 의미한다. 자연의 법칙을 무시한 채 건물의 수직면을 걸을 수 있는 자유가 없다. 만약 그렇게 하려면 자연의 법칙은 나의 적이 되고 나는 도로 위에 떨어질 것이다.

사회를 다스리는 법도 마찬가지다. 법을 깨는 사람은 자유를 잃는다. 체포되지 않았다 해도, 붙잡히지 않을까 염려하지 않고는 다닐 수 없게 되어 내적인 자유를 잃어버린다.

우주 안에 세워진 도덕적, 영적 법칙도 마찬가지로 작용한다. 내가 만일 그것을 깨면 그것들도 자연법칙이나 인간이 만든 다른 법칙과 같이 철저하고 냉혹하게 나에게 등을 돌린다. 오늘날 우리는 이것을 더 이상 의심하지 않는다. 지난 세대가 그 법칙을 깼기 때문에 현재 얻는 결과는 쓰레기와 오염과 자원 부족, 비참함과 죽음이다.

이러한 제안은 같은 영역에서 작용하는 더 높은 차원의 법에 순종하는 방법으로만 초월할 수 있다. 나는 중력의 법칙에 대한 부정이 아니라 더 높은 법에 순복함으로써 극복할 수 있다. 즉, 승강기에 오르거나 비행기에 타는 것이다. 그러나 나의 반응은 여전히 순종, 곧 법칙을 인정하는 것이다. 나중에 이것에 대해 살펴보자.

11장
세력 다툼

성경은 우주가 하나님과 사탄 간의 큰 세력 다툼의 현장임을 보여준다. 이 싸움에서 인간은 전략적인 역할을 한다. 사실 주된 전쟁터는 인간이다. 그러나 이 세력 다툼은 힘의 크기를 겨루는 싸움이 아님을 분명하게 이해해야 한다. 단순히 하나님이 사탄보다 힘이 세다고 끝낼 차원의 문제가 아니다. (많은 그리스도인들이 하나님을 사탄보다 힘이 '조금은 더' 강한 존재로 믿는다. 이들은 성경의 마지막 장에 우리가 승리한다는 부분을 읽으면서 매우 기뻐한다. 아주 근소한 차이로!)

전혀 그런 차원의 문제가 아니다. 하나님이 사탄보다 힘이 더 센가, 아니면 하나님이 원하시면 손 하나 까딱하지 않으시고 언제든 사탄을 없앨 수 있는가에 관한 문제라면 의문의 여지가 없다. 단순한 힘에 관해서라면 전능하신 분과 경쟁할 상대는 아무도 없다.

갈등은 전혀 다른 차원의 대결이다. 그것은 도덕적, 영적 싸움이다. 하나님과 사탄의 쟁점은 인간의 순종과 충성을 누가 얻어내는가다. 하나님은 이 싸움에서 주님 편에서 불리할 수 있는 경우를 믿을 수 없을 만큼 많이 허용하셨다. 하나님이 인간에게 원하시는 반응은 오직 사랑뿐이다. 그러므로 주님은 전에 말했던 것처럼, 인간에게 강제적이 아닌 자유로운 반응을 허용하는 위험 부담을 안으셨다. 사탄은 그러한 망설임이 없다. 사탄은 속임, 거짓말, 사기, 압력, 강제, 왜곡뿐만 아니라 자기의 목적을 이루기 위해서는 어떠한 것도 사용할 것이다. 그러나 자유로운 선택만은 사탄도 어쩔 수 없다.

대결하는 두 개의 법

로마서에서 사도 바울은 인간의 순종을 놓고 대결하는 두 개의 법이라는 관점에서 이 싸움을 분명하게 묘사했다. 순종의 문제는 다른 곳에서 이미 보았듯이 매우 중요한 문제다.

> 너희 자신을 종으로 내주어 누구에게 순종하든지 그 순종함을 받는 자의 종이 되는 줄을 너희가 알지 못하느냐 혹은 죄의 종으로 사망에 이르고 혹은 순종의 종으로 의에 이르느니라(롬 6:16)

인간의 순종을 구하는 이 두 개의 법은 로마서 8장 2절에 나와 있다. 그것은 하나님의 법과, 죄와 사망의 법이다.

> 이는 그리스도 예수 안에 있는 생명의 성령의 법이 죄와 사망의 법에서 너를 해방하였음이라(롬 8:2)

하나님의 법

하나님의 법은 무언가 만들어진 물건이 아니라 하나님께로 나아가는 방법이다. 그 법은 하나님의 성품에 대한 표현이므로 거룩하며 의로우며 또한 선하다. 때때로 우리는 은혜와 율법을 비성경적으로 잘못 비교해서 마치 은혜는 선한 것이며 율법은 악한 것으로 간주할 때가 있다. 이것은 진리가 아니다. 하나님의 율법은 자기희생적인 사랑의 법이다. 그것은 하나님의 놀라운 성품을 표현한 것이며 하나님이 실제로 선택하신 길이다.

다윗은 이 점을 이해했다. 그는 하나님의 이러한 성품의 계시를 아는 자로서 시편 119편의 긴 서사시를 다음과 같이 썼다.

> 주의 입의 법이 내게는 천천 금은보다 좋으니이다(시 119:72)
> 주의 말씀의 맛이 내게 어찌 그리 단지요 내 입에 꿀보다 더 다니이다(시 119:103)
> 주의 말씀이 심히 순수하므로 주의 종이 이를 사랑하나이다(시 119:140)
> 내가 주의 법도들을 구하였사오니 자유롭게 걸어갈 것이오며(시 119:45)

죄와 사망의 법

하나님의 율법이 하나님께 나아가는 길인 것처럼, 죄와 사망의 법은 사탄에게 나아가는 길이다. 다시 말하자면, 그것은 마귀의 본질적인 성품을 표현한 것이다. 예수님은 사탄을 살인자요, 태초부터 거짓말한 자라고 말씀하셨다. 사탄은 죽이고 훔치고 멸망시키려고 이 땅에 왔다. 그러므로 우리들은 사탄을 따르는 결과에 대해 놀라지 말아야 할 것이다. 죄의 힘은 속임과 미혹을 기반으로 두고 있으며 그 결국은 감추어져 있다. 오직 성경만이 종국에 관한 진리를 이렇게 밝히고 있다. "어떤 길은 사람이 보기에 바르나 필경은 사망의 길이니라"(잠언 14:12).

권위에 대한 법과 요구

지금 우리는 이러한 두 개의 대결하는 법이 어떻게 인간의 순종을 요구하는가를 살펴보려고 한다. 이 내용은 신중하게 읽어야 한다. 일단 이해하고 나면 자유와 순종에 관한 전체적인 개념에 대해 올바른 관점을 갖게 될 것이다.

1. 우리는 법이 갖는 권위 때문에 법에 순종해야 한다. 다시 말하자면 그것을 '좋아한다' 거나 '선호한다' 라는 문제와는 전혀 다른, 따라야 할 '의무'가 있는 것이다. 우리가 원하든, 원하지 않든 법을 따라야 한다. 왜 냐하면 법에는 권위가 있기 때문이다.

하나님의 법에 관해서 우리는 이것을 분명히 이해할 수 있다. 우리는 하나님의 법이 요구하는 것을 거절할 수 있지만 그때 우리는 순종을 요구하는 하나님의 권위에 우리가 불순종하고 있다는 것을 안다.

죄와 사망의 법에 대해서 우리는 종종 속는다. 우리는 죄를 단순한 취향이나 선택으로 본다. 우리는 언제든 죄를 지을 수도, 죄를 짓는 것을 멀리할 수도 있다고 상상한다. 나중에, 우리가 죄로부터 자유로워지려고 할 때, 우리는 죄의 오만한 요구에 직면한다. 우리는 죄가 마치 법처럼 작용하는 것을 느끼게 된다.

> 내 지체 속에서 한 다른 법이 내 마음의 법과 싸워 내 지체 속에 있는 죄의 법으로 나를 사로잡는 것을 보는도다(롬 7:23)

그렇다면 법이 갖는 권위와 근거는 무엇인가? 무슨 근거로 법은 내게 순종할 것을 요구하는가? 이 권위에 대한 문제를 알아보자.

2. 권위는 우리가 합법적이라고 인식하는 힘이다. 예를 들어, 도로에서 내가 차를 몰고 있을 때 경찰복을 입은 경찰이 그의 손을 들면서 차도로

들어오고 있다면 나는 자연적으로 차를 천천히 세우며 순종할 것이다. 왜 그렇게 하는가? 그것은 그 경찰의 몸집이 커서 내 차를 물리적인 힘으로 막을 수 있기 때문이 아니라 그가 입고 있는 교통경찰복을 보고 그의 합법적인 힘에 내가 순종하고 차를 멈춘 것이다.

다시 말하자면, 순종과 불순종의 문제는 내가 어떤 권위와 만났을 경우 그 권위가 대표하고 있는 힘이 합법적이라고 인식할 때에만 발생하는 것이다.

이 점에 대해 좀 더 자세히 살펴볼 필요가 있다. 그러면 실제적으로 내가 어떻게 이 힘이 합법적인지 아닌지를 결정하는가? 이것은 중요하다.

3. 권위가 갖는 힘의 기준이 나의 내적 가치기준과 일치할 때 나는 그것을 합법적인 힘으로 인식한다.

예를 들어, 내가 지금 러시아에 있다고 하자. 그때 제복을 차려입은 러시아의 경찰이 이른 아침에 집으로 찾아와 시베리아의 소금광산에 대해 이야기를 한다면 과연 나는 어떻게 반응할 것인가? 두려움은 제쳐두고라도 나는 아마도 압제적이고 가혹하고 비합법적인 공권력의 행사라고 생각할 것이다. 그 이유는 그들이 내가 살고 있는 뉴질랜드의 경찰과 같은 경찰이기 때문이다. 소련의 경찰도 뉴질랜드의 경찰처럼 교통정리를 하고, 축구장에서 관중의 질서를 유지하고, 범죄자를 잡는 일 등을 한다. 그렇지만 나는 새벽에 들이닥친 경찰관의 행동을 불법적인 힘의 행사라고 생각할 것이다. 왜냐하면 국가의 절대 권력과 경찰 권력의 표준, 자유 민주주의 이념과 개인의 권리를 존중하는 나의 내적 가치기준과 맞지 않기 때문이다.

다시 말하면, 내부적 가치기준과 다른 것은 합법적인 권위로 인식하지 않는다는 말이다. 이러한 법과 규칙을 따르게 되더라도 감정은 그것을 잘못이고 부당한 것이라고 여기면서 마지못해, 억지로 할 것이다. 법을 피해 갈 수만 있다면, 우리는 그것에 대해서 양심의 가책을 느끼기보다는 정당하다고 느낄 것이다. 즉, 그 법을 따른다 할지라도 순종하는 것은 아니다.

외부의 법과 내적 가치기준

가장 중요하면서도 모든 부모가 알아야 할 원칙은 **외부의 법과 내적 가치기준이 충돌할 때, 결국에는 언제나 내적 가치기준이 승리한다**는 것이다.

한 가족 안에서 어린이가 성장하면서 뚜렷이 다른 두 가지의 것들을 배우게 된다. 의식적으로는 부모로부터 어떤 것이 옳고 그른가를 배운다. 예를 들면, 장난감을 친구들과 같이 갖고 놀기, 거짓말을 하지 않기, 부모 말씀에 순종하기, 식사 후에 이를 닦기 등등이다. 그러나 마찬가지로 무의식적으로도 또 다른 일련의 가치 체계를 배운다. 즉, 부모가 실제로 살아가는 가치 체계다.

부모가 가르치는 행동 규칙과 실제로 부모가 사는 모습이 서로 일치하지 않거나 일관성이 없으면 아이들은 물론이고 부모도 곤경에 빠진다. 예를 들어서, 어린 존이 거짓말을 하여 탄로가 나게 되었다. 그래서 존은 조금 있으면 벌을 받고 거짓말을 하지 말아야 한다는 것을 배우게 될 것이다. 그때 마침 현관문 두드리는 소리가 난다. 그때 엄마는 투덜거리며 말한다. "저런, 세상에. 그 보기 싫은 스미스 부인이네. 존, 가서 엄마 방금 나갔다고 해라!"

존은 여기서 두 가지를 배우게 된다. '거짓말은 하나님이 증오하신다'는 것과 다른 하나는 '거짓말은 경우에 따라서 곤경에 빠졌을 때 매우 도움이 된다'는 것이다. 다시 말하자면, 그는 거짓말을 해서는 안 되는 것이지만, 엄마나 아빠처럼 어른이 돼서 아무도 때릴 사람이 없을 때가 되면 편리하게 곤경에서 벗어나기 위해 거짓말을 하는 것도 좋은 방법이라는 것을 배운다.

따라서 존의 부모는 다른 사람들에게 "존은 집에서는 착한 아이지만 내가 안 볼 때는 그 아이를 믿을 수가 없어요!"라고 말하게 된다. 존이 부모와 같이 있을 때는 과거의 경험이 그를 지배하여 행동의 기준들에 신중하게 순종할 것을 요구하지만 그가 혼자일 때에는 부모가 정해 놓은 외부의 행동 기준이 존이 습득한 내적 가치기준 앞에서 곧 힘을 잃게 되고 존은 부모가 그랬던 것처럼 자기가 하고 싶은 대로 한다.

이스라엘, 애굽, 십계명

하나님이 구약시대에 이스라엘을 다루신 것에서 이 원칙에 대한 더 나은 예를 발견할 수 있다. 수세기에 걸친 역사는 외부적인 법과 내적 가치기준 사이의 갈등으로 볼 수 있다. 어떤 의미에서는 하나님이 이스라엘 백성들을 애굽에서 나오게 하신 것은 그리 어려운 일이 아니었다. 하나님의 능력은 그 일을 하시기에 넉넉했다. 더 어려운 것은 이스라엘 안에서 애굽의 것들을 몰아내는 일이었다. 4백 년이 넘게 애굽 땅에 살면서 이스라엘 민족이 애굽인의 내적 가치기준을 갖게 된 것이다.

광야에서 지내는 동안 이러한 가치기준은 여전히 자리했다. 애굽이 종살이와 속박을 뜻함에도 그곳에서 배운 내적 가치기준 때문에 계속해서 이스라엘 민족은 애굽으로 돌아가려 했다. 애굽의 부추와 양파와 마늘에 대한 생각 때문에 하나님이 주신 만나를 비웃은 것이다.

이스라엘 민족이 가나안 땅에 도착했을 때도 마찬가지였다. 사사나 예언자가 다스리던 시기나 왕이 의롭고 경건한 사람이었을 때는 이스라엘 민족이 법을 지키고 언약의 하나님을 섬겼다. 하지만 그 사이마다 이스라엘 민족은 이상하리 만큼 규칙적으로 타락했다. 성전에서의 예배를 무시했고 율법을 읽지 않았으며 우상과 온갖 종류의 이방 종교들이 다시 등장했다. 심지어 신실한 것처럼 보인 시대에도 사실은 겉으로만 순응할 뿐 순종이 아니었고 예언자들은 이러한 것을 정확하게 보았다.

> 주께서 이르시되 이 백성이 입으로는 나를 가까이 하며 입술로는 나를 공경하나 그들의 마음은 내게서 멀리 떠났나니 그들이 나를 경외함은 사람의 계명으로 가르침을 받았을 뿐이라(사 29:13)

그러나 이것은 단지 이스라엘 민족만의 문제가 아니라, 인간 속성 전체의 문제다.

육체의 유래

이제 바울이 바라본 인간 본성의 문제에 대한 실체를 알아보겠다. 인류 최초의 조상인 아담의 불순종을 통해 죄가 세상에 들어오고 죄로 인해 사망이 왔다. 그 이후로 아담뿐 아니라 모든 사람이 죄를 짓게 되어 인류 전체가 죄와 사망의 법아래 놓이게 되었다. 게다가 이렇게 인간이 죄와 사망의 법에 복종함으로, 인간은 사탄의 노예가 되었고 이제 인간은 공중의 권세 잡은 자와 불순종의 아들들 가운데서 역사하는 영을 따라 살게 되었다(엡 2:2)

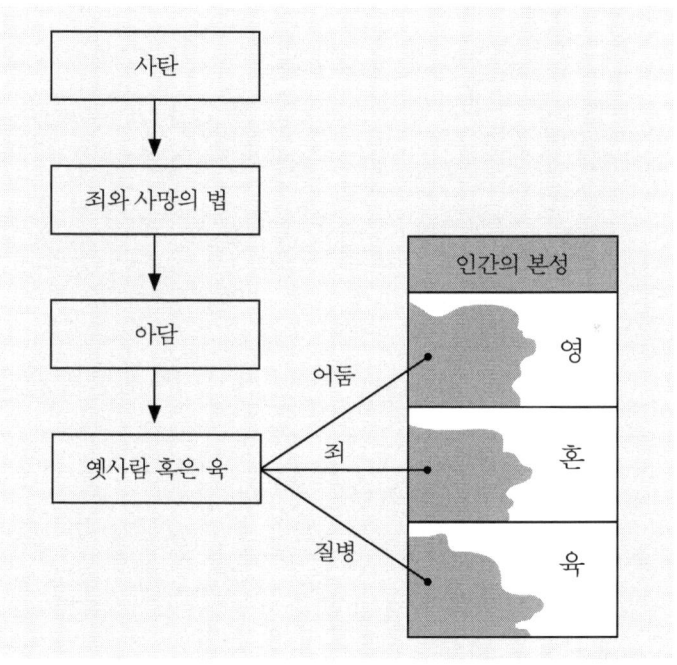

그림12 - 육체의 기원과 영향

공중 권세 잡은 자는 사탄이며 이제 사탄은 인간의 본성에 접근하였다. 사탄은 인간의 마음에 내적 가치기준을 주입하려 한다. "모든 지킬 만한 것 중에 더욱 네 마음을 지키라 생명의 근원이 이에서 남이니라"(잠 4:23)고 잠언은 경고하고 있다.

타락한 인간의 내부에서 흘러나오는 것은 사탄이 주입한 가치 체계다. 이것이 신약에서 언급한 '육체'(the flesh), '옛사람'(the old man), '죄와 사망의 몸' 등이다. 이것의 기원과 관계와 권위를 〈그림12〉에서 명확하게 볼 수 있다.

성경에서 말하고 있는 육체(the flesh)는 인간의 육체를 가리키는 말이 아니라는 것을 깨닫는 것이 중요하다.

육(the body)은 악이 아니다. 사실 기독교는 육에 대해 가장 정확한 관점을 가진 유일한 종교다. 그리고 육을 높이 평가한다. 믿는 사람들의 육은 성령의 전이며 그리스도의 지체(고전 6:15,19)이며, 하나님이 받으시는 산제사(롬 12:1)다. 그리고 언젠가는 썩지 아니할 것을 입는(고전 15:53) 날이 올 것이다.

반면에 육체는 인간을 죄와 사망의 법에 속박하는 자기만족의 죄성을 의미한다. 사실 육체는 다음과 같이 인간이 가진 세 가지 본성을 파괴하는 영향력이 있다.

- 영(the spirit)에 어두움을 가져다준다.
- 혼(the soul)에 죄를 가져다준다.
- 육(the body)에 질병을 가져다준다.

육체에 대한 내적 가치기준은 갈라디아서 5장 19-21절에 자세히 언급되어 있다.

육체의 일은 분명하니 곧 음행과 더러운 것과 호색과 우상 숭배와 주술과 원수 맺는 것과 분쟁과 시기와 분냄과 당 짓는 것과 분열함과 이단과 투기와 술 취함과 방탕함과 또 그와 같은 것들이라 전에 너희에게 경계한 것 같이 경계하노니 이런 일을 하는 자들은 하나님의 나라를 유업으로 받지 못할 것이요

육과 대결하는 법

만일 인간이 이러한 내적 기준을 갖고 있다면 하나님의 율법에 대한 태도가 어떨지 우리는 쉽게 알 수 있다. 하나님의 권위를 인정하지 않고 권위의 합법성도 부인하는 이유는 하나님의 기준이 자신의 육체의 내적 가치기준과 완전히 다르기 때문이다. 그것은 다음과 같이 정확하게 드러난다.

육신의 생각은 하나님과 원수가 되나니 이는 하나님의 법에 굴복하지 아니할 뿐 아니라 할 수도 없음이라(롬 8:7)

이렇게 하나님과 원수가 되는 것과는 반대로, 죄와 사망의 법의 기준은 정확하게 육체의 내적 기준과 일치한다. 따라서 이 둘은 서로 보강한다. 육체는 죄와 사망의 법을 핑계 삼는다. '나도 어쩔 수가 없어', 그리고 죄와 사망의 법은 육체의 욕망을 정당화한다. '모든 사람이 하는데, 내가 못 할게 뭐야?' 이렇게 죄와 사망의 법아래 있는 사람들은 "육체의 욕심을 따라 지내며 육체와 마음의 원하는 것"을 하며 산다(엡 2:3) 이 난공불락 앞에서 바울은 절규했다.

오호라 나는 곤고한 사람이로다 이 사망의 몸에서 누가 나를 건져내랴(롬 7:24)

우리는 이제부터 어떻게 구원받을 수 있는지를 자세히 살펴볼 것이다.

12장
육체에 대한 하나님의 해답

우리는 이제 인간의 실패로 인해 야기된 문제, 즉 육체와 죄와 사망의 법 아래 묶인 일에 대한 하나님의 해답을 살펴보자.

구약은 그 문제를 해결하는 데 실패했다. 율법이 결함이 있기 때문이 아니라 내면적인 육체의 일에 비해 율법은 외형적이기 때문이다. 바울은 이점을 매우 정확하게 보았다. "율법이 육신으로 말미암아 연약하여 할 수 없는 그것을 하나님은 하시나니"(롬 8:3).

돌판에 새겨진 외적인 법은 하나님이 손가락으로 쓰신 것이라 해도 그것과 정면으로 대치하고 있는 인간의 내적 가치를 이길 수 없었다.

새 언약-내면의 법

선지자들이 구약과는 완전히 다른 방법으로 문제의 뿌리에 접근하는 신약에 대해 말하기 시작하는 것을 볼 수 있다.

> 여호와의 말씀이니라 보라 날이 이르리니 내가 이스라엘 집과 유다 집에 새 언약을 맺으리라 이 언약은 내가 그들의 조상들의 손을 잡고 애굽 땅에서 인도하여 내던 날에 맺은 것과 같지 아니할 것은 내가 그들의 남편이 되었어도 그들이 내 언약을 깨뜨렸음이라 여호와의 말씀이니라 그러나 그 날 후에 내가 이스라엘 집과 맺을 언약은 이러하니 곧 내가 나의 법을 그들의 속에 두며 그들의 마음에 기

록하여 나는 그들의 하나님이 되고 그들은 내 백성이 될 것이라 여호와의 말씀이니라(렘31:31-33)

다시 말해서 하나님은 언약에 순종하는 문제를 완전히 해결하는 데 있어서 첫 번째 단계인 율법을 이번에는 돌판이 아닌 인간의 마음에 새기게 하셨다. 즉 외적인 법이 아닌 내적인 법이 되도록 하신 것이다.

새 언약의 가치

하나님은 선지자 에스겔을 통하여 새 언약에 대한 말씀을 다시 하신다.

맑은 물을 너희에게 뿌려서 너희로 정결하게 하되 곧 너희 모든 더러운 것에서와 모든 우상 숭배에서 너희를 정결하게 할 것이며 또 새 영을 너희 속에 두고 새 마음을 너희에게 주되 너희 육신에서 굳은 마음을 제거하고 부드러운 마음을 줄 것이며 또 내 영을 너희 속에 두어 너희로 내 율례를 행하게 하리니 너희가 내 규례를 지켜 행할지라(겔 36:25-27)

율법이 내면화하는 것뿐 아니라 인간의 더럽혀진 마음에 무엇인가 새로운 일이 일어난다. 마음이 죄로부터 정결해지면 내면의 법과 조화를 이루는 새로운 내적 가치체계가 그 안에 심겨진다. 순종의 문제가 극복된다! 내적 가치와 내면의 법의 자연스러운 일치가 순종이 된다. 즉 자연적인 해방이 되는 것이다.

두 언약을 비교해보자.

옛 언약	새 언약
• 단지 죄를 덮어버림	• 죄를 씻어버림
• 돌판에 새긴 외적인 법	• 사람의 마음 판에 새긴 내적인 법
• 육체의 내적 가치(굳은 마음)	• 영의 내적 가치(부드러운 마음)

우리는 오늘날 새 언약 아래서 살아가고 있다. 새 언약은 고린도후서 3장에 더 분명하게 설명되어 있다. 바울은 3절에서 내면의 법으로부터 시작하여 17절의 자유라는 결론으로 이끈다. "주의 영이 계신 곳에는 자유함이 있느니라."

그러나 우리는 하나님이 어떻게 이러한 일을 이루셔서 우리가 언약의 권리를 누리며 사는 삶으로 들어오게 하실 수 있었는지 더 구체적으로 알아야 한다.

마지막 아담

우리가 직면하는 문제는 '어떻게 하나님의 법이 실제로 내면화하는가? 그것을 정말 마음에 새길 수 있는가?'다. 나는 한때 예수님이 우리의 구원을 위해 왜 그렇게 오랜 시간을 지체하셨는지, 즉 우리를 위해 십자가에 달리시기 전에 인간으로서 30년이 넘는 세월을 보내셨는지 궁금했다. 주님은 완전한 인간으로 하늘에서 오시고, 우리의 죄를 대신 지시고, 죽으시고, 죽음에서 부활하시고, 하늘로 올라가시는 이 모든 일을 왜 며칠 동안에 하지 않으셨는가? 물론 그렇게 할 수 없었던 몇 가지 이유가 있겠지만 나는 고린도전서 15장 45절을 읽으면서 그 이유들 중 몇 가지를 이해하기 시작했다.

> 기록된바 첫 사람 아담은 생령이 되었다 함과 같이 마지막 아담은 살려 주는 영이 되었나니(고전 15:45)

예수님은 마지막 아담으로서, 또는 누군가 말했듯이 처음 창조되었을 때의 그 '아담'으로서, 인간의 새로운 시작을 창조하기 위해 오셨다. 주님은 새 언약에서의 인간의 원형(原形)이시다. 그러므로 주님은 무엇보다도 주님 자신이 인간으로서 새 언약의 약속을 완성하셨다. 주님이 죽으심으로 인간의 죄의 문제를 해결했고 주님의 피가 부정과 더러움에서 인간의 마음을 깨끗케 했다. **그러나 주님의 생명은 하나님의 법이 내면화하는 장소였다.**

주님은 어떻게 그 일을 하셨는가? 모든 상황에서, 모든 환경에서, 계속 온전한 순종에 힘씀으로써, 주님은 하나님의 법을 주님의 마음에 새기셨다. 스트레스를 받을 때에도, 지겨울 때에도, 반대를 무릎 쓸 때에도, 오해를 받아도, 작은 문제나 큰 문제에 대해 항상 하나님의 법을 내면화하셨다.

> 그러므로 주께서 세상에 임하실 때에 이르시되 하나님이 제사와 예물을 원하지 아니하시고 오직 나를 위하여 한 몸을 예비하셨도다…이에 내가 말하기를 하나님이여 보시옵소서 두루마리 책에 나를 가리켜 기록된 것과 같이 하나님의 뜻을 행하러 왔나이다(히 10:5,7)

인류 역사에서 처음으로 한 사람이 온전히 정직하게 그리고 진실로 "내가 항상 그의 기뻐하시는 일을 행하므로"(요 8:29)라고 말할 수 있는 하나님과의 관계 안에서 살았다. 더욱이 하나님이 직접 이 사실을 증거하셨다. "이는 내 사랑하는 아들이요 내 기뻐하는 자라"(마 3:17). 그 한 사람의 생애에서 하나님의 '완전'한 법이 '완전'하게 내면화했다.

인간의 본성을 가지고 사시면서 예수님은 전에 존재하지 않은 두 가지 것을 창조하셨다. 우리는 그것이 어떤 것인지 이해해야 한다.

첫째로, 주님은 죄에 대한 인간의 완전한 증오를 창조하셨다. 하나님은 항상 죄를 온전히 미워하셨다. 타락하지 않은 천사들은 죄를 완전하게 미워한다. 그러나 전에는 죄를 완전하게 미워하는 인간이 없었다. 가장 훌륭한 그리스도인이라도 죄의 진정한 본성을 깨달을 수 없었다.

오직 십자가만이 만일 죄를 막지 않으면 무슨 일을 저지를 지를 드러낸다. 죄는 하나님을 죽이고 그분이 창조하신 세계를 망가뜨릴 것이다. 우리가 자주 간과하는 예수님의 도덕적 고통과 고뇌는 죄가 있는 곳에서 매일 사는 것과 하나님의 형상을 따라 지음 받은 인간이 짓는 죄를 지켜보는 것이었다.

타락하고 고통 받는 인간은 많은 압제와 잔인함, 죄악 속에 살고 있었고 예수님 안에서는 죄에 대한 증오가 점점 커졌다. 죄 없는 인간인 주님은 십자가에서 죄가 어떤 것인가를 경험하셨고 그 결과로 아버지의 임재에서 분리되는 황폐함을 깨달으셨을 때, 죄에 대한 완전한 증오가 인간이신 주님의 마음에 지울 수 없이 새겨졌다.

예수님이 전에 존재하지 않은 것을 창조하신 것 중 두 번째는 의에 대한 인간의 완전한 사랑이다. 하나님은 항상 온전하게 의를 사랑하신다.

타락하지 않은 천사도 온전하게 의를 사랑하지만 인간은 전에는 한 번도 의를 온전하게 사랑하지 않았다.

예수님이 갖고 계신 인간의 마음속에서 순종은, 아버지의 뜻 안에 있다는 기쁨을 가져왔다. 그러나 주님이 아버지의 뜻을 받아들여 십자가에서 돌아가시고 또한 주님의 고통과 아버지의 뜻으로 세상이 구원될 것을 깨달으셨을 때, 주님 안에 있는 '인간의 마음' 속에 의와 순종에 대한 온전한 사랑이 새겨졌고 그 사랑을 우리 인간이 받게 되었다.

그러나 마지막 아담은 또한 생명을 주는 영이시다(고전 15:45). 그것은 무엇을 의미하는가?

예수님이 지니셨던 인간의 생명은 성령에 대해 완전하게 열려 있는 생명이었다. 주님은 성령으로 나셨으며 성령으로 세례 받으셨다. 주님은 "성령과 능력을 기름 붓듯"(행 10:38) 받으신 인간으로서 병든 자를 고치셨고 하나님의 영으로 귀신을 쫓으셨다. 주님이 행하신 기적은 성령 충만한 인간이 행할 수 있는 기적이었다. 예수님이 인간의 본성 속에서 아버지에 대해 그리고 아버지의 뜻에 대해 아신 것은 모두 성령님의 계시에 의해서다.

이 모든 것에는 거룩한 목적이 있다. 사탄이 옛사람을 만들기 위해 타락한 인간 안에 역사하고 있는 것처럼, **성령님도 새사람 또는 '속사람' 혹은 '영'이라고 말할 수 있는 내적 가치체계를 창조하기 위해 예수님의 인성 안에서 역사하셨다.**

〈그림13〉에서 이러한 새사람의 기원과 관계와 권위를 볼 수 있다.

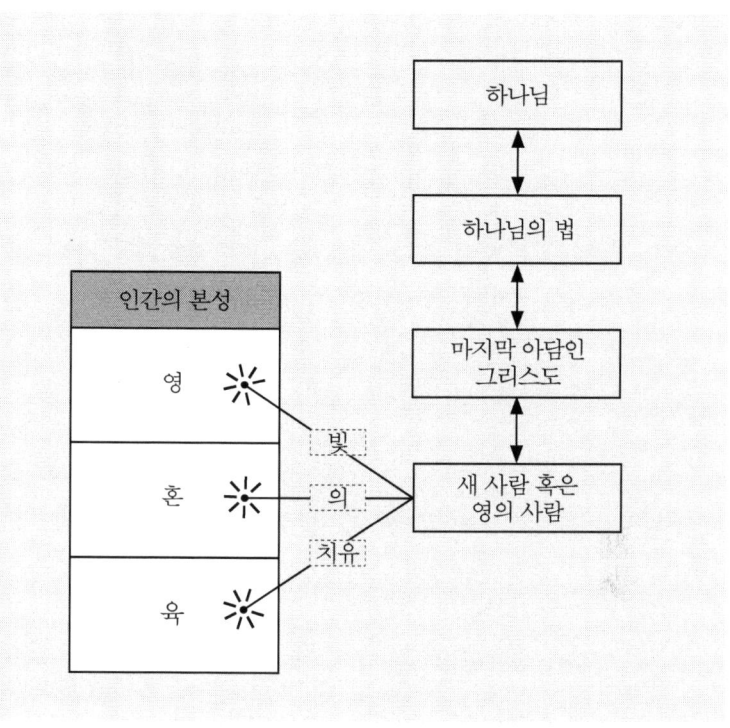

그림13 - 새사람의 기원과 영향

이러한 새사람의 내적인 가치는 갈라디아서 5장 22절에, "사랑과 희락과 화평과 오래참음과 자비와 양선과 충성과 온유와 절제"라고 묘사되어 있다. 이 같은 것을 금지할 법이 없다고 바울은 말한다. 바꾸어 말하면 하나님의 법은 그러한 것을 금지하지 않는다. 오히려 반대로 그런 것들은 하나님의 법과 완벽한 조화와 일치를 이룬다.

똑같은 새사람이 에베소서 4장 24절에 묘사되어 있다. "하나님을 따라 의와 진리의 거룩함으로 지으심을 받은 새사람을 입으라." 예수님의 생애에서 내적 가치와 내면의 법의 완벽한 조화가 완전한 순종을 만들어 냈다. 다른 말로 하면, 예수님은 소원이나 좋아하는 것에 대한 내적 가치가 비이기적인 사랑의 법과 완전히 조화를 이루고 있었기 때문에 주님이 하고 싶은 것은 무엇이든 자발적으로 할 만큼 자유로우셨다.

예수님은 모든 상황에 멈추어서 올바른 행동에 대한 법이 어떤 것인가를 자신에게 물어보실 필요가 없었다. 그 법은 바로 주님의 마음 안에 있었기 때문에 주님은 자연스럽고 자발적으로, 자유롭게 법과 조화를 이루며 사셨다.

우리는 그렇게 완전히 자유로운 인간의 존재는 어떤 것인가를 상상하기 어렵다. 콤플렉스가 없는, 묶임도 없는, 금지된 것도 없는, 감추어진 영역도 없는 어떤 사람을 상상해 보라. 예수님이 그러했다. 당신은 주님을 기만할 수 없고, 조종할 수도 없으며, 강요하거나 제한할 수도 없다.

인간은 탐욕과 두려움이라는 두 가지 본성 때문에 항상 통제되거나 조종 받을 수 있다. 가끔 우리는 이러한 책략을 '당근과 채찍'이라고 한다. 그러나 주님 안에는 욕심이 없었다. 주님은 문자 그대로 주님을 위해서는 아무것도 원하지 않으셨다.

주님은 "여우도 굴이 있고 공중의 새도 거처가 있으되 인자는 머리 둘 곳이 없다"(마 8:20)라고 하셨다. 그리고 주님은 사람들의 기대로 인하여 마음의 평정을 잃지 않으셨다. 주님은 두려움이 없으셨다. 주님은 폭풍 속에서도 주무셨고 제자들에게 두려워 말라고 말씀하셨다.

당신은 어떻게 그런 사람을 지배할 수 있겠는가? 사탄도 어쩔 도리가 없었다. 마지막에 예수님은 말씀하실 수 있었다. "이 세상의 임금이 오겠음이라 그러나 그는 내게 관계할 것이 없으니"(요 14:30). 주님은 "이(목숨)

를 내게서 빼앗는 자가 있는 것이 아니라 내가 스스로 버리노라"(요 10:18)고 말할 정도로 자유로우셨다. 확실히 그것은 궁극적인 자유다.

13장
새 언약의 자유를 경험하기

우리는 이미 인간의 필요에 대한 하나님의 해답이 십자가와 성령님이라는 두 가지의 보완적이고도 분리할 수 없는 역사에 있다는 것을 강조한 바 있다. 역시 그것이 진리인지 다시 한 번 살펴보기로 하겠다.

십자가를 통한 역사

지금까지 예수님이 하나님의 법을 내면화하기 위해 행하셨던 것은 모두 주님의 개인적인 인성 안에서만 국한되어 있었다. 이것을 새 언약 아래 있는 모든 인류에게 전달해 줄 방법이 있어야 했다. 언약은 이것이 어떻게 이루어졌는가를 보여준다.

요한복음 12장 31-33절에서 우리는 다음의 말씀을 대한다.

이제 이 세상에 대한 심판이 이르렀으니 이 세상의 임금이 쫓겨나리라 내가 땅에서 들리면 모든 사람을 내게로 이끌겠노라 하시니 이렇게 말씀하심은 자기가 어떠한 죽음으로 죽을 것을 보이심이러라 (요 12:31-33)

보통 우리는 말씀을 선포함으로, 가르침으로, 주님에 관해 증거함으로 우리 삶으로 주님의 은혜를 나타냄으로써 예수님을 높여 드릴 때, 이 구절을 인용한다. 또 주님이 사람들을 주님 자신에게 이끄실 것임을 의미할 때도 그렇다.

어느 현대 작가는 그것을 이렇게 아름답게 표현했다. "예수 그리스도는 너무나 거룩하고 매력적이어서 만약 우리가 주님을 보았다면 주님이 우리를 구원해주시지 않았다 해도 우리는 주님을 사랑할 것이다."

그러나 예수님의 이 말씀은 죽음에 대해서다. 십자가에 오르셨을 때, 예수님의 개인적인 인격은 사람들과 하나가 되었다. 주님을 믿는 모든 사람과 하나가 되었다. 이 세상을 지배하는 사탄은 우리에게서 쫓겨나고 우리는 주님의 일부가 되기 위하여 주님께로 이끌렸다.

요한복음 13장에는 다락방에서 예수님이 제자들의 발을 씻기시려고 하실 때의 이야기가 나온다. "베드로가 이르되 내 발을 절대로 씻지 못하시리이다 예수께서 대답하시되 내가 너를 씻어 주지 아니하면 네가 나와 상관이 없느니라"(요 13:8).

예수님이 하신 말씀을 뒤집어 보면 '만약 내가 너를 씻기면 너는 나의 일부가 된다'라는 의미다. 그것은 주님의 인성이 우리와 통합되어 우리가 주님의 일부를 가졌기 때문이다. 또한 주님이 죽으셨을 때 우리도 죽었으며, 주님이 장사되었을 때 우리도 장사되었고, 주님이 죽음에서 부활하셨을 때 우리도 주님 안에서 부활했다.

> 무릇 그리스도 예수와 합하여 세례를 받은 우리는 그의 죽으심과 합하여 세례를 받은 줄을 알지 못하느냐 그러므로 우리가 그의 죽으심과 합하여 세례를 받음으로 그와 함께 장사되었나니 이는 아버지의 영광으로 말미암아 그리스도를 죽은 자 가운데서 살리심과 같이 우리로 또한 새 생명 가운데서 행하게 하려 함이라(롬 6:3-4)

이제 주님과 이렇게 하나로 통합된 것이 우리 육과의 관계에 그리고 죄와 사망의 법에 우리가 묶여 있는 것에 미치는 영향을 살펴보겠다.

우리가 알거니와 우리의 옛 사람이 예수와 함께 십자가에 못 박힌 것은 죄의 몸이 죽어 다시는 우리가 죄에게 종 노릇 하지 아니하려 함이니(롬 6:6)

이것은 무엇을 의미하는가? **십자가가 우리를 묶고 있는 죄와 사망의 법의 권위의 선을 없애버리거나 전혀 영향이 없게 만든다는 것을 의미한다.** 즉, 우리를 죄의 종으로 만들어왔던 권위에서 자유하게 되었다. 육의 내적 가치가 강요하고 지배하던 영향력은 아무 힘이 없어졌다. 하나님의 법에 대한 적대감은 비록 변하지 않았다 해도 더 이상 우리를 사슬에 묶어 둘 수 없다. 우리는 단순히 의지의 결정으로 육에서 자유롭게 될 수 있는데 그것은 우리의 의지로서가 아니라 십자가와 십자가에서의 우리의 죽음이 우리 위에 군림하던 힘을 제거했기 때문이다.

성령의 역사하심

요한복음 7장에는 예수님이 초막절에 예루살렘을 방문하셨던 기록이 있다. 그 명절 의식 가운데 실로암 연못의 물을 제단 밑에다 붓는 예식이 있었다. 예수님이 이것을 지켜보고 계시는 동안 주님의 영에 무엇인가 움직이는 것이 있었고 우리는 주님이 서서 외치시는 것을 읽게 된다.

명절 끝날 곧 큰 날에 예수께서 서서 외쳐 이르시되 누구든지 목마르거든 내게로 와서 마시라 나를 믿는 자는 성경에 이름과 같이 그 배에서 생수의 강이 흘러나오리라 하시니(요 7:37-38)

요한은 주님을 믿는 사람들이 받게 되는 성령에 대해 예수님이 말씀하는 것을 계속 설명한다. "(예수께서 아직 영광을 받지 않으셨으므로 성령이 아직 그들에게 계시지 아니하시더라)"(요 7:39)

왜 그때 성령님이 오시지 않았는가? 성령님은 무엇인가를 기다리고 계셨다. 즉, 성령님은 예수님이 우리가 이제까지 이야기한 완전한 내적 가치를 완성하기를 기다리셨다. 우리가 이 세상에 살 때 필요한 모든 능력과 모든 자원, 곧 완전한 사랑, 완전한 믿음, 완전한 순종, 완전한 용서를 내적 가치 안에 세워가는 것을 기다리셨다.

성령님은 예수님이 십자가에 오르실 때까지 기다리셨고 주님의 개인적인 인격이 우리와 통합되어 하나가 되기를 기다리셨다. 성령님은 구속의 역사가 완성되어 우리를 아버지로부터 분리하는 죄 문제가 다루어질 때까지 기다리셨다. 성령님은 예수님이 죽음이라는 궁극적인 장벽을 무너뜨리시고 성령님에 의해 죽음이 주님을 더 이상 지배하지 못 하는 부활의 생명으로 다시 살아나실 때까지 기다리셨다. 그런 다음 성령님이 오셨다.

이 말씀을 하시고 그들을 향하사 숨을 내쉬며 이르시되 성령을 받으라(요 20:22)

때로 '영'이라고도 불리는 새사람, 속사람이 그때 제자들에게 들어왔다. 몸의 머리이신 주님이 부활하셨을 때 주님은 몸의 지체들에게 부활 생명을 불어 넣으셨다. 돌판이 아닌 마음에 새긴 완전히 새로운 체계의 내적 가치와 내면의 법이 그들의 생명 속에 들어왔다.

본성은 하나인가, 두 개인가?

우리는 이제 때로 논쟁을 불러일으키는 영역에 와 있다. 그것은 그리스도인이 하나의 본성을 가지고 있는가 아니면 두 개의 본성을 가지고 있는가의 문제다. 다른 말로 하면, 죄 짓고 싶어 하는 '나의 옛사람'과 그것을 원치 않는 '나의 새사람'이 같이 공존하는가다. 만약 내가 죄를 지으면 누구에게 책임이 있는가? 나의 옛사람인가? 나의 새사람인가? 나의 옛사람에게 굴복하는 나는 누구인가? 내가 죄를 짓고 있을 때가 진정한 나인가 아니면 의로울 때가 진정한 나인가?

개인적으로 나는 그리스도인이 두 가지 본성을 함께 갖고 있다고는 믿지 않는다. 나는 나다. 그러므로 나는 내가 하는 모든 것에 대해 책임을 진다. 나는 두 개의 경쟁하는 권위의 체계, 그리고 두 개의 경쟁하는 내적 가치체계로 볼 때 이 사실을 훨씬 잘 이해할 수 있다고 생각한다. 거듭나지 않은 사람은 단지 하나의 권위 체계(죄와 사망의 법)와 하나의 내적 가치체계(육)가 있을 뿐이다. 그리스도인은 〈그림14〉에서 볼 수 있듯이 두 개의 선택권을 가진다.

개인적인 경험을 나누면서 내가 무엇을 말하려는지 설명하겠다. 나는 아주 골초였는데 수도 없이 끊으려고 노력해 봤지만 그때마다 삼 일을 넘기지 못 했다. 결국 나는 금연하지 못 하고 말았다.

그럼에도 불구하고, 내가 성령으로 세례 받았던 밤, 주 예수님은 일종의 보너스와 같이(왜냐하면 그 날 밤 담배 피우는 것보다 훨씬 더 중요한 일이 아주 많이 있었기 때문에) 나를 즉시로 그리고 완전히 담배에 대한 열망으로부터 구해 주셨다. 나는 금단 현상도 없었고, 담배에 대한 갈망도 없었고, 담배에 관한 한 전혀 반응이 없었다. 그것은 마치 전에는 한 번도 담배를 피워본 적이 없는 것 같았다. 그것은 아주 굉장했다. 그런 일은 이전에 한 번도 일어난 적이 없었다.

삼사 년 후, 나는 개인적으로 내 삶의 모든 것이 무너지는 아주 심각한 위기를 겪었다. 이러한 고통스런 와중에서 어떤 사람이 내게 담배 한 대를 권했다. 나는 불을 대고 그것을 피웠다. 그 다음에 또 한 대를 피웠다. 나중에 나는 아주 흥미 있는 사실을 생각했다. 담배를 피우는 데도 머리가 어지럽지 않았다. 불에 타는 종이를 입에 물고 있는 그런 느낌도 없었다. 마치 내가 전에 담배를 끊은 적이 없는 것 같았다.

나는 아주 쉽게 하루 40개피 씩 태우던 흡연 습관을 다시 시작할 수도 있었다. 그것이 17년 전의 일이다. 하지만 그 이후에는 담배를 피우지 않았고 피우고 싶지도 않았다.

내가 여기서 말하고 싶은 요점은 이것이다. 기차에서 '흡연석' '금연석'이라고 분류하는 것처럼 두 명의 탐 마샬이 있는 것이 아니다. 단지 한 명의 탐 마샬이 있을 뿐이다. 그러나 여전히 나의 삶을 구성하는 모든 습관(담배 피우는 것은 단지 그 습관 중 덜 나쁜 것 중의 하나일 뿐이다)은 여전히 존재한다.

그들은 모두 준비하고 있다가 튀어나올 태세가 되어 있다. 아무 때라도 그들에게 순종하면 그들 중 어떤 것이라도 혹은 모든 것이 활동을 다시 재개할 수 있다.

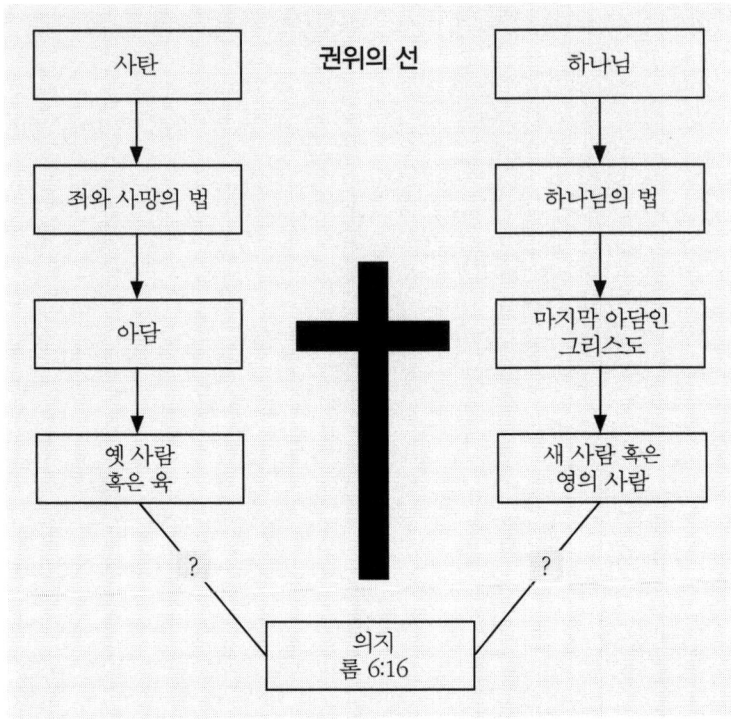

그림14 - 의지로부터의 해방

때로 내가 그 습관에 순종하는 것이 바로 그런 것이다. 그러나 나는 그것에 묶이지 않는다. 십자가가 그들의 활동력을 마비시키고 나를 자유케 하였기 때문에 내가 그 힘 아래 있을 필요가 없기 때문이다.

그것은 마치 두 개의 컴퓨터 프로그램을 갖는 것과 같다. 프로그램은 입력된 것만 만들어 낼 수 있다. 거듭나지 않은 사람은 한 가지 프로그램(육체)만 가지고 있다. 그 속에 있는 것만을 만들어 낼 수 있다. 바울이 갈라디아서 5장 19절에 묘사하는 육의 일이다. 그리스도인은 두 가지 프로

그램을 가지고 있다. 십자가 때문에 그는 옛사람(육체)의 플러그를 빼고 새사람의 플러그를 꽂는다. 그리고 그 프로그램은 그 속에 있는 것만 만들어 낸다. 갈라디아서 5장 22절에 묘사된 성령의 열매다. 이제 두 프로그램을 비교해 보자.

육(옛사람)	새사람(성령)
하나님에 대한 적대감	사탄에 대한 적대감
하나님의 법에 복종하지 않음	죄와 사망의 법에 복종하지 않음
생산물	생산물
영(Spirit) 안에 두려움	영(Spirit) 안에 빛
혼(Soul) 안에 죄	혼(Soul) 안에 의
육(Body) 안에 질병	육(Body) 안에 건강과 치유
내적가치	내적가치
육체의 일	성령의 열매

두 가지 프로그램은 상호 배타적이다. 우리는 두 가지 플러그를 동시에 꽂고 살 수 없다.

육체의 소욕은 성령을 거스르고 성령은 육체를 거스르나니 이 둘이 서로 대적함으로 너희가 원하는 것을 하지 못하게 하려 함이니라(갈 5:17)

육을 끊고 영적인 삶을 실천함으로써 우리는 내적 가치와 내면의 법의 영화로운 조화를 발견하며 이기적이지 않은 사랑의 법에 순종할 수 있을 뿐 아니라 자연스럽게 순종할 수 있다. 또한 그것이 자유가 되는 것이다.

성령 안에서 행함

우리가 십자가에서 깨닫게 된 것을 실제로 경험하는 데에서 겪는 많은 어려움은, 언제나 십자가를 통한 역사하심과 분리될 수 없고 서로 보완 관계인, 성령님의 생생한 역사하심에 대해 우리가 무지한 데서 오는 것이다. 특별히 이런 부분에 있어서 성령님의 사역은 두 가지 면이 있다.

1. 성령님은 육체의 소욕에 대한 습관적인 항복으로 묶여 있는 우리의 의지를 자유케 하는 힘을 갖고 있다.

2. 성령은 우리에게 내면의 법에 따라 사는 것을 가르치시는 분이다.

우리는 이것을 차례로 하나씩 간단하게 그러나 주의 깊게 알아봐야 한다. 삼위일체의 하나님의 형상으로 지음 받은 사람도 역시 삼위일체다. 즉 영, 혼, 그리고 육이다(살전 5:23).

영

성령님이 우리 안에 계실 때 처소가 되는 부분이다.

혼

지, 의, 정 혹은 감정을 구성하는 부분이다.

거듭나지 않은 사람 또는 대부분의 그리스도인의 경우에는 혼이 그 사람을 다스리거나 지배한다. 그러나 하나님의 질서 안에서 인간(인성, 인격)을 다스리고, 존재의 통합적 중심이 되어야 하는 것은 바로 '영'이다.

성령님 안에서 행하는 것은 혼이 다스리고자 하는 소욕을 포기하고 성령님이 다스리는 인간의 영의 권위에 복종한다는 것을 의미한다.

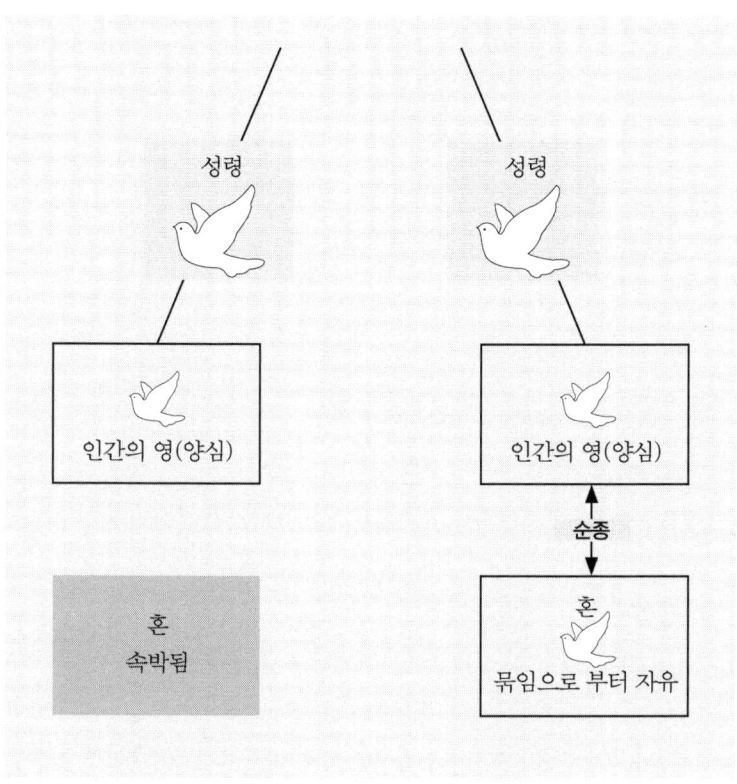

그림15 - 순종으로 자유로워짐

하나님은 결코 인간의 의지를 강요하지 않으신다. 이것은 인간의 영에 있는 성령의 능력이 혼의 자유로운 반응이 없이는 혼의 영역 속에 결코 작용하지 않는다는 것을 의미한다. 의지에 관한 한, 혼과 영의 간격을 이어주는 반응은 순종이다. 우리가 순종하며 나아갈 때 성령의 능력은 의지의 영역 속에 작용하며 묶임의 멍에를 끊는다.

멍에를 끊는 분, 즉 "포로된 자에게, 자유를 갇힌 자에게 놓임을"(사 61:1) 가져다주는 분은 주님의 기름 부으심 안에 있는 성령님이다. 주님의 성령은 우리를 자유케 하시기 위하여 끊지 못하는 습관이나 강요, 묶임이나 굴레가 없으시다.

또한 성령의 가르치시는 역사가 있다. 신학적으로 말하면 그것을 성화라고 부를 수도 있는데 우리는 그것이 무엇을 뜻하는지 분명하게 다시 이해해야 한다.

성령님의 역사는 우리 영성이 율법주의나 자의식에 빠지지 않고 하나님의 법을 우리의 삶에 적용할 수 있게 해주신다. 우리는 우리 안에 실재하고 있는 하나님의 역사를 신뢰해야 하며, 그렇게 우리가 성령님의 가르침에 반응하는 한 우리가 어떤 사람인가에 상관없이 자유롭게 자발적으로 살 수 있다.

성령님은 어떤 일을 하시는가? 성령님은 예수님 안에서 행하신 것, 즉 우리의 마음에 법을 새기는 일을 하신다. 그리고 그 법이 우리를 자유케 한다!

우리는 그 법의 자유케 하는 능력을 실제로 믿기 어려울 수도 있다. 그러나 구속의 목적은 바울이 로마서 8장 4절에서 말한 것과 같다. "육신을 따르지 않고 그 영을 따라 행하는 우리에게 율법의 요구가 이루어지게 하려 하심이니라."

마음에 쓰여진 법

성령님은 우리가 이타적인 사랑의 법을 어겼지만 또다시 우리 손을 잡고 인도하신다. 만약 우리가 반응하면, 주님은 우리 마음에 그 법의 일부를 쓰실 것이다. 여러분에게 이것을 이야기하겠다. 주님이 우리 마음에 그 법을 새기실 때, 그때부터 우리의 양심은 매우 부드럽게 된다.

내가 성령세례를 받은 지 얼마 되지 않은 어느 날 밤 아내와 함께 집 근처의 작은 하나님의 성회 교회에 갔던 일이 생각난다. 그 성도들은 너무 시끄러워서 나는 생각을 집중할 수 없었다. 나는 모든 것이 다 새로웠고 내가 최소한 생각이라도 할 수 있도록 사람들이 조용해줬으면 하면서 그날 저녁을 보냈다.

나는 좀 속상한 마음으로 집에 왔다. 나는 욕실에서 손을 씻고 있었는데 그때 주님이 내게 말씀하셨다. '너, 오늘 밤에 참 비판적이더구나.' 전혀 예상치 못한 일이라 나는 미처 변명할 생각도 못했다. 나는 '예, 주님, 그래요, 저는 비판적이었습니다'라고 고백했다. 그런데 주님이 물으셨다. '누구를 비판하고 있었지?' 나는 갑자기 양심에 찔렸다. '주님, 저는 당신을 비판하고 있었습니다.' 사실이었다. 주님과 주님의 백성이 서로 굉장히 즐거워하며 그곳에 있었다. 그리고 그곳에 나도 있었다. 그들 모두를 까다롭게 비판하고 온통 흠만 잡으면서 말이다. 나는 즉시 욕실 바닥에 무릎을 꿇고 주님께 용서를 구했다.

그 날 밤 성령님은 내 마음에 한 법을 새기셨다. 그 법은 하나님의 성도들이 예배하는 방법을 비판하는 것에서 나를 자유케 해주었다. 그들은 그들이 원하는 만큼 시끄럽거나 조용할 수 있다. 나는 양쪽을 다 즐길 수 있도록 자유롭다. 내 자신이 비판하지 않도록 스스로를 가르쳤기 때문이 아니라 내 마음에 그 문제에 관한 법이 있기 때문이며 그 내면의 법이 나를 자유케 한다.

우리는 이것을 위하여 의식적으로 우리 자신을 성령께 맡기고 신뢰하는 것을 배워야 한다. 그러나 성령님의 시간에 성령님의 방법으로 하시도록 성령님의 손 안에 서로 맡기고 신뢰하는 대신 오히려 우리가 성령님을 주관하여서 성령님이 제대로 일하고 계신지 확인할 필요가 있다는 이상한 생각을 가지고 있다.

때로 성령님은 아주 작은 문제로 보이는 것을 가지고 우리를 나무라실 수도 있고 반대로 우리나 우리를 보는 다른 사람들이 훨씬 중요하다고 생각하는 것들을 그냥 묵과하실 수도 있다.

어느 날 아침 시내 카페에서 차를 마시던 때가 생각난다. 내가 탁자를 정해 자리에 앉았는데, 거기 있던 한 사람이 어떤 이야기를 하고 있었다. 그가 이야기를 끝낼 때쯤, 나한테 일어난 한 가지 일이 생각이 났다. 상상할 수 있듯 나는 내 얘기를 실제보다 더 크게 부풀렸다. 그리고 실제 있지도 않았던 한두 가지 것을 꾸며대어 그들에게 말했더니 이야기는 더 재미있어졌다.

그런데 갑자기 너무나 양심이 찔려서 마시던 차를 내려놓고, 나가서 주님께 고백해야 했다. 다른 사람들은 아마도, '참 거룩한 친구군, 이야기를 조금 과장한 것뿐인데 성령님이 죄를 깨닫게 하시다니!'라고 생각할지 모른다. 내가 말하고자 하는 것은 그것이 아니다. 그때까지 하나님이 내 안에 아직 다루지 않은 문제들이 많이 있었고, 지금도 많이 있지만, 바로 그 날 하나님은 거짓말하는 것에 대해서 내 마음에 하나님의 법을 쓰기로 선택하신 것이다.

우리가 주님께 이런 은혜롭고, 거룩한 주도권을 가지시도록 허락할 때, 그리고 주님이 우리 삶 속에 행하고 계신 것에 반응할 때, 일이 잘 되고 문제가 해결되며 무엇인가가 완전해진다.

사실 우리는 조금씩 성화되면서 항상 더 자유로워지는 방향으로 가고 있는 것이다. "주는 영이시니 주의 영이 계신 곳에는 자유함이 있느니라"

(고후 3:17) 내면의 법의 지침에 자유롭게 반응하면서 그리고 순종이 하나님의 자녀에게는 가능할 뿐 아니라 자연스럽다는 것을 발견하며 사는 곳에 자발적이며 진실하게 살아가는 자유가 있는 것이다.

4부

14장
진정한 자기 자신이 되기 위한 자유

신실한 그리스도인이 직면하는 가장 혼란스런 문제 중 하나는 바로 '**우리 자신에 대해서 어떤 태도를 가져야 하는가**'이다. 바로 모든 죄 중에서 가장 치명적이며, 하나님이 창조하신 가장 훌륭한 존재를 파멸하는 교만을 계속적으로 경계해야 하는 것이다. 우리는 대부분 진리를 알게 되면 교만보다는 자기연민, 자기방종, 자기보호에 빠지는 경향이 더 많다. 그러나 어느 쪽에도 빠지지 않고 올바른 그리스도인의 모습으로 자신을 부인하고, 낮추고, 비우는 것을 실천하는 사람은 극히 드물다.

그러나 성경은 우리가 다른 사람들과의 관계를 맺을 때 기본이 되어야 하는 것이 '자존감'이라고 제시하고 있다. "네 이웃을 네 자신과 같이 사랑하라 하신 것이니라"(마 19:19), 또는 "이와 같이 남편들도 자기 아내 사랑하기를 자기 자신과 같이 할지니 자기 아내를 사랑하는 자는 자기를 사랑하는 것이라"(엡 5:28). 그렇다면 이 말이 우리 이웃을 부인하고 낮추고 비우라는 말인가? 모든 그리스도인 상담자는 실제로 자신을 사랑하는 식으로 이웃을 사랑하다가 불행한 결과를 낳은 사람들을 만나고 있다.

부적당하고, 가치가 없으며, 사람들이 원하지 않으며, 사랑하지 않는다고 느끼는 것은 자신의 인격뿐 아니라 하나님과 그리고 다른 사람들과 만족할 만한 관계를 형성하는 데에 파괴적인 영향을 미칠 수 있다. 어린 시절에 받은 깊은 상처와 손상 받은 자존감은 많은 사람들을, 때로는 독실한 그리스도인의 삶까지도 억누르고 절름발이처럼 만들어 버린다.

그러나 이 모든 것을 이야기하면서도 여전히 우리는 고칠 수 없는 자기중심주의를 지니고 있음을 인정해야 한다. 이른바 '더 깊이 있는 삶' 혹은 '카리스마적인' 그리스도인들의 경험을 강조하는 것도 자기중심주의일 수 있다. 그러한 관심은 **내** 필요, **내** 경험, **내** 치유, **내** 사역, **내** 은사 등에만 쉽게 빠질 수 있다.

우리는 하나님 중심적이기 보다 근본적으로 여전히 자기중심적으로 혹은 인간중심적으로 남아있게 된다. 그러면 어떻게 자아를 다루며 살아야 하는가? 이 질문을 하는 이유는 우리가 자아를 지니고 살아야 하기 때문이다. 만약 우리가 한 순간의 설교나 가르침에 따라서 그 때마다 자아에 대해 거칠고 억압적인 수단이나 반대로 자유롭고 지나친 방종을 선택한다면 우리는 성숙할 수 없다. 일시적인 기분이나 변덕에 따라 어린이를 대하는 부모가 가져오는 결과를 초래하기 쉽다. 즉, 아이를 망쳐놓는 것이다.

나는 그리스도인이 되어 사는 동안에도 내 자신에 대해 이렇게 뒤죽박죽 모순된 태도를 가지고 살았다. 그러던 중 몇 년 전에 어떤 상담을 한 적이 있는데 그 경험이 나로 하여금 성경에 비추어서 전체적으로 그 문제를 다시 한 번 살펴보도록 해주었다.

어려운 시간을 겪고 있던 젊은 기혼여성과 이야기를 나누었는데 그녀는 자신에 대한 불확실성과 자기의심의 감정을 느끼고 있어서 문제는 더 복잡했다. 그녀는 몇 년 동안 신앙생활을 했지만 자신이 쓸모없고 절망적이라고 느꼈고, 기도모임에서는 문제덩어리고, 남편과 아이들에게도 전혀 도움이 되지 않으며, 하나님도 자신에게 실망하셨을 거라는 생각을 했다. 그 문제에 대한 객관적인 사실을 따지기 전에 이것이 그녀가 자신에 대해 느끼고 있는 그대로였다. 마치 드넓은 광야 속에서 꼼짝달싹 못하고 있는 것처럼 느꼈다. 우리가 같이 대화하고 기도하는 동안 주님이 그녀에 대한 말씀을 내게 주셨다. 그 말씀이 나를 깜짝 놀라게 해서 잠시 동안 나는 내가 말씀을 제대로 받은 것인지 믿을 수가 없었다. 그것은 주님이 정말 그녀를 좋아하신다는 것이다! 물론 나는 주님이 우리를 **사랑하신다**는 것을 알고 있었다. 그러나 주님은 또한 우리를 **좋아하신다**. 나는 전에는 그것을 한 번도 진지하게 생각해 본적이 없었다. 아니 뭐라고? 우리를 **좋아하신다**고? 우리하고 친구가 되는 것이 즐거우시다고? 우리의 취향을 좋아하신다고? 우리의 성격과 기질을 기뻐하신다고? 우리의 모습에도 즐거워하신다고? 그것은 정말 새로운 관점이었다.

   시간이 걸리긴 했지만, 나의 선입관과 편견(이러한 영역에 대한 나의 모습을 적절히 표현했다)을 치워버렸을 때, 나는 성경이 줄곧 말해오고 있었던 바를 분명하게 듣기 시작했다. 더욱 놀라운 것은 아주 흥미로운 치유와 자유의 영역에 눈뜨기 시작했다는 것이었다. 그 이후, 나는 그것이 우리가 물려받을 한 부분이지 덧없는 환상이 아님을 알게 되면서 그것을 충분히 누리며 살기 시작했다. 사실 그것은 모든 하나님의 자녀에게 속한 영광스러운 자유의 한 부분이다.

   그러나 그 속으로 들어가는 방법을 찾기 위해서 우리는 역사의 맨 처음으로 다시 되돌아가야 한다.

창조된 자아

창세기의 초반은 많은 영역에서 진리의 기본이 되지만, 인간의 진정한 본성과 본질을 이해하는 데는 더욱 중요하다. 하나님이 창조하신 인간에 대한 두 가지 사실이 특히 그렇다.

첫째, 사랑하는 존재로 인간을 지었음을 성경은 말하고 있다.
창세기 1장 26절에서 하나님은 "우리의 형상을 따라 우리의 모양대로 우리가 사람을 만들고"라고 말씀하셨다. 우리는 이것을 어떻게 생각해야 하는가? 인간이 하나님의 형상으로 되었다는 것은 여러 가지로 해석 가능한데 나는 다음과 같이 이해한다. 물질적인 창조에 있어서 하나님은 모두가 볼 수 있도록 그분의 능력과 지혜를 나타내셨다.

> 창세로부터 그의 보이지 아니하는 것들 곧 그의 영원하신 능력과 신성이 그가 만드신 만물에 분명히 보여 알려졌나니 그러므로 그들이 핑계하지 못할지니라
> (롬 1:20)

그러나 하나님은 아버지시기 때문에 무엇인가 더 훌륭한 것을 목적하셨다. 주님은 그분의 형상을 따라 그분의 모양대로 사람을 창조함으로써 자신의 본성인 사랑을 창조하신 우주에 펼치려고 하셨다. 다른 말로 하면, 인간은 하나님의 내적 역동성을 닮은 형상으로 지음 받았고 그 내적 역동성은 우리에게 사랑으로 계시되었다(요일 4:8).

그래서 인간은 그 존재의 중심이 사랑으로 지어졌다. 인간은 사랑하는

존재가 되도록 지음 받았다. 이 때문에 우리는 피조물로서 인간의 수준에서도 자신처럼 사랑할 누군가가 없이는 불완전하다는 것을 발견하게 된다. 하나님은 "사람이 혼자 사는 것이 좋지 아니하니 내가 그를 위하여 돕는 배필을 지으리라"(창 2:18)고 말씀하셨다. 그러므로 하와가 아담의 살 중의 살로, 뼈 중의 뼈로 창조되었고, 사랑으로 한 몸이 되어 그들은 함께 인류가 될 수 있었다.

인간의 본성을 창조할 때 하나님의 원래의 계획에 대해서 알고 나면, 오늘날 인간의 모습에 대해서 가장 이해하기 어려운 점은 바로 잔혹성이다. 우리 세대에서 그것을 너무 많이 보아왔다. 우리는 너무 강퍅해져서 잔인함이 극도로 널리 퍼져있는 것을 자칫 간과하기 쉽다. 인간이 저지르는 모든 형태의 죄의 이면에는 잔인함이 있다.

어떤 때는 겉으로 드러나고 어떤 때는 숨어 있다. 어떤 때는 물리적이고 어떤 때는 심리적이다. 정신과 의사도 인정하는 바와 같이 잔인함은 포르노와 같이 만연하고 있는 사회악 뒤에 있는 추진력이다. 포르노라면 거기에는 반드시 희생자가 있기 마련이다. 그러므로 희생자를 없애려면 포르노가 없어져야 한다.

우리는 직관적으로 인간이 그와 같으면 안 된다는 것을 알기에 매번 잔인함을 보거나 경험할 때마다 충격을 받는 것이다. 우리는 잔인함을 '인간다움'이라고 부르지 않는다. '몰인정'이라고 부른다. 인간은 우리도 익히 알듯이 '사랑하도록' 지음 받았다. 인간은 적어도 이 점에 대해서 자신에게 진실하려고 노력할 때에만 올바른 인간이다.

둘째로, 창세기는 인간이 자아를 갖도록 창조되었다는 것을 분명히 하고 있다.

창세기 2:7절은 "여호와 하나님이 땅의 흙으로 사람을 지으시고 생기를 그 코에 불어넣으시니 사람이 생령이 되니라"고 말씀한다. 다시 말하면, 인간은 자아를 갖는 것이다. 왜냐하면 그렇게 창조되었기 때문이다. 그것이 인간의 존재에 의도하신 하나님의 방법이다. 우리가 이 사실을 중대하게 다루어야 하는 것은 하나님이 자아를 만드셨다면 하나님이 그것을 없애거나 지워버리지 않으실 것이란 사실이 필연적으로 뒤따라오기 때문이다. 주님은 자아를 구속하고 새롭게 하실 것이지만 그것을 없애버리지 않으실 것이다.

그러나 자주 우리는 자아를 버리는 것이 하나님의 목적이라는 암시를 주는(어떤 때는 분명한) 설교나 가르침을 듣는다. 예를 들어, 성화되는 과정에서 성령님은 인간의 자아를 뽑아내고 그것을 그리스도로 대체하는 것이라고 한다. 비록 걸어 다니거나 이런저런 몸짓을 하며 사는 것은 사람이라 할지라도 이상적이 되기 위해서는 자아는 사라지고 그 자리에 그리스도로 대신해야 한다고 가르친다. 만약 그렇다면, 진정으로 성화된 그리스도인이라는 것은 마치 모든 개성과 정체성이 없어지고 그리스도만이 나타나는 일종의 영적인 유령과도 같이 이상하게 보일 것이다.

그런 가르침이 어디가 잘못되었는지 몰랐을 때도 나는 그것이 사실과는 좀 맞지 않는다는 것을 느꼈다. 그러한 설교가 전해 준 메시지는 실제로는 정반대의 결과를 낳게 되었고 그것은 나를 당황하게 했다. 예를 들어 내가 알고 있던 가장 영적인 그리스도인들은 가장 인간다운 사람들이었다. 그들은 틀림없이 진짜 사람들이었다. 그들에게 단지 공통점이 있다면 그들이 서로서로 아주 다르다는 것이다!

나는 지금은 이러한 개성이 사실은 하나님이 정한 것임을 이해한다. 창조주는 우리 각자를 '하나만 만들고 더 이상 똑같지 않은' 존재가 되도록, 똑같은 것이 두 개가 되지 않도록 모든 노력을 기울이셨다. 나는 이제 사람들을 강제로 같은 틀로 몰아넣으려는 훈련, 가르침, 경배 방법은 어떤 종류든 간에 회의적이다.

하나님은 열 명을 한꺼번에 묶어서 똑같이 생각하고, 똑같이 기도하고, 똑같이 믿고, 똑같이 경배하는 그리스도인이 되도록 하시지 않는다. 그것은 대량 생산을 하는 인간의 방법이지 하나님의 창조 방법은 아니다.

내가 신약에서 배운 하나님의 목적은 바울이 말한 것처럼 "하나님의 각종 지혜"(엡 3:10)인데 하나님이 창조하신 우주가 무한히 다양하면서도 완전한 조화를 이루도록 하는 것이다. 하나님이 목적하신 이 영광스러운 조화를 위해서는 각자의 개성이 조화를 이루는 중에도 우리의 개성이 충분히 표현되어야 한다.

창조의 목적

성경이 주는 근본적인 계시의 하나는 영원부터 삼위일체의 하나님은 아버지, 아들, 성령의 관계 안에서 존재해 오셨다는 것인데, 그 사실은 거룩하신 존재의 무한한 충만함을 완전하게 표현한다. 요한은 특별히 제한된 인간의 언어로 이것을 표현하고자 심혈을 기울였다.

그는 하나님이라는 존재의 환상적인 부요함을 일종의 입체적인 효과로 전하기 위해 세 개의 뜻이 매우 풍부한 단어를 사용한다. 그 세 개의 단어는 요한복음 17장에서 발견할 수 있다.

첫 번째는 **영생**이다. "영생은 곧 유일하신 참 하나님과 그가 보내신 자 예수 그리스도를 아는 것이니이다"(요 17:3).

두 번째는 **영광**이다. "아버지여 창세 전에 내가 아버지와 함께 가졌던 영화로써 지금도 아버지와 함께 나를 영화롭게 하옵소서"(요 17:5)

세 번째는 **사랑**이다. "아버지여 내게 주신 자도 나 있는 곳에 나와 함께 있어 아버지께서 창세 전부터 나를 사랑하시므로 내게 주신 나의 영광을 그들로 보게 하시기를 원하옵나이다"(요 17:24)

하나님의 형상으로 창조된 사람은 이러한 역동성을 닮을 뿐 아니라 하나님이 갖고 계신 영생과 사랑과 영광을 **함께하는 사람이 되어야** 했다. 이것은 처음부터 하나님의 마음에 있었다.

곧 창세 전에 그리스도 안에서 우리를 택하사 우리로 사랑 안에서 그 앞에 거룩하고 흠이 없게 하시려고 그 기쁘신 뜻대로 우리를 예정하사 예수 그리스도로 말미암아 자기의 아들들이 되게 하셨으니 이는 그가 사랑하시는 자 안에서 우리에게 거저 주시는 바 그의 은혜의 영광을 찬송하게 하려는 것이라(엡 1:4-6)

이것이 바로 창조물인 인간이 가졌던 참된 영광이었다. "그를 하나님보다 조금 못하게 하시고 영화와 존귀로 관을 씌우셨나이다"(시 8:5). 그러나 인간이 어떻게 이런 영광을 나누어 갖게 되었는가? 대답은 인간 존재의 가장 중심 안에 하나님이 **사랑**이라는 위대한 역동성을 놓아두셨기 때문이다. 이 사랑은 하나님께 쏟아 붓도록 계획되었다. 하나님이 다시 그분의 사랑과 영생과 영광을 인간과 나눌 수 있도록 말이다.

내가 하나님에 대해서 발견한 가장 놀라운 것 중 하나는 하나님이 하시는 모든 것과 하나님이 명하시는 모든 것은 항상 하나님에게 유익이 되기보다는 결국에는 인간에게 유익이 된다는 것이다. 하나님이 자주 우리에게 명령하시는 이유는, 하나님이 얻기 위해서라고 생각하는데 그것이 아니라 항상 우리에게 **주기** 위해서다.

이스라엘아 네 하나님 여호와께서 네게 요구하시는 것이 무엇이냐 곧 네 하나님 여호와를 경외하여 그의 모든 도를 행하고 그를 사랑하며 마음을 다하고 뜻을 다하여 네 하나님 여호와를 섬기고 내가 오늘 **네 행복**을 위하여 네게 명하는 여호와의 명령과 규례를 지킬 것이 아니냐(신 10:12-13)

하나님의 명령은 **우리의** 유익을 위한 것이다. 주님이 우리에게 그분을 사랑하라고 명하실 때는 주님의 유익을 위한 것이 아니라 우리의 유익을 위한 것이다. 하나님에게 우리의 사랑이 필요한 것이 아니라, 우리에게 하나님을 사랑하고 하나님의 사랑을 받는 것이 필요하기 때문이다. 우리의 온전한 건강과 행복은 사랑에 대한 우리의 필요가 만족되었는가에 달려 있다. 만약 우리가 그렇지 못한다면 우리는 틀림없이 영적으로, 정신적으로, 정서적으로, 육체적으로 고통당할 것이다.

목적 지향적 메커니즘의 존재

하나님이 인간을 창조하신 목적은 주님의 본성인 사랑을 인간과 나누려는 것이다. 그것이 항상 아버지께서 말씀하신 의도였다.

하나님이 미리 아신 자들을 또한 그 아들의 형상을 본받게 하기 위하여 미리 정하셨으니 이는 그로 많은 형제 중에서 맏아들이 되게 하려 하심이니라(롬 8:29)

어떻게 이 일이 이루어졌는가? 하나님은 인간 본성을 구성하실 때 이것이 이루어질 수 있는 능력을 창조해두셨다. 하나님은 자아를 창조하셨다. 자아는 목적지향적인 기제다. 인간의 본성 속에서 자아가 초점을 맞추는 것은 어떤 것이든지 그것이 다시 만들어진다. 자아는 그렇게 지음받았다.

자아가 어떤 것에 고정하면 그것이 무엇이든 우리 내면에서 재생산된다. 자아는 의식적 그리고 무의식적으로, 깨어있든지 잠자든지, 우리 내면에 그것을 집중하는 것을 다시 만들어 내기 위해 기능한다. 하나님은 아담 내면의 자아가 생명나무를 지향하도록 창조하셔서 인간 속에 예수님의 형상을 만들어 내도록 의도하셨다. 다시 말해서 말씀이 아담과 하와 안에서 육신이 되도록 하셨다.

15장
타락한 자아

에덴동산에서는 실제로 어떤 일이 일어났는가?

우리는 이미 어떤 급격한 변화가 인간에게 일어났다는 것을 감지할 수 있다. 창조의 본래 목적을 위해 인간의 본성 속에 자리 잡은 깊고 강력한 원동력은 무엇인가에 의해 파괴적으로 기능하도록 되었다. 인간은 마치 뒤집어졌는데도 모터가 여전히 돌아가고 바퀴도 돌아가고 피스톤도 계속 펌프질하고 손잡이도 계속 움직이고 있는 기계와 같다. 그것은 아무 소용도 없고, 아무것도 할 수 없고 그 자체가 위험이며 그 주변의 모든 것에도 위험이 된다. 창세기 3장으로 돌아가서 하나님의 형상과 모양으로 지음 받은 인간에게 실제로 어떤 일이 일어났는가를 살펴보도록 하자.

타락에 대한 성경의 기록에서 우리는 놀라운 것을 발견한다. 우주에서 가장 자기중심적인 존재인 사탄이 하와에게 와서 하나님이 이기적이라고 참소한다. 그는 '하나님은 너에게서 얻어 낼 수 있는 모든 것을 원하신다. 하지만 하나님이 과연 선악과를 너와 같이 나누실까? 안 그러실 걸'이라고 말한다. "너희가 그것을 먹는 날에는 너희 눈이 밝아져 **하나님과 같이 되어** 선악을 알 줄 하나님이 아심이니라"(창 3:5) 하와 앞에 놓인 그 환상적인 가능성은 결국 이 말이다. '왜 인정해 주지도 않는 하나님께 너의 사랑을 낭비하느냐? 금지된 열매를 따먹어라. **그러면 네 자신이 하나님이 될 수 있다.** 그러면 네 본성 속에 있는 사랑이라는 위대한 자원이 모

두 너 자신만을 위한 것이 될 수 있다.'

우리가 이제까지 배운 대로 우리의 첫 번째 죄가 단지 불순종뿐이라고 생각한다면 우리는 인간의 기본적인 문제를 크게 오해하는 것이다. 불순종이 그 속에 들어오긴 했지만, 첫 번째 죄는 **불의**였지 불순종이 아니었다. '이것은 내 것이다. 동산에 있는 다른 나무는 모두 너희들의 것이지만 이것은 나 혼자만의 것이다'라고 하나님이 말씀하신 것에서 어떤 것을 취했다. 인간은 자신을 위해 가질 수 없는 어떤 것이 있다는 사실을 받아들이려 하지 않았다. 인간은 하나님이 그어놓으신 선을 부당하게 넘었다. 그는 정해진 한계를 넘었다. 자신의 자아를 만족시키기 위해 자신에게 속하지 않은 것을 범했다.

어린아이들에게서도 똑같은 일을 볼 수 있다. 아이들이 배우기 가장 힘든 교훈은 순종이 아니라 정당성이다. 예를 들면, '너는 그것을 가질 수 없어. 네 것이 아니야' 또는 '너는 좋아하는 것을 너 혼자 다 가질 수 없어. 다른 아이들도 가져야지' 같은 것이다.

선악과는 음식, 즐거움, 지혜라는 훌륭한 가능성을 제공하는 것처럼 보였다. 이러한 것은 생명의 필요, 사랑의 필요, 지혜의 필요라는 인간 내면에 하나님이 창조하신 진정한 필요와 일치한다. 그러나 속임은 그런 것들이 선악과에는 결코 있지 않다는 사실에 있었다. 그것은 그리스도이신 생명나무에서만 얻을 수 있지 다른 것에서는 얻을 수 없다.

그 안에 생명이 있었으니 이 생명은 사람들의 빛이라(요 1:4)

그리스도께서 너희를 사랑하신 것 같이 너희도 사랑 가운데서 행하라 그는 우리

를 위하여 자신을 버리사 향기로운 제물과 희생제물로 하나님께 드리셨느니라
(엡 5:2)

그 안에는 지혜와 지식의 모든 보화가 감추어져 있느니라(골 2:3)

생명나무의 열매를 먹는다는 것은 사람이 마음과 정성과 뜻과 힘을 다해 하나님을 사랑해야 한다는 것을 의미했다. 사랑을 하나님께 드리느냐 아니면 자신에게 쏟는가 하는 선택의 시험에서 인간은 실패했다.

타락의 영향

타락은 인간 본성의 내적인 구성 요소와 그 결과로 인하여 외적인 모든 관계에도 급격하게 영향을 미쳤다. 〈그림16〉을 보면 알 수 있다.

첫째, 사랑을 인간의 자아 개인에 깊이 쏟게 되었다. 자아를 가진 존재에서 인간은 이기적인 존재가 되었다. 자아를 가진 존재에서 인간은 개인 중심적인 존재가 되었다.

이것은 이미 창세기 3장 6절에 명백하게 나타난다. 열매는 먹기에 (하와에게) 선한 것이었다. (그녀의) 눈에는 즐거움이었다. (그녀를) 지혜롭게 할 만하였다. 하나님에 대한 생각은 조금도 없었다.

둘째, 인간이 지은 죄의 직접적인 결과로, 인간은 하나님과 교제하는 관계를 잃어버렸다. 인간은 생명나무의 접근이 금지된 채 죽음의 상태로 떨어졌다.

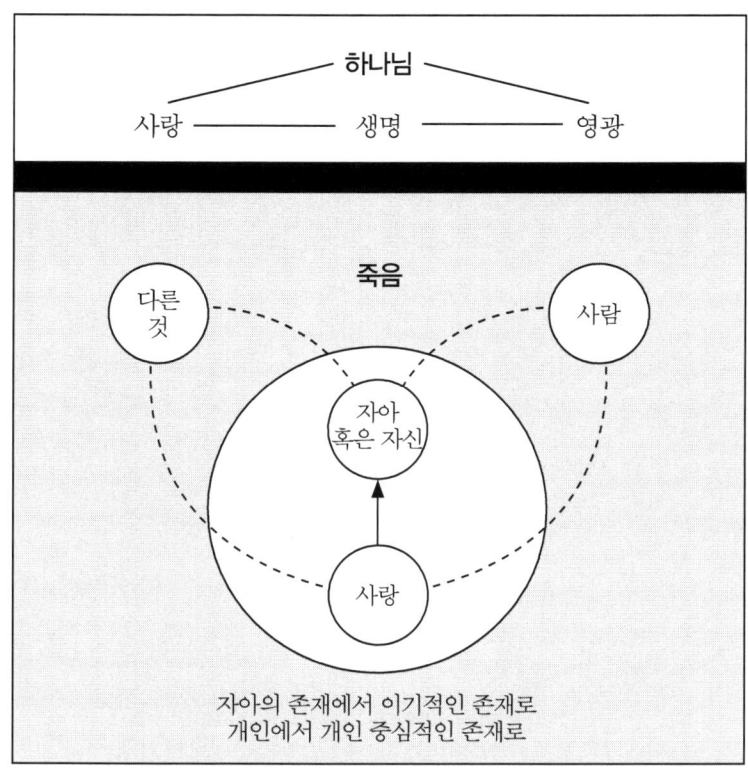

그림16 - 자아의 존재에서 이기적인 존재로

여호와 하나님이 이르시되 보라 이 사람이 선악을 아는 일에 우리 중 하나 같이 되었으니 그가 그의 손을 들어 생명나무 열매도 따먹고 영생할까 하노라 하시고 여호와 하나님이 에덴동산에서 그를 내보내어 그의 근원이 된 땅을 갈게 하시니라 이같이 하나님이 그 사람을 쫓아내시고 에덴동산 동쪽에 그룹들과 두루 도는 불 칼을 두어 생명나무의 길을 지키게 하시니라(창 3:22-24)

이렇게 추방하신 것이 하나님의 자비(긍휼)였다. 인간이 이렇게 사랑을 자기 자신에게 집중한 상태에서 하나님이 그분의 생명과 영광을 인간과 공유하신다면 인간의 자아는 사악할 정도로 잔뜩 교만해질 것이다. 인간은 구원의 가능성도 없는 악마의 화신이 될 수 있었다.

그래서 인간은 죄의 문제가 해결될 때까지 동산에서 쫓겨났다. 인간이 앞으로 생명나무에 접근하는 방법은 다른 나무를 통해서만, 즉 갈보리의 나무를 통해서만 얻을 수 있게 되었다.

셋째, 하나님과의 살아있는 교제로부터 끊어진 인간은 또한 하나님에 대해서 진정으로 알 수 없게 되었다. 인간은 자신의 타락한 생각으로 이해한 하나님을 예배할 수밖에 없었다.

> 하나님을 알되 하나님을 영화롭게도 아니하며 감사하지도 아니하고 오히려 그 생각이 허망하여지며 미련한 마음이 어두워졌나니 스스로 지혜 있다 하나 어리석게 되어 썩어지지 아니하는 하나님의 영광을 썩어질 사람과 새와 짐승과 기어다니는 동물 모양의 우상으로 바꾸었느니라(롬 1:21-23)

하나님의 형상으로 지음 받은 인간이 이제는 인간의 형상으로 신을 만들었다. 인간은 자신의 자아를 투영한 것을 숭배하게 되었다. 인간의 역사는, 인간이 창조한 끔찍한 우상들로 어지럽혀져 있다. 그 신들은 인간의 깨어지고 타락한 상태에서 나온 잔인하고 음란하고 추하고 변태적인 신들이다. 설상가상으로 이런 왜곡된 신들에게 집중하는 인간은 점점 자신 안에 똑같이 왜곡된 것을 만든다는 것이다. 인간은 "허탄한 것을 따라 헛되이"(렘 2:5) 행하였다. 그밖에 어떤 것을 자아가 할 수 있겠는가?

넷째, 자기중심적인 상태에 있는 인간은 하나님을 사랑할 수 없을 뿐 아니라 그는 진정으로 사욕 없이 이타적으로 다른 사람을 사랑할 능력도 잃어버렸다. 우리가 다른 사람을 사랑하므로 그들도 우리를 사랑하고 그럼으로써 우리의 사랑에 대한 필요를 채운다. 사랑을 주고 다시 받지 못하면 우리는 속았다고, 모욕당했다고, 거절당했다고 느낀다. 얼마 안 가서 우리 자신을 투자한 것을 되돌려 받을 수 있는 다른 사람을 찾기 위해 그런 일방적인 관계는 깨버릴 것이다. 인간의 본성을 통찰력 있게 관찰한 모든 사람들은 이렇게 인간이 궁극적으로 자아를 추구하는 모습을 인정한다. C.S.루이스는 그의 저서 중 하나에서 자신의 삶을 다른 사람을 위해 사는 사람들에 관해 이야기한다. 당신은 언제나 그들의 쫓기는 모습을 보고 그들이 '다른 사람'인지 알 수 있다. 어떤 정신과 의사는(그는 그리스도인이 아니다) 최근 이렇게 썼다. "젊은 남자가 젊은 여자에게 '내가 당신을 사랑한다'고 말할 때, 그가 진짜 얘기하고 있는 것은 '나는 당신을 원한다'라는 것이다." 또 어떤 작가는 말하기를 모든 인간의 사랑의 관계는 사실은 세 가지 열망의 표현이라고 했다. "내가 하고 싶은 것을 하게 하라. 내가 원하는 것을 달라. 내가 대단한 사람임을 알라."

다섯째, 목적 지향적 기제로서의 자아는 생명나무로부터 온 진정한 목적에서 끊어졌다. 자아는 아직도 자아가 할 수 있는 유일한 방법으로만 기능한다. 그러면 즉, 목적을 추구하고 인간의 본성에 그것을 다시 만들어 내는 것이다. 자아가 구할 수 있는 목적은 무엇인가? 우리가 다른 사람과의 관계 속에서 경험한 인상, 감정, 반응이다. 어릴 때 처음 얻은 뒤 살면서 더하는 **우리 자신에 대한 개념인 자아상이 여기에서 비롯된다.** 자아상은 여러 가지로 이루어진다.

우리가 어렸을 때 사랑받으며 귀히 여김을 받는다고 느꼈든지 그 반대든지 부모님이 우리를 대하는 방식에서, 학교에서나 친구 관계 등에서 우리가 경험한 성공이나 실패에서, 심지어는 너무 뚱뚱하거나 너무 작거나 너무 크거나 주근깨가 있거나 뻐드렁니가 있거나 하는 우리 모습을 통해서도 자아상을 형성한다.

그러나 우리는 지금 흠 있고 왜곡된 세상에서 흠 있고 왜곡된 인간에 집중하고 있기 때문에 우리의 자아상도 흠 있고 왜곡되었다. 이것은 우리 자신에 대한 정확한 진리가 아니다. 그것은 우리의 모습뿐만 아니라 우리 부모의 문제, 그리고 친구의 문제들도 반영한다. 하지만 오직 우리 자신의 문제로만 보이는 것이다.

자아상의 힘은 우리가 자아상대로 충실하게 살아가려 하며 우리 자신이 그렇게 되기 위해 매우 열심히 노력한다는 것이다. 그러므로 만약 우리의 자아상이 부정적이라면, 실패자라고 느낀다면, 우리가 무가치하다고 생각한다면, 자신을 행실이 나쁜 사람으로 본다면, 그때 자아는 실패하는, 행실이 나쁘게 보이는 그리고 아주 무가치한 어떤 사람을 만들어 내기 위해서 매우 열심히 일한다.

마지막으로 인간이 차지한 자기중심적인 세상은 두려움과 불안, 우울증의 온상이 되었다. 자아를 위협하거나 위험하게 하는 것처럼 보이는 것은 그 어떤 것이라도 두려움과 근심, 분노 혹은 상처를 유발한다. 그 이유가 무엇인가? "너희 보물 있는 곳에는 너희 마음도 있으리라"(눅 12:34).

마찬가지로, 우리는 실패를 받아들이기가 어렵다는 것을 발견한다. 우리는 우리 자신으로부터 완벽함이라는 거룩한 수준을 무의식적으로 요구하고 있다. 우리가 실패할 때 우리는 좌절과 우울함과 극단의 경우에는 완전한 포기에 빠지기 쉽다.

그리스도인의 경우는?

거의 모든 그리스도인들에게 회심이나 새롭게 되는 것 자체가 자아에 대한 이기적 사랑의 문제를 해결하는 것이 아님을 분명하게 말해 둘 필요가 있다. 이것은 우리가 증명할 필요도 없는 공통의 경험이다. 그러나 우리는 해답을 찾기 위해 그것이 왜 그런지를 살펴보아야 한다.

거듭나지 않은 사람에게는 첫째로 성령님이 그의 양심 안에 죄를 조명하여 주심으로 그의 내적인 궁핍에 대해 깨달을 수 있게 된다. 양심은 우리들의 행동을 판단해주는 인간이 갖고 있는 영의 기능이지만 양심은 잘못된 동기보다 잘못된 행동에 더욱 민감하게 반응한다. 거듭나기 전에 양심은 우리가 저지른 죄에 대해서 죄책감을 느끼게 하는데 우리가 회개하고 믿음으로 그리스도께 의지하면 우리는 죄에 대한 용서를 경험한다.

그러나 진짜 문제는 의식적인 생각의 저변에서 일어나는 자아에 대한 뿌리 깊은 사랑이다. 이것은 원칙적으로 우리의 **동기**에 영향을 미친다. 다시 말하면 우리는 종종 옳은 것을 한다고 하지만 잘못된 동기, 즉 자기 본위로 행동한다. 우리의 양심은 처음에는 이러한 행동에 대해 매우 민감하지 못하다.

게다가 인간의 생각은 양심이 문제를 발견하고 우리 자신을 고통스러울 정도로 철저하게 고찰하는 것을 막기 위한 갖가지 무의식적인 심리적인 방어 기제를 갖고 있다.

그러면 여기서 이러한 자아의 갑옷에 관한 몇 가지를 살펴보겠다.

자아의 갑옷의 형태 첫 번째는 **합리화**다. 즉, 우리가 이미 하기로 결정한 일에 대해서 그럴싸한 거짓 이유를 만들어 내는 것이다. 총독 빌라도는 예수님의 피에 대해 무죄하다는 것을 보이기 위해 그의 손을 씻음으로 자신에 대해 합리화했다. 사실 그는 비겁하게도 굴복했던 것이다. "이 사람을 놓으면 가이사의 충신이 아니니이다"(요 19:12).

객관화는 또 다른 방어 기술이다. 다른 사람들에게서 우리가 갖고 있는 바로 그 문제들을 보면서 정작 문제를 직면하지 못하는 것이다. 비판의 영을 가진 사람은 언제나 다른 사람들이 비판하는 것을 보면서 불평할 것이며, 사랑이 없는 사람들은 다른 사람들에게서 사랑이 부족한 것만 보게 되는 것이다. 이것이 바로 티끌과 들보 비유의 요점이다. 자신의 눈에 있는 들보는 깨닫지 못하면서 다른 사람들의 눈에 있는 조그만 티끌은 잘 발견하는 것이다.

세 번째는 **억압**이다. 이것은 가장 위험한 방법이다. 직면하기 싫은 불쾌한 생각들을 아주 깊숙한 곳에 묻어버려서 나중엔 진짜로 그것들이 그곳에 있는지도 잊어버린다.

이 백성들의 마음이 완악하여져서 그 귀는 듣기에 둔하고 눈은 감았으니 이는 눈으로 보고 귀로 듣고 마음으로 깨달아 돌이켜 내게 고침을 받을까 두려워함이라 하였느니라(마 13:15)

하지만 묻어둔 것이든 억압한 것이든 여전히 살아있고 활동한다. 의식적으로 망각한 것은 여전히 우리 안에 쓴 뿌리로 남아 있게 된다.

그렇지만 하나님은 우리의 행위뿐만 아니라 우리의 동기에도 깊은 관심을 갖고 계시다. 마음이 청결한 사람은 하나님을 보게 되는 것이다.

바리새인과 서기관의 의보다 하나님 나라의 의는 바로 의도와 동기의 의다. 그러므로 우리가 중생한 **후에**, 진정으로 하나님의 자녀가 된 **후에** 갖는 공통의 경험은 성령님이 우리의 감추어진 동기를 다루기 위해서 우리 성품의 깊숙한 곳을 면밀하게 조사하기 시작하는 것이다. 그 결과 죄보다 더욱 무서운 무엇인가가 존재한다는 것을 깨닫게 된다. 로마서 7장에 나타난 사도 바울의 괴로워하는 심정을 들어보자.

내 속 곧 내 육신에 선한 것이 거하지 아니하는 줄을 아노니…곧 선을 행하기 원하는 나에게 악이 함께 있는 것이로다…내 지체 속에 있는 죄의 법…오호라 나는 곤고한 사람이로다 이 사망의 몸에서 누가 나를 건져내랴(롬 7:18,21,23,24)

여기 해답이 있다. 할렐루야! 그러나 먼저 우리는 성령님이 우리의 필요를 조명하시도록 우리 자신을 드려야 한다. 그분만이 자아의 방어벽을 꿰뚫으실 수 있는데 그것은 성령님만이 우리의 의식과 무의식의 모든 사고(생각)에 접근하실 수 있기 때문이다.

이렇게 문제의 뿌리가 인간의 성품 안에 깊이 자리하고 있기 때문에 우리의 의식적인 사고로는 그것을 다룰 수가 없다. 그렇기 때문에 설교자가 교인들에게 이타적인 사람이 되라고 열심히 타이르지만 계속해서 그 일이 어떻게 이루어지는가를 보여주지 않는다면 아무런 효과를 가져 오지 못하게 되고 마는 것이다. 설교로부터 가해지는 무거운 압력은 사람들에게 죄책감을 느끼게 하고 이타적인 일을 하려고 시도하게 할 수 있을 것이다. 실제로 교인들은 이타적으로 보이는 행동을 할 수도 있다. 그러나 여전히 그들에게는 왜 자신들이 그렇게 하도록 선택해야 하는가에 대한 문제를 남겨둘 수 있다.

진실로 비이기적이고 이타적인 마음에서인가 아니면 죄책감을 피하기 위해서인가? 이타적인 사랑에서인가, 아니면 그리스도인이라면 따라야 한다는 어떤 개념에 순응하기 위한 것인가? 비이기적인 행위에 대한 수많은 동기들이 그 자체가 사실 근본적으로는 이기적일 수 있다.

열심 있는 그리스도인은 이러한 깨달음 때문에 자신의 동기의 순수성에 대해 의심을 가짐으로써 무력하게 될 수도 있다. 즉, 나는 정말 그리스도와 그의 이름을 인하여 봉사하는가 아니면 내 안위와 내 자신을 위해서인가? 나는 정말 하나님을 사랑하는가? 아니면 하나님이 내게 자비를 베풀기 원하시므로 그분을 사랑한다고 말하는가? 우리는 자아 성찰과 자기참소의 고통을 겪기도 한다. 여기 놀라운 사실을 알려주겠다.

하나님은 우리가 진정으로 하나님을 기쁘게 해드리고 싶은 열망에서인지, 아니면 자기추구가 숨어 있는 것은 아닌지 우리의 동기에 대해서 확실할 것을 원하신다. 다음 장에서 여기에서 해방되기 위한 방법을 알아보자.

16장
자아의 해방

타락으로 인해 들어온 자기중심주의가 얼마나 깊게 자리 잡아 우리를 묶고 있는지, 그리고 인간이 여러 세대에 걸쳐 이기적인 선택을 계속 함으로써 어떻게 자기중심주의가 점점 강해져 왔는가를 살펴보았다. 만약 해답이 없다면, 그것은 분명히 똑같이 과격해야 한다. 그것은 결국 파괴적인 해결책이 되었다.

> 이에 예수께서 제자들에게 이르시되 누구든지 나를 따라오려거든 자기를 부인하고 자기 십자가를 지고 나를 따를 것이니라 누구든지 제 목숨을 구원하고자 하면 잃을 것이요 누구든지 나를 위하여 제 목숨을 잃으면 찾으리라(마 16:24-25)

예수님은 자기중심주의 혹은 이기주의에 대한 해답은 십자가임을 명백하게 말씀하셨다.

십자가는 위협인가, 구원인가?

내가 젊었을 때, 그리스도인의 삶에 적용하는 십자가에 대한 메시지를 '도전을 주는 연설'이라고 불렀다. 그 메시지는 듣기에 마음이 아주 불편했으며 들은 후에는 가능한 빨리 잊어버린다는 것을 뜻했다. 어쨌든 우리는 십자가가 매우 위협적인 주제임을 깨닫는다. 예수님의 십자가? 그렇다. 그것은 훌륭하다. 그리고 우리는 주님께서 그 일을 겪어내신 것에 감사한다. 그러나 우리의 십자가는? 그것은 전혀 별개의 문제다!

마태복음 16장에서 예수님이 제자들에게 예루살렘에 올라가는 목적이 십자가에 못 박히기 위한 것임을 보여주시기 시작했을 때 베드로는 똑같은 반응을 보였다. 그는 주인으로서의 주님은 제쳐두고 예수님을 비난하기 시작했다. 나는 베드로가 아마 이런 말을 했을 것으로 생각한다. '그들이 주권자이신 당신을 십자가에 못 박는다면 그것은 나쁜 일입니다. 그리고 그들은 주님의 제자들도 필경 못 박을 텐데 거기엔 나도 포함되는 것 아닙니까?'

우리 속에 있는 무엇인가를 위협하는 것이 십자가에 있다. **그러면 십자가는 무엇을 위협하는가?** 나 자신? 아니면 이기심? 이것은 꼭 이해해야 할 매우 결정적인 문제다. 문제가 되는 것은 자아 그 자체가 아니라 이기주의다. 자아에 문제가 있는 것이 아니라 우리가 완전히 잘못된 방법으로 자아를 대하는 것이 문제다. 사랑을 표현하는 **수단**이었던 자아가 사랑의 **목적 혹은 대상**이 되었다.

처음에 하나님이 의도하신대로 목적에 대한 수단으로써 우리가 자유롭게 자아를 사랑하기 위해서 다루어야 할 것은 바로 이런 자아 자체를 목적이나 대상으로 한 사랑의 집착이다. 그리고 그 목적은 우리의 마음과 정성과 뜻과 힘을 다해 우리 주 하나님을 사랑하며 우리 이웃을 내 몸같이 사랑하는 것이다.

그러나 예수님은 또한 십자가와 같은 철저한 방법만이 자아에 대한 사랑의 집착을 깰 수 있음을 분명히 하셨다. 예수님이 사용하신 언어는 매우 강하다. '부정하다'는 것은 문자적으로는 '완전히 버리는 것'을 뜻한다.

문제가 되는 그 원리를 이해하기 위해서 창세기 22장에 있는 아브라함의 이야기로 가 보자. 하나님이 노년의 아브라함에게 어떻게 아들, 즉 약속의 자손인 이삭을 주셨는지 기억해 보라. 어느 날 하나님이 아브라함에게 말씀하셨다.

여호와께서 이르시되 네 아들 네 사랑하는 독자 이삭을 데리고 모리아 땅으로 가서 내가 네게 일러 준 한 산 거기서 그를 번제로 드리라(창 22:2)

하나님은 무엇을 하시려는 것인가? 당신도 알다시피 이삭은 약속의 자손이 아니다. 바울이 갈라디아서 3장에서 얘기하고 있듯이 약속의 자손은 그리스도이시기 때문에 이삭은 그 약속의 자손이 오도록 하기 위한 통로였다. 다른 말로 하면 이삭은 수단이지 목적이 아니었다. 하나님은 믿음의 사람으로서 아브라함을 다루고 계신다. 하나님은 하나님의 관점에서 아브라함이 이삭을 목적에 대한 수단으로서가 아니라 맹목적으로 사랑하는 것을 막으셔야 했다.

아브라함이 그 문제와 어떻게 싸웠는가를 히브리서 11장이 우리에게 들려준다. 아브라함은 이삭을 죽이고 그의 시체를 태우려고 했다. 그러나 언약이 이삭을 통하여 이루어질 것이었기 때문에 하나님은 이삭부터 살려내시려 했을 것이다. 우리는 실제로 어떤 일이 일어났는가를 알고 있다. 아브라함이 이삭을 죽이려고 칼을 드는 시점까지 이르렀을 때 잠재한 그의 애착의 문제들이 깨졌다. 그는 자유로워졌다. 그는 이삭을 '죽음으로부터' 되돌려 받았고 그는 죽는 날까지 이삭을 볼 수 있는 즐거움을 누렸다.

이것이 또한 우리를 향한 하나님의 목적이다. 자아를 목적으로 삼아 사랑을 자아에 고정하는 것으로부터 우리를 자유롭게 하여 우리가 그러한 위험에 빠지지 않고 하나님의 목적을 이룰 수 있는 방법으로서 우리 자신을 자유롭게 사랑할 수 있도록 하는 것 말이다.

어떤 십자가?

그러면 질문이 생긴다. 어떤 십자가가 나를 자유롭게 하기 위하여 내 삶 속에 있는 철저한 이기주의를 다룰 수 있단 말인가? 만약 당신이 어떤 사람들과 그들의 삶 속에 있는 십자가에 관해 이야기한다면, "30분만 기다려요. 그러면 내가 당신에게 내 십자가를 소개해 줄 테니까. 지금 퇴근을 하고 있는 중이거든요."라는 말을 하기가 쉽다. 십자가는 그들을 짜증나게 하거나 좌절하게 하는 것이다. 또 어떤 사람들에게는 십자가가 그들의 마음에 안 맞는 직장을 꾹 참으며 다니는 것이다. 때로는 이렇게 인내하는 것이 자신을 성화해 줄 것이라고 생각하면서 말이다. 어떤 사람들은 자신의 질병을, 또는 가족을 잃은 슬픔, 돈이 없음, 힘든 상황들을 십자가로 생각하기도 한다.

만약 당신이 이러한 십자가들이 당신을 자아로부터 자유롭게 하거나 덜 자기중심적으로 만들어 줄 것이라고 희망한다면 미안하지만 그 중 어떤 것도 그렇게 해주지 않는다. 그 중 단 한 가지도. 고통과 질병은 우리가 이제까지 믿어온 바와는 정반대로 우리를 전보다 더 자기중심적으로 만들 수 있다.

고통 중에서 자비를 구하는 사람의 기도인 시편 102편을 예로 들어보

자. 처음 열한 구절에서 그는 한 구절에 평균 두 번씩 스물여덟 번이나 '나', '나를' 또는 '나의'라는 일인칭 대명사를 사용한다. 그의 관심의 중심이 어디에 있는가? 그 자신이다.

"내 영혼아 여호와를 송축하라…그의 거룩한 이름을 송축하라…그 모든 은택을 잊지 말지어다"라고 주님의 자비를 찬양하는 시편 103편의 시작을 이것과 대조해 보라.

우리는 우리 자신을 십자가에 못 박을 수 없다. 우리는 우리 자신을 십자가 위에 걸어놓을 수도 없다. 어떤 이들은 자신을 십자가에 못 박으려고 무척 노력한다. 더욱이 우리가 자신을 십자가에 가까스로 못 박는다면 우리는 순교자와 같은 자신에게 성을 쌓고는 나머지 생애 동안 그곳을 예배하며 살기 때문에 결과는 더 비참해질 것이다! 어떤 부모들은 자녀들의 미래를 위해 희생하고는 계속적으로 자녀들에게 자신들이 무엇을 포기했는가를 상기시키면서 모든 가족의 관계를 파괴한다.

우리를 우리 자신으로부터 자유롭게 해주고 그렇게 함으로써 자아를 자유롭게 해주는 것은 오직 예수님의 십자가 하나뿐이다.

동산에서

인간의 이기주의의 문제는 에덴동산에서 시작됐다. 그리고 그에 대한 해답은 다른 동산, 겟세마네 동산에서 찾았다.

나는 예수님이 겟세마네에 가셨을 때 경험하신 것에 대해 궁금한 면이 있었다. 주님은 심히 슬퍼하시며 고민하여 거의 죽게 되셨다. 마가는 우리에게 주님의 상태를 "심히 놀라시며"(막 14:33)라고 말한다. 나는 무엇이 예수님을 겟세마네 동산에서 그렇게 놀라게 했는지 궁금했다. 틀림없이 십자가는 아니었다. 주님은 언제나 그 일에 대해서 알고 계셨다. 주님은 종종 제자들에게 그 일에 관하여 말씀하시려 했다. 주님의 모든 삶은 주님이 하늘로 올라가시는 시간을 향해, 아버지께로 가는 시간을 향해 나아가고 있었다.

그런데 이상한 기도가 있다. "나의 원대로 마시옵고 아버지의 원대로 하옵소서"(막 14:36). 한두 번이 아니라 세 번이나 기도하셨고, 그토록 심한 정신적 도덕적 고뇌 속에서 주님의 땀은 핏방울같이 되었다. 어떤 싸움이었을까? 예수님은 지금까지 언제나 아버지의 뜻을 행하는 주님의 능력에 자신이 있으셨다. 예수님은 언제나 내 아버지의 기뻐하시는 것을 행한다고 말씀하셨다. 그러나 적어도 지금은 아버지의 뜻에 순복하는 데 대해 예기치 않은 큰 싸움이 있다.

우리는 지금 완전히 우리의 이해능력 밖에 있는 영원한 것들의 영역 안에 있다. 그러나 나는 우리가 이해하도록 노력해야 할 필요가 있는 극히 중요한 어떤 것이 있다고 믿으며, 그것은 우리가 경험하는 모든 것 가운데서 가장 근본적인 것이기 때문에 그것을 이해하려는 우리의 노력은 충분한 보상을 받을 것이라고 생각한다.

우리는 예수님이 성육신하셨을 때, 즉 말씀이 육신이 되셨을 때, 인간이신 예수님이 아버지와 성령님과의 관계 안에서 살기 시작하셨고, 주님은 하나님의 사랑과 영광과 생명을 경험하셨다는 사실을 이미 언급했다. 예수님이 인간성 안에서 행하신 모든 것은 성령으로 충만한 한 인간으로서 행하셨다는 것을 살펴보았다. 주님이 하나님에 대해 알고 계신 것은 모두 성령께서 계시해주심으로 아신 것이다. 주님은 우리에게 무엇인가를 보여 주시기 위해서가 아니라 우리와 함께 나누기 위해서 행하셨다.

그러므로 주님이 십자가에 매달리셨을 때, 주님의 개인적인 인성이 이제는 인류 공동의 인성이 되었다. 그것은 주님을 믿는 모든 사람에게 동일하다. 주님은 "내가 땅에서 들리면 모든 사람을 내게로 이끌겠노라"(요 12:32)고 말씀하셨다.

요한복음 13장 8절에서 예수님이 말씀하신 것의 의미를 기억하라. "내가 너를 씻어 주지 아니하면 **네가 나와 상관이 없느니라**." 그것은 주님과 우리가 연합되었기 때문이며 그러므로 주님의 죽음은 곧 우리의 죽음이 된다. 우리는 주님의 부활을 함께 나누며 주님의 능력에 참여한다.

그러나 이러한 연합은 예수님에게도 또한 중요하다. 우리의 구속자가 되신 예수님은 십자가 위에서 우리의 죄뿐만 아니라 우리의 죄성을 떠맡으셨다.

하나님이 죄를 알지도 못하신 이를 우리를 대신하여 죄로 삼으신 것은 우리로 하여금 그 안에서 하나님의 의가 되게 하려 하심이라(고후 5:21)

에덴동산에서 인간은 선악과를 따먹었고 생명나무에는 이제 접근할 수 없게 되었다. 겟세마네 동산에서는 하나님의 죄 없는 아들임과 동시에 인자인 이가 다시 한 번 인간에게 생명나무에게 접근할 길을 주기 위해서 죽음나무의 열매를 경험했다.

그것이 의미하는 바가 무엇인가? 예수님이 죄를 지으셨다는 말이 아니다. 동산에서 예수님은 자신이 해방하러 오신 인간 본성의 철저한 이기주의를 자신도 경험적으로 깨달으신 것이다.

이것에 주님이 심히 놀라셨던 것이다. 주님은 주님이 구원하러 오신 인간 안에 있는 반역적인 자기중심주의가 얼마나 깊게 인간을 묶고 있는지 발견하셨기 때문에 놀라셨고 고민하셨다. 그 이기주의가 불의 가운데 태어나서 노예처럼 그것에 복종하며 완고하고 마음이 강퍅한 세대들에 의해 조장되면서 인간의 본성을 머리끝부터 발끝까지 휘젓고 다니며 인간이 하는 모든 것에 영향을 미치고 있었다.

예수님이 겟세마네 동산에서 씨름하셨던 것은 반역한 인간의 철저한 이기적 의지 바로 그것이었다. 그것은 하나님의 뜻에 순종하려고 주님이 굽히셨던 바로 그 의지였다. 이해를 뛰어넘는 싸움이었다. 우리가 아는 것은 그 싸움이 끝나기까지 예수님은 고뇌와 피 같은 땀방울의 대가를 치르셨다는 것과 천사들이 주님을 수종들었다는 것이 전부다. 그러나 주님은 해내셨다. 그 이름을 찬양하라! 주님 안에서 주님 혼자서 우리를 위해 주님은 해내셨다! 주님은 인간의 본성 속에 깊게 자리 잡고 있는 자기중심주의를 깨뜨리셨고 마침내 아버지의 뜻을 선택하심으로 우리를 철저한 이기주의로부터 자유롭게 하셨다.

예수님은 인간으로서 십자가를 지셔야 했음을 명백히 알고 계셨다. 주님의 신성 측면에서 보면 주님은 완전무결했으며 변함이 없으셨다. 만약 갈보리에서 주님의 인성이 깨어졌다 해도, 하나님 안에 있는 것은 어떤 것도 **변하지 않았을 것**이다. 하나님 안에 있는 것은 어떤 것도 변할 수 없다. 영원한 말씀(logos)이 하늘의 아버지 오른편 자리로 되돌아가셨을 것이고 우리는 영원히 구원받지 못하고 잃어버린바 되었을 것이다.

예수님은 우리를 얻기 위해서 인간으로서 **갈보리**를 겪으셔야 했다. 주님이 겟세마네 동산의 싸움에서 되돌아와 제자들이 자고 있는 것을 보셨을 때가 주님이 가장 심한 유혹을 받으신 시점이었을 것이다. 나는 사탄이 그때 주님께 '너는 해내지 못할 거야. 너도 그들과 같은 똑같은 인성으로 지음 받았어. 자, 봐! 그들은 너를 위해 깨어있지도 못하잖아'라고 말했을 것으로 생각한다. 그러나 하나님을 송축하라! 주님은 해내셨다. 주님은 인간으로서 해내셨다. 그래서 **우리**도 승리했다. 주님이 부활하셨기 때문에 우리 또한 부활한다.

십자가의 역사와 성령의 역사

우리는 반복해서 인간 본성이 가지고 있는 모든 문제에 대한 하나님의 해답이 두 가지의 떼어놓을 수 없는 거룩한 능력에 있다는 것을 깨닫고 있다. 바로 십자가를 통한 역사와 성령의 역사다. 이 두 영광스러운 예비하심이 어떻게 우리의 현재의 필요를 채우는지 살펴보자.

십자가는 인간의 사랑이 자아에게 고정되어 있는 것을 깨뜨릴 수 있는 길을 열어놓았다. 그 힘과 권위는 십자가에서 끝이 났다.

내가 그리스도와 함께 십자가에 못 박혔나니 그런즉 이제는 내가 사는 것이 아니요 오직 내 안에 그리스도께서 사시는 것이라 이제 내가 육체 가운데 사는 것은 나를 사랑하사 나를 위하여 자기 자신을 버리신 하나님의 아들을 믿는 믿음 안에서 사는 것이라(갈 2:20)

갈보리 언덕에서 우리가 자신을 지배할 수 있는 권리를 포기할 때 우리를 묶고 있는 그 힘으로부터 자유롭게 될 수 있다. 이렇게 자아는 파괴되기 위해서가 아니라 자기를 다스릴 비합법적인 권리를 포기하기 위하여 반드시 십자가 앞으로 나아와야 한다.

그렇다면 우리는 십자가를 이러한 상황에 어떻게 적용할 수 있는가?

1. **포기**가 있어야 한다. 즉, 사랑의 궁극적 대상으로써 또한 삶을 지배하는 중심으로써의 자아를 완전히 부인하는 것이다. 우리는 자아에게 양도했던 삶의 왕좌를 주님께 내어드리고 자아를 그 자리에서 내려오게 해야 한다.

이점을 분명히 알아야 한다. 십자가에서 그리스도께서 죽지 않으셨다면, 자아 사랑을(혹은 이기주의를) 극복하거나, 교활하고 속이는 그 힘에서 벗어날 방법이 없다. 그러나 우리 의지의 동기가 없이는 십자가의 승리가 우리에게 여전히 효력을 발하지 못한 채 남아있을 것이다.

2. **인정**해야 한다. 즉 구원을 이룰 수 있는 것, 그리고 우리 본성 속에 있는 철저한 이기주의를 다룰 수 있는 것은 갈보리의 역사만이 가능하다는 것을 인정해야 한다.

당신에게는 이것이 십자가 사건에 있어서 새로운 차원이 될 수도 있다. 우리가 아직 모르고 있는 것을 알아보기 위해 먼저 우리가 이미 알고 있는 것부터 살펴보자. 당신의 죄와 죄성을 가지고 십자가 앞에 나왔을 때, 당신은 죄 문제에 대해서 궁극적으로 아무것도 할 수 없다는 것을 깨달았다. 당신은 십자가 위에서 예수님이 이미 당신의 죄와 죄성을 모두 다루셨다는 것을 깨달았다. 그래서 당신은 그것을 주님 앞에 올려드리고 주님이 용서하셨다는 것과 깨끗하게 하셨다는 것을 단순히 신뢰함으로 받아들였다. 당신은 이제 무엇을 발견했는가? 주님이 우리의 죄와 죄성을 용서하시고 깨끗케 하셨다는 것이다! 십자가가 나에게 깨끗한 양심을 준다. 나는 정죄함에서 자유로우며 내 삶에서 죄의 속박을 깨뜨렸다.

십자가는 똑같은 식으로 죄의 뿌리, 즉 철저한 이기주의를 다룬다는 것을 이해하라. 나는 자기중심주의를 스스로 깨뜨리고 자유로울 수 없다. 십자가가 나를 자유롭게 한다. 나는 죄와 죄성으로부터 자유를 받아들였던 것과 똑같이 자유를 받아들인다.

성령님의 역사 또한 두 가지 면이 있다.

첫째, 성령님은 우리에게 예수님의 주 되심을 가능하게 한다. 성령님은 그것을 할 수 있는 유일한 분이다. 왜냐하면 성령님의 주된 사역은 예수님을 영화롭게 하며 가장 근본적인 주 되심을 나타내는 것이기 때문이다. 내 마음의 왕좌는 빈 채로 있을 수 없다. 그곳은 언제나 누군가가 차지하게 되어 있다. 성령을 통하여 나는 예수 그리스도께서 차지하시도록 되어 있음을 발견한다.

둘째, 성령님은 우리의 마음속에 하나님의 사랑을 부어주신다. 우리는 하나님과의 사랑, 생명, 영광이라는 관계의 흐름 속으로 들어가며, 이것을 위해 지음 받았다. 하나님을 향한 사랑과 하나님의 사랑이 자아를 통하여 하나님께 그리고 다른 사람들에게 흘러나간다.

이제 우리는 필요해서가 아니라 넘쳐나기 때문에 사랑할 수 있다. 이제 우리에게 필요한 사랑을 얻기 위해서가 아니라 마음속에 있는 하나님의 사랑을 **흘려보내기** 위해 다른 사람을 사랑할 필요가 가득히 있는 것이다.

주님께 자신을 순복한 사람들에게서 언제나 발견하는 '그들 위에 쏟아지는 거룩한 사랑, 그 강렬함에 압도되는 불같은 사랑, 머리로가 아닌 우리 존재 전체로서 경험하는 사랑'에 대한 간증을 듣는 것은 가장 감동적인 일일 것이다.

하나님은 단지 우리가 믿음으로만 하나님을 사랑하는 것에 만족하시는 것 같지 않다. 계속적으로 우리는 하나님을 우리의 마음과 정성과 뜻과 힘을 다하여 사랑하도록 명령받고 있다. 왜 그런가? 하나님은 그것을 경험하고 싶으시기 때문이다. 마찬가지로 나는 하나님이 우리가 단지 그분의 사랑을 믿는 것으로만 끝나길 원하시는 것이 아님을 확신한다. 하나님은 우리가 우리 존재의 모든 부분에서 **그분의** 사랑을 경험하길 원하신다.

그러면 우리는 왜 그분의 사랑을 더 자주 경험하지 못하는가? 여러 가지 이유가 있지만 가장 흔한 것은 자아가 여전히 목적이 되고자 하며, 자아를 소유하고 붙들므로 해서 오히려 자아가 방해가 되기 때문이다. 긍휼하시며 우리를 염려하시는 하나님은 그것을 허락지 않으실 것이다. 자신을 왕좌에서 원래의 종의 자리로 위치를 바꾸라. 그러면 자아는 더할 나위 없이 알맞은 자리에 있게 되며 거룩한 사랑이 끝없이 흘러가는 통로가 될 것이다. 우리 마음의 동기가 이제 순전해졌으므로 예수님은 실제로 우리 삶에서 주가 되신다. 예전처럼 주가 되셨다 안 되셨다 하는 것은 진정으로 주가 되신 것이라 할 수 없다. 왜냐하면 우리가 의식적으로 의도해도 우리의 자아가 언제나 왕좌에 앉아 있기 때문이다.

17장
자유케 된 자아

드디어 이제 우리는 자아로부터 자유롭게 되었을 뿐 아니라 자아도 자유롭게 되었음을 발견할 수 있다. 자아를 왕좌에서 내려오게 하는 목적은 자아를 버리는 것이 아니라 완성하려는 것이다. 우리 삶에 잘못 위치했던 자아는 자기에게 전혀 맞지 않으며, 또 해낼 수도 없는 임무와 싸울 수밖에 없어서, 두려움과 좌절의 운명일 수밖에 없었다. 그러나 올바른 관계를 갖게 된 자아는 앞으로 원래의 임무를 영광스럽게 수행하게 되었다.

그러나 강조해야 하는 중요한 점은, **십자가를 피할 길은 없다는 것이다.** 우리가 여전히 왕좌를 차지하고 있는 자아에 대해 긍정적이고 협조적이며 이기주의적으로 관계하고 있다면, 우리는 재앙을 향해 가고 있는 것이다.

오늘날 자아에 관한 긍정적인 태도에 대해 많은 진리와 좋은 가르침들이 나오고 있다. 그런 것들도 언급할 필요가 있는 것들이다. 그러나 십자가와 상관없이 성화되길 바란다면 실패할 따름이다. 십자가에서 주님의 사역이 완성된 이후부터 자아는 목적이 아닌 수단으로써 자유롭게 되었고 참된 자유가 가능하게 되었다.

모든 사람은 소속감과 안정감 그리고 존귀함을 받을 필요가 있다. 〈그림16〉으로 돌아가 보면, 자기중심적인 삶은 기본적인 불안정을 가지고 있다는 것을 알게 될 것이다. 삶이 자아에만 갇혀 있기 때문에 소속감이 있을 수 없다. 자아가 그 작은 우주의 중심이 되기 때문에 존귀함이 또한 부족하다. 사랑을 자아 속에 엄청나게 투자함으로써 많은 외부적인 경험들이 자아를 위협하는 것으로 해석하기 때문에 안정감이 있을 수 없다.

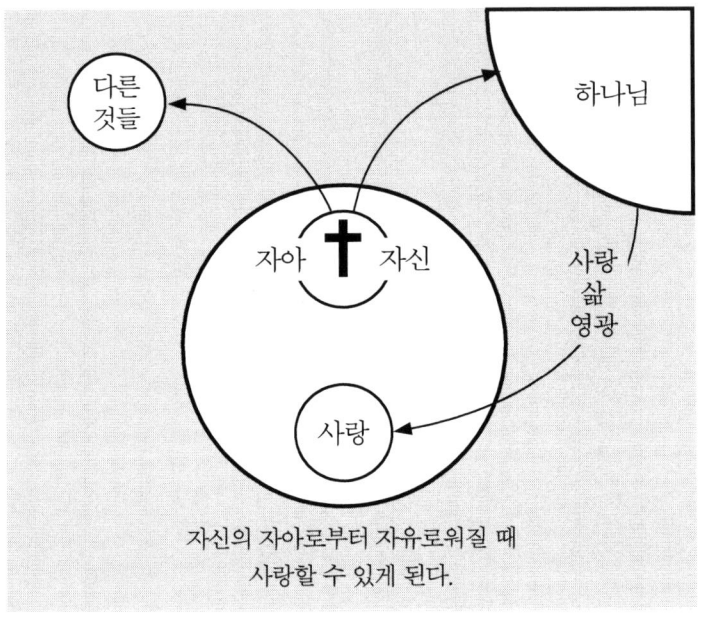

그림17 - 자신으로부터의 해방

그러나 자아가 자유롭게 되어 사랑의 통로가 될 때, 〈그림17〉에서처럼 먼저 하나님과 그 다음에는 다른 사람들과 참된 그리고 의미 있는 관계 속으로 들어올 수 있다.

최근 내 친구 중 한 명이 내게 대해 "그는 항상 하나님과 안정된 관계에 있는 것 같아"라고 말하는 것을 들은 적이 있다. 올바른 기능을 수행하고, 올바른 역할을 하는 자아는 하나님의 모든 자녀들로 하여금 이러한 관계를 경험할 수 있도록 길을 열어준다.

> 그가 친히 말씀하시기를 내가 결코 너희를 버리지 아니하고 너희를 떠나지 아니하리라 하셨느니라(히 13:5)

자아는 이제 무엇인가 줄 것을 가지고 있기 때문에 참된 존귀함을 얻게 된다. 우리는 종종 우리가 하나님께 드리거나 또는 다른 사람에게 무엇인가를 주는 것이 별 가치가 없으며 또 받는 편에서도 별로 고마워하지 않을 것이라고 느낀다. 그래서 아예 주려고도 하지 않거나, 아무 반응도 기대하지 않고 단지 주기만 하거나, 혹은 반응에 대해 마음을 열지 않고 준다.

그런데 이제 우리는 우리가 하나님께 존귀한 자임을 발견한다. 우리는 '많은 값을 주고 산' 자들이다. 우리가 예배 가운데, 사랑 안에서, 교제를 통해 주님께 드리는 것은 주님께 가치 있는 것이며 주님은 기꺼이 반응하신다.

우리 자신이 될 자유

어느 날 밤, 이 주제를 놓고 전한 말씀을 들은 후, 어느 교회의 지도자인 한 사람이 내게 말했다. "탐, 처음으로 이제 나는 깊은 숨을 쉬면서 내 자신이 될 수 있음을 느끼네." 우리 중 대다수가 그렇듯이 그도 자신을 향한 다른 사람들의 기대를 맞추어 살려고 애썼다. 나는 그가 어떤 일을 겪어왔는지 알고 있었다. 한때는 나 역시 성공한 목회자의 이미지에 나를 맞추려고 노력했었다. 너무나 어려운 일이었다. 왜냐하면 그것이 내가 아니었고 사실이 아니었기 때문에 결국 실패했다. 감사하게도 나는 이제 내가 내 자신이 아닌 어떤 사람, 어떤 것도 될 필요가 없다는 것을 발견했다.

    자아를 부인하는 것은 개성을 부인하거나 없애려는 것이 아니다. 사실 참된 개성의 가능성을 회복하는 것이다. 우리는 이미 갈라디아서 2장 20절을 인용한바 있다. 사도 바울이 마음에서 하고 싶었던 말이라고 내가 믿는 바대로 바꾸어 표현해보겠다. '자기중심적인 나는 그리스도와 함께 십자가에 못 박혔나니, 나, 개인이 살기는 하지만 그러나 자기중심적인 내가 사는 것이 아니라, 그리스도께서 나 개인 안에 사시는 것이라.'

    골로새서 3장 4절에 아름다움이 있다.

> 우리 생명이신 그리스도께서 나타나실 그 때에 너희도 그와 함께 영광 중에 나타나리라(골 3:4)

    문맥에서 나타나신다는 것은 재림을 말하지만 무언가 더 직접적인 나타내심을 의미하기도 한다. 그리스도께서 우리 삶에 나타나실 때, 우리는 주님과 함께 영광 중에 나타나게 됨을 의미한다. 주님은 우리가 우리 자신 있는 그대로 보여주지 않으려는 이상 우리 안에 나타나실 수 없다. 내 자아를 있는 그대로 보여드릴 준비가 되어있지 않는 한은 내 안에서 그리스도를 볼 수 있는 방법이 없다. 이런 식으로 진정한 자아가 볼 수 있으려면 우리가 서로 가리고 있는 숨겨진 영역들을 계속해서 줄여나가야 한다.

    이것은 우리가 우리 삶의 세세한 것을 우리 교회나 공동체에 있는 모든 사람들과 나누어야 한다는 것을 의미하는 것은 **아니다.** 중요한 것은 **마음의 태도,** 즉 약점을 가리기 위한 장벽을 세우거나 유지하지 않는 것이다.

어떤 상황에서도 우리가 우리 자신을 나누는 정도는 사랑과 지혜안에서 결정해야 한다. 다시 말하면, **다른 사람들이 위협을 느끼지 않고 반응할 수 있는 정도에서** 마음을 열고 나눈다. 나누려는 얘기에 대해 준비가 되어 있지 않은 사람에게 너무 깊은 수준에서 나누는 것은 그들에게 해로운, 심지어는 파괴적인 경험이 될 수 있다.

그러나 우리가 어떤 사람인가에 대한 단순한 정직함은 좀 다른 것이다. 놀라운 사실은 우리가 우리 자신이 될 수 있는 용기를 가질 때, 언제나 우리 스스로가 드러내려 했던 이미지보다 훨씬 더 아름다운 것이 드러난다! 더 멋진 일은 그리스도는 우리와 함께 주님 자신을 드러내심으로써 우리가 자신을 솔직히 드러내는 것을 존중하신다는 점이다.

우리는 그리스도인들 안에 흔히 있는 거짓된 태도로부터 구원될 수 있음을 볼 수 있다. 한 가지는 칭찬을 자연스럽게 감사하면서 받아들이지 못하는 무능력인 거짓된 겸손이다. 나는 겸손의 영역 안에 있는 위대한 자유를 발견했다. 한때 나는 겸손하려고 열심히 노력했고 마침내 나는 내 자신이 겸손하다는 사실에 꽤 자부심을 가지고 있음을 발견했다. 자신이 겸손하다는 사실을 생각하면서 교만해진 자신을 발견하는 것은 매우 부끄러운 일이다!

감사하게도, 나는 그런 것을 다 버렸다. 내가 교만에 빠질 위험에 대해 하나님이 훨씬 더 염려하고 계심을 알았다. 더욱이, 주님은 내가 할 수 있는 것보다 더 빨리 간파하실 수 있으며, 내가 필요할 때 나의 부푼 풍선을 터뜨려서 원래의 나의 크기로 줄이실 수 있다. 왜냐하면 주님은 정말 선한 목자이시기 때문에 나는 주님을 내 삶의 이러한 그리고 이와 비슷한 영역에서 신뢰할 수 있다.

우리가 진정한 자신이 되어 자유 할 때, 우리는 본 모습 그대로 '진짜'가 된다. 그리고 우리가 진짜일 때 우리는 신뢰할 수 있고 믿을 수 있는 존재가 된다. 당신의 장점뿐 아니라 당신의 약점을, 당신의 성공뿐 아니라 당신의 실패를 내보이기를 절대 두려워하지 말라.

몇 년 전 성공회 신자인 한 여성이 나에게 말했다.(그러한 영역이 그동안 내 사역 중의 하나가 되어 왔다.) "당신은 우리를 많이 도와주셨어요. 왜냐하면 당신의 약점과 우리를 동일시 할 수 있었기 때문이죠." 사람들은 장점과 동일시하지 않는다. 승리에 감탄할지는 몰라도 그 승리와 동일시할 수는 없다. 그러나 우리의 실패에는 동일시할 수 있다. 만약 이런 실패를 통해서 우리가 하나님을 배웠다면, 우리는 그들에게 줄 수 있는 살아있는 진리를 가지고 있는 것이다.

자신을 사랑할 수 있는 이유

우리가 진정한 자신이 되어 자유 할 때, 이번에는 목적으로서가 아니라 수단으로서 우리는 또한 우리 자신을 자유롭게 사랑할 수 있다. 더욱이 이것은 우리가 우리 자신을 참아내지 않는 것 말고는 별다른 선택의 여지가 없기 때문에 어쩔 수 없이 우리의 모습을 받아들이는 것과는 다르다. 오히려 하나님이 당신의 형상과 모양으로 지으신 개인으로서 현재의 우리에 대해 긍정적으로 받아들이는 것이다.

우리는 이미 목적 지향적 기재로서의 자아가 우리의 태도를 지배하는 자기 이미지를 어떤 식으로 만들어 내는지 언급한 바 있다. 많은 그리스도인들은 여전히 매우 부정적인 자기 이미지에 억압당하고 있다. 그들은 사람들이 자신을 원하지 않으며, 자신이 가치도 없고 사랑받을 수 없다고 느낀다.

그래서 믿음은 매우 어려운 것이 된다. 하나님은 멀리 계시며 엄격하시며 주님이 주시기 위해서 오셨다는 풍성하고 기쁜 삶을 경험하는 일은 거의 없다. 그런 사람은 정말 누구보다도 자기중심적이다. 그들은 자신을 부적합하다고 보거나 상상하는 자신의 모습 속에 갇혀 있다. 그러나 십자가의 사건과 성령의 능력이 그들을 자기중심주의로부터 자유롭게 할 때, 그들은 자신에 대한 진리를 발견하게 되고 그들이 정말 누구인가를 찾는 데 있어 자유롭다.

성경의 이름이 그 사람의 정체성을 의미했음을 상기하면서 창세기에 있는 야곱의 이야기를 기억해보자. '야곱'은 '밀어낸 자'를 의미한다. 어릴 때부터 야곱은 그 이름을 들으면서 자랐고 거기에서부터 자아상이 형성되었다. 우리는 그가 매우 일관하게 이러한 자아상 속에 살아왔음을 발견하게 된다. 그는 에서를 밀어내고 장자권을 얻었고 그 다음엔 에서를 밀어내고 축복을 받았으며 그 다음엔 라반에게 가서 라반을 대신하여 그의 양 중에서 가장 좋은 것을 얻어냈다. 그러나 마침내 절망한 야곱은 얍복강까지 왔다. 왜냐하면 자신의 자아상이 자신을 절망의 직전까지 몰아갔기 때문이다. 얍복강에서 하나님과 씨름한 것은 바로 이 문제를 놓고 싸운 것이다.

'네 이름이 무엇이냐'(자아상)

'야곱이니이다'(밀어내는 자)

'네 이름을(자아상) 다시는 야곱(밀어내는 자)이라 부를 것이 아니요 이스라엘(하나님의 왕자)이라 부를 것이니'(창 32:27-28)

그러나 그 일이 있기 전, 하나님은 야곱의 환도뼈를 치셔서 자신만만했던 그의 자기오만을 꺾으셨다. **자아가 꺾어질 때 비로소 우리의 성장을 제한하고 방해하던 모든 거짓된 자아상이 사라질 수 있다. 그럴 때에야 우리는 주님이 주시는 우리의 진정한 정체성에 대한 이해를 받아들일 수 있게 된다.**

또 흰 돌을 줄 터인데 그 돌 위에 새 이름을 기록한 것이 있나니 받는 자 밖에는 그 이름을 알 사람이 없느니라(계 2:17)

새 이름은 새 정체성이다. 그것이 우리의 진정한 자아상이다. 그것은 우리 자신과 그것을 드러내시는 주님만 알게 된다. 모든 인격의 밑바탕에 주님은 독특한 개성을 만들어 두셨다. 우리 안에는 은사와 능력과 자질이 있는데 대부분의 경우는 그것들이 발휘되지 못했기 때문에 잠재되어 있다. 이제 성령님은 이러한 잠재력에 생기를 불어넣으셔서 우리에게 그런 잠재력이 있음을 믿게 하시고 그 믿음으로 숨어 있던 잠재력을 드러내어 발휘하게 하신다. 성령으로 충만한 삶 속에서 창조적 활동이 꽃피는 이유가 바로 이것이다.

우리가 우리의 자아와 조화를 이루고 우리 자아에 대해 편안하게 느낄 때, 그리고 우리가 원래 의도하였던 대로 우리 자아를 사랑할 때, 우리는 비로소 다른 사람과 조화를 이루고 원만하게 되며 그들과 생명과 사랑이 있는 관계를 맺을 수 있다.

성취할 수 있는 자유!

하나님 아버지는 사람의 모든 잠재력을 실현할 수 있도록 인간 안에 추진력을 두셨다. 모든 주의 자녀를 향한 주님의 목적을 보라. "오직 사랑 안에서 참된 것을 하여 범사에 그에게까지 자랄지라 그는 머리니 곧 그리스도라"(엡 4:15)

우리가 살면서 지금까지 겪은 모든 것은 자아가 실현되기 위한 필수 요건이다. "주지 않는 자아는 성취하지 못한 자아다"라는 말은 사실이다. 자기중심적인 삶에서 자유롭게 되면 우리는 자신을 자유롭게 내어 줄 수 있고, 다른 사람들에게 그리고 삶에 대해서 열린 태도로 살며, 벽을 허물고, 믿음과 희망으로 다른 사람에게 다가가고, 사람들에게 그리스도 안에 있는 생명의 선물을 줄 수 있다.

이러한 나눔은 대부분 말로 하는 것이 아니다. 우리의 마음이 다른 사람들에게 열려 있고 우리 사이에 보호벽이 사라졌다면 우리가 그들에게 생명을 전하는 일에 항상 말이 필요한 것은 아니다.

나를 믿는 자는 성경에 이름과 같이 그 배에서 생수의 강이 흘러나오리라 하시니 이는 그를 믿는 자들이 받을 성령을 가리켜 말씀하신 것이라(요 7:38-39)

은사 기도모임에서 내 아내와 한때 같이 일했던 로마 가톨릭 신자인 한 여성을 기억한다. 다른 도시로 이사한 다음 그녀는 주님을 알게 되었고 성령 세례를 받았다. 그녀는 말했다. "당신의 아내는 언제나 나를 매혹시키는 뭔가가 있었어요. 나도 그녀가 가지고 있는 것을 원했지만 그것이 무엇이었는지 몰랐지요. 그런데 이제는 알아요." 내 아내가 기억하기로는 그녀와 함께 주님에 관해 대화를 나누어본 적이 없었다. 그러나 강은 흘러가고 있었다. 사람이 그 생수가 닿는 것을 한번 느끼고 나면 나는 그들이 결코 잊지 못할 인상을 갖게 된다고 확신한다.

물론 그렇게 사는 것은 실제로 어떤 상처를 받기 쉬운 상태에서 사는 것을 의미한다. 사람들은 우리가 내어주는 우리 자신을 언제나 받아들이고 반응하지는 않을 것이다. 심지어 우리가 그리스도와 생명을 줄 때도 말이다. 왜냐하면 세상에는 사망이 있기 때문이다. 바울은 "죄의 삯은 사망"(롬 6:23)이라고 말하고 있다. 죽음은 차후의 영원에 관한 문제가 아니라 바로 **지금**의 문제다. 그래서 생명을 그들에게 전할 때, 많은 경우 죽음이 들고 일어나서 생명을 파괴하고 우리를 파멸시키려 한다. 이런 때 상처를 입게 된다.

어느 대학생 모임에서 나는 이것에 대해 이야기하고 있었다. 어떤 젊은 여성이 나중에 나를 찾아와서 말했다. "당신이 말한 것은 불가능해요. 당신은 모든 사람을 향해서 그렇게 살 수 없어요. 당신은 너무 많은 상처를 입을 거예요." 당신은 상처를 얻게 **될 것이다**. 그렇다, 그것은 피할 수 없다. 그러나 놀라운 것은 당신은 결코 파멸하지 않는다는 것이다. 왜 그런지 아는가? 당신 내면에 있는 생명은 **부활의 생명**이기 때문이다. 그것은 이미 죽음을 극복하고 승리한 그리스도의 생명이다.

이는 그리스도께서 죽은 자 가운데서 살아나셨으매 다시 죽지 아니하시고 사망이 다시 그를 주장하지 못할 줄을 앎이로라(롬 6:9)

부활의 생명이 우리 내면에 있기 때문에 우리는 우리 자신을 열고 계속해서 '무모하게' 나누어 줄 수 있으며 그 부활의 생명이 이제 우리의 육체가 되었기 때문에 사람들에게 계속해서 생명을 제시할 수 있다. 그러한 과정에서 우리는 성숙해가며 하나님이 우리를 지으실 때 목적하신 바를 지금 그리고 영원토록 완성해 가고 있는 것이다.

자아는 어떻게 자기 자신의 자리로 돌아올 수 있는가?

이제 자아는 진정으로 자기 자신의 자리로 돌아오게 된다.(우리가 자아를 목적 지향적 메커니즘으로 설명한 것을 기억하라.) 목표나 목적에 집중해 자아는 그것을 우리 안에서 창출하도록 일한다. 우리를 향한 하나님의 목적은 우리가 그분의 아들의 형상을 닮는 것이다. 그러면 어떻게 실제로 주님의 형상을 닮을 수 있는가?

자아가 그 일을 한다. 전혀 맞지 않는 일을 하고 있었고 또 잘못 자리하고 있었기 때문에 우리에게 문제가 되었던 자아가 이제는 우리를 위하여 일한다. 그리스도께 초점을 맞춘 자아는 밤이나 낮이나 의식적으로나 무의식적으로 이렇게든 저렇게든 우리 내면에서 예수님의 형상을 창조해 내고자 일한다. 정말 멋지지 않은가! 하나님은 우리 삶을 위한 목적을 선택하셨고, 우리 내면에서 그것을 이룰 수 있는 힘을 창조하셨을 뿐 아니라, 주님의 목적을 이루어 갈 수 있는 능력을 가진 자아를 창조하셨다.

우리가 해야 할 것은 자아를 계속해서 예수님께 맞추는 것이다.

> 우리가 다 수건을 벗은 얼굴로 거울을 보는 것 같이 주의 영광을 보매 그와 같은 형상으로 변화하여 영광에서 영광에 이르니 곧 주의 영으로 말미암음이니라
>
> (고후 3:18)

바로 그렇게 작용한다. 계속해서 자아의 초점을 두려움, 의심, 죄와 실패에 맞추면 다시 그것이 우리 안에 만들어진다. 전혀 다른 것을 만들어 내지 못 한다. 자아를 예수님께 고정시키면 자아는 우리 내면에 주님의 모양을 만들어 낼 것이다. 다른 식으로는 그렇게 하지 못 한다.

> 이러므로 우리에게 구름 같이 둘러싼 허다한 증인들이 있으니 모든 무거운 것과 얽매이기 쉬운 죄를 벗어 버리고 인내로써 우리 앞에 당한 경주를 하며 믿음의 주요 또 온전하게 하시는 이인 예수를 바라보자 그는 그 앞에 있는 기쁨을 위하여 십자가를 참으사 부끄러움을 개의치 아니하시더니 하나님 보좌 우편에 앉으셨느니라(히 12:1-2)

이 불쌍한 주인인 자아는 일단 자신이 해야 할 알맞은 역할을 시작할 수 있도록 자유롭게 되면 그 다음부터는 일도 잘하고 지치지도 않는 능률적인 종으로 변한다. 우리는 노력으로써가 아니라 주님의 삶을 의식적으로 모방함으로써 그리스도의 형상을 얻게 된다. 우리는 주님 속에 흡수됨으로써 주님과 같이 된다. 우리가 우리 삶의 핵심을 예수님께 집중할 때, 우리가 주님의 행동을 숙고하고 주님의 말씀을 묵상할 때, 알지 못하

는 사이에 우리가 초점을 맞추고 있는 것에 따라 변하고 있다.

하나님의 방법으로 일할 때 모든 것이 우리를 위해 되어 감을 점점 더 알게 될 것이다. 모든 삶이 우리를 밀어준다. 우리는 우주의 흐름 속으로, 왕국의 삶으로 걸어들어 간다. 결국 우리는 성공할 수밖에 없다. 우리 방법대로 행하고 자아가 다시 주인의 자리를 차지하면, 다시 모든 것이 우리를 거스르게 된다.

그러나 가장 좋은, 가장 자유로운, 가장 잘 해낼 수 있는 방법은 하나님과 함께 행하는 것이다. 그것이 우리의 진정한 구원받은 본성과 일치하기 때문이다. 우리는 주님의 형상과 모양을 따라 지음 받았으며 하나님의 방법을 따라 행하도록 지음 받았다. 우리의 영은 점점 더 자연스러워진다. 그리고 본성은 점점 영적이 된다.

5부

18장
영으로 사는 것

사도 바울이 선언한 그리스도인의 성공적인 삶을 위한 가장 중요한 원리 중 하나는 갈라디아 사람들에게 보내는 그의 서신 5장에 나타나 있다.

> 내가 이르노니 너희는 성령을 따라 행하라 그리하면 육체의 욕심을 이루지 아니하리라 육체의 소욕은 성령을 거스르고 성령은 육체를 거스르나니 이 둘이 서로 대적함으로 너희가 원하는 것을 하지 못하게 하려 함이니라 너희가 만일 성령의 인도하시는 바가 되면 율법 아래에 있지 아니하리라(갈 5:16-18)

> 만일 우리가 성령으로 살면 또한 성령으로 행할지니(갈 5:25)

우리는 하나님의 우선순위를 자주 간과한다. 이것은 언제나 중대한 문제다. 예를 들어, 위의 말씀에서는 성령으로 행할 것을 적극적으로 권고하고 있다. 우리가 성령으로 행하면 그 결과 우리가 육체의 소욕을 행할 수 없다는 것이다. 그러나 보통 우리는 그것을 반대로 생각한다. 육의 소욕을 따르지 않겠다고 다짐하며 부단한 노력을 할 때, 성공하게 되면 그 때 성령 안에서 걸을 수 있게 된다고 믿는 것이다. 사탄은 이러한 접근을 부추긴다. 사탄은 우리가 육에 대해 장기적인 소모전에 얽매이는 것을 기뻐한다. 왜냐하면 결국에는 우리가 패배하고 낙담할 것을 알기 때문이다.

그렇다면 우리는 왜 이런 식으로 노력하면서 저항하는가? 한 가지 이유는 우리의 대부분이 성령 안에서 사는 것이 어떤 것인가에 대해 모호한 생각을 가지고 있고 어떻게 그렇게 살아야 하는지 모르기 때문이다! 설교자도 많은 도움이 되지 못한다. 그것이 매우 영적이며 소망할 만한 것처럼 말하지만 실제로는 하나하나 구체적으로 말해주는 경우는 거의 없다.

반면, 우리는 육체의 소욕을 행하는 것이 어떤 것을 의미하는가에 대해서 매우 잘 알고 있다. 너무 잘 알고 있을 뿐이다. 우리는 원수의 모습에 익숙하다. 그러나 우리는 익숙한 전투를 계속하며 결국 익숙한 패배를 계속해서 반복할 수밖에 없게 된다.

그러나 항상 이렇게 끝나야 할 필요가 있는가? 승리는 육으로 싸우는 것이 아닌 성령으로 행하는 데 있음을 안다면 그렇게 행하는 방법을 찾고자 하는 노력은 어떤 것이든 확실히 가치가 있다. 그것이 이 연구의 목적이다. 즉, 성령 충만한 삶의 아름다움과 능력을 탐구해보는 것이라기보다는 기본적인 '어떻게 해야 하는가?'의 원칙들을 명확하게 하는 것이 연구의 목적이다. 하나님의 마음에 있는 영원한 목적과 우리 피조물의 신비에 대해 열려져 있는 문을 통해 우리는 흥미진진한 발견을 할 수 있을 것이다.

인간 창조

이미 우리가 몇 번 지적했듯이 하나님의 형상으로 지음 받은 인간은 영, 혼, 육의 삼위일체다.

평강의 하나님이 친히 너희를 온전히 거룩하게 하시고 또 너희의 온 영과 혼과

몸이 우리 주 예수 그리스도께서 강림하실 때에 흠 없게 보전되기를 원하노라
(살전 5:23)

그러나 우리는 인간의 본성에 대한 이러한 기본적인 통찰의 중요성을 충분하게 더 많이 탐구할 필요가 있다. 창세기 1장에서 우리는 보통 인간의 창조를 두 가지로 나누어 생각하고 있는 것을 발견한다. 그러나 이 두 가지가 인간의 근원과 기본적인 본성에 관하여 결코 서로 다른 이야기가 아니고 한 가지의 이야기임을 살펴볼 것이다. 우선 창세기 1장 27절로 가 보자.

하나님이 자기 형상 곧 하나님의 형상대로 사람을 창조하시되 남자와 여자를 창조하시고(창 1:27)

여기서 "창조하시되"라고 번역한 히브리말은 'bara'다. 'bara'는 다른 어떤 동사보다도 무(無)로부터의 창조 혹은 완전한 창조를 잘 표현하는 말이다. 즉, 이 말은 구약에서, 하나님의 활동에만 전적으로 사용되었다. 그 동사의 주어는 결코 인간이 아니다.
우리는 하나님이 무(無)에서 하늘과 땅을 창조(bara)하셨음을 그 예로 알고 있다.

믿음으로 모든 세계가 하나님의 말씀으로 지어진 줄을 우리가 아나니 보이는 것은 나타난 것으로 말미암아 된 것이 아니니라(히 11:3)

창세기 1장 27절에서 우리는 하나님이 인간을 무(無)에서 창조하셨음을 읽게 된다. 더욱이 하나님은 인간을 자신의 모양과 형상을 따라 지으셨다. 그 하나님은 어떤 분인가? 예수님은 우리에게 요한복음 4장 24절에서 "하나님은 영이시니"라고 말씀하신다. 그러면 문제는 언제 하나님이 인간을 창조하셨으며 영이신 하나님의 형상과 모양을 따라 무에서부터 무엇을 지으셨는가 여기에 대한 대답으로 **창세기 1장은 하나님에 의한 인간 영혼의 창조를 기록하고 있다.**

창세기 2장 7절로 가보면 우리는 좀 다른 것을 읽게 된다. "여호와 하나님이 땅의 흙으로 사람을 지으시고 생기를 그 코에 불어넣으시니 사람이 생령이 되니라." "지으시고"라는 히브리어는 'bara'가 아니라 'yatsar'인데, 그 뜻은 '이미 존재하고 있는 물질에서 창조되었다'이다. 그래서 흙으로 하나님은 인간의 몸을 지으셨다.

그러면 우리는 '하나님이 지으신 몸속에 무엇을 불어넣었다는 것인가?'를 물어야 한다. 히브리말에서는 그 단어가 '호흡'과 '영'이라는 뜻을 다 가지고 있다. 그러므로 창세기 2장 7절은 하나님이 인간의 몸을 기존의 물질을 가지고 지으셨고 그 속에 하나님은 무에서 창조하신 인간의 영을 불어 넣으셨다고 말씀한다.

마지막으로 우리는 이 대목에서 인간의 영이 인간의 몸으로 들어갔을 때, 혼에 생명이 생겨났음을 배운다. 페라 펜턴(Ferrar Fenton)이 번역한 창세기 2장 19절에 따르면 아담은 '생령을 가진 인간'이 되었다. 영이 없는 몸은 죽은 것이므로(약2:26) 영이 몸에 생명을 주었을 뿐 아니라 영과 몸의 관계 사이에 인간의 이성적, 정서적, 의지적 능력 즉 지, 정, 의인 혼이 창조되었다. 인간의 영과 혼은 이렇듯이 처음부터 기본적으로 그 성격과 기능 모두가 근본적으로 달랐다. 그 차이는 우리가 좀 더 자세하게 살펴보아야 할 만큼 기본적으로 중요하다.

인간의 영의 역할

인간 안에 있는 영은 하나님의 모양과 형상을 따라 지어졌고 두 가지 면으로 가능하도록 되어 있다.

1. 인간의 영의 역할은 인간이 하나님과 관계를 맺고 그럼으로써 인간이 하나님으로부터 생명과 지혜를 받아들일 수 있도록 해주는 것이다.

하나님과의 관계를 성경에서 '생명'이라 부르는 것이다. 성경이 생명과 죽음에 관해 언급할 때 그것은 언제나 관계에 대한 것이지 존재에 관한 것이 아니다. 살아계신 하나님과의 올바른 관계를 갖는 것이 생명이며 주님께로부터 끊어지는 것이 죽음이다. 우리는 여전히 이런 죽음의 상태에서 존재하고 돌아다니고 웃고 싸우고 울고 일할지 모른다. 그러나 우리가 생명의 근원이신 하나님과 어떤 형태로든 더 이상 교통하지 않으면 우리는 죽은 것이다.

인간의 영은 또한 인간의 생명에 질서를 잡고 그 방향을 인도하기 위해 거룩한 지혜를 접하도록 지음 받았다. **하나님에게서 독립하여 자신의 삶을 성공하게 할 수 있는 지혜의 근원을 인간 스스로는 결코 가질 수 없게 되어 있다는 것을 이해해야 한다.** 지혜가 부족한 것이 오늘날 인간의 큰 문제다. 인간은 매우 똑똑하고 영리하다. 그러나 지혜가 없이는 인간의 그 똑똑함은 파괴적이 된다. 어떤 세속 작가는 최근 다소 슬픈 어투로 이렇게 말했다. "인류는 결국 특별히 똑똑한 특별히 장난끼 있는 원숭이 종 그 이상의 아무것도 아니다."

지혜란 무엇인가? **지혜란 바른 목표를 세우고 선택하여 가장 최선의 수단으로 그러한 목표를 달성할 수 있는 능력이다.** 성경은 지혜에 대하여 우리에게 두 가지를 제시했다.

첫째로, 지혜의 근원은 하나님 한 분밖에 없다는 것이다.

다니엘이 말하여 이르되 영원부터 영원까지 하나님의 이름을 찬송할 것은 지혜와 능력이 그에게 있음이로다(단 2:20)

여호와께서 그의 말씀대로 솔로몬에게 지혜를 주신 고로 히람과 솔로몬이 친목하여 두 사람이 함께 약조를 맺었더라(왕상 5:12)

둘째로 지혜는 하나님께로부터 나왔으므로 반드시 그분으로부터 받아야 한다. 그러나 인간의 지혜는 언제나 머리에 있지 않고 마음에 있으며 생각에 있지 않고 영에 있다. 그러므로 인간의 지혜는 지식이나 교육에 반드시 의존해야 하는 것은 아니다.

모세가 눈의 아들 여호수아에게 안수하였으므로 그에게 지혜의 영이 충만하니 이스라엘 자손이 여호와께서 모세에게 명령하신 대로 여호수아의 말을 순종하였더라(신 34:9)

우리 주 예수 그리스도의 하나님, 영광의 아버지께서 지혜와 계시의 영을 너희에게 주사 하나님을 알게 하시고(엡 1:17)

2. 인간의 영은 거룩한 지혜에 접근할 수 있기 때문에 인간의 영은 그의 삶의 원칙과 방향을 제시하는 인간 존재의 한 부분이었다.

아담이 타락하지 않았을 때 그의 생각이 그의 육을 지배하고 그의 영이 그의 생각을 지배했으며 성령님이 그의 영을 지배했다. 그러한 거룩한 위계질서 안에서 그는 그의 영혼 안에 병이나 죄가 틈타 들어오거나 그의 본성을 거스르는 행위가 전혀 없는 완벽한 전인격체를 구성하였다. 아담은 전인격체였을 뿐만 아니라 하나님 중심이었기 때문에 완전한 균형을 유지할 수 있었다. 아담의 영이 제대로 자리를 잡고, 살아계신 하나님과 올바른 관계를 맺으면서 그의 모든 재능과 동기는 완벽한 조화와 균형을 이루고 있었다.

교회 안에서 끊이지 않는 문제점들 가운데 하나가 언제나 균형의 문제다. 그것은 현재의 성령운동 안에도 존재하고 있는데, 그 이유는 많은 그리스도인들이 한 개인의 삶을 지배하는 중심적 역할을 하는 영에 대해서 그리고 육체의 연합된 삶에 대한 창조적 핵심, 그리고 균형가로서 성령의 임재에 대한 인식을 잃어버렸기 때문이다.

인간 혼(soul)의 역할

'보다 깊은 삶'을 살려는 사람들 가운데 때때로 인간의 영혼을 무시하고 가르치는 경향이 있다. '혼적인'이라고 묘사한 것을 본 적이 있다. 마치 혼적인 것이 반드시 악한 것처럼 말이다. 영혼은 영적 생활에 많은 문제를 일으켜 그것 없이 살아가는 것이 더 낫다고 제안하기도 한다. 사실은 혼의 영역에서 아주 빠져나와 영의 영역에서 사는 것이 가능하다는 제안이 빈번하다.

이것은 불가능할 뿐 아니라 성경이 실제 가르치는 것에 대한 심각한 오해다. 사실, 영혼은 죄로 인해 손상되어 문제를 가지고 있고 또 문제를 야기시킨다. 그러나 하나님이 그것을 창조하셨고, 실제로 하나님의 마음에 소중한 인간을 위해 설계된 것 중 하나다.

인간에게 혼의 기능은 우리가 창세기 2장 7절에서 보는 것처럼 인간의 내적, 영적 존재를 외부 육체에 연결하는 것이다. 다시 말해, 혼은 인간의 영적 생활을 육체적 형태로 표현한다. 이러한 인간화(육체화)의 원리는 인간에게만 있는 독특한 점이다.

영적인 영역에 사는 천사, 악령 등의 피조물들이 있다.

물질 영역에 사는 피조물도 있다. 즉, 동물 세계다. 인간만이 영적인 영역과 물질적 영역에 동시에 살고 있는 점에서 독특하다. 그리고 혼의 기능이 영과 육체를 연결하고 또 그것에 의해 영적인 영역의 실재와 가치를 자연의 영역으로 연결하는 영광스러운 운명을 수행하도록 되어 있다. 하나님은 인간을 이렇게 만드셔서 그분 자신의 사랑을 창조 세계와 함께 나누길 의도했고 이러한 목적으로 인간이 또한 자연을 지배하게 하셨다.

하나님이 우리가 말하는 바 장차 올 세상을 천사들에게 복종하게 하심이 아니니라 그러나 누구인가가 어디에서 증언하여 이르되 사람이 무엇이기에 주께서 그를 생각하시며 인자가 무엇이기에 주께서 그를 돌보시나이까 그를 잠시 동안 천사보다 못하게 하시며 영광과 존귀로 관을 씌우시며 만물을 그 발 아래에 복종하게 하셨느니라(히 2:5-8)

천사들이 타락했을 때 우리가 아는 한 하나님께서는 그들의 구원을 위한 계획이 없었다. 그러나 사람이 죄를 지었을 때 하나님은 이 작은 피조물에 자신을 온전히 위탁하셨기에, 또 그분의 형상으로 만드셨기에 그 피조물의 손에 죽임을 당하기까지 하면서 우리를 구원하셨다.

자녀들은 혈과 육에 속하였으매 그도 또한 같은 모양으로 혈과 육을 함께 지니심은 죽음을 통하여 죽음의 세력을 잡은 자 곧 마귀를 멸하시며 또 죽기를 무서워하므로 한평생 매여 종 노릇 하는 모든 자들을 놓아 주려 하심이니(히 2:14-15)

사람은 혼의 기능을 자랑한다. 우리가 보는 바와 같이 그것이 가장 큰 문제다. 그러나 혼의 기능들은 사람의 영광이며 하나님의 아들은 그것을 구속하시기 위해 죽으셨다. 그러한 혼의 기능은 단 한 번 원래 지어진 목적대로, 마지막 아담인 영원하신 하나님의 아들이 인간의 육체와 본성 안으로 들어가셨다.

그러므로 주께서 세상에 임하실 때에 이르시되 하나님이 제사와 예물을 원하지 아니하시고 오직 나를 위하여 한 몸을 예비하셨도다(히 10:5)

요한은 육체에 구현된 혼의 생활을 다음과 같이 기술했다.

말씀이 육신이 되어 우리 가운데 거하시매 우리가 그의 영광을 보니 아버지의 독생자의 영광이요 은혜와 진리가 충만하더라(요 1:14)

19장
파괴된 인간

우리가 살펴보았듯이 인간은 결코 자신이 지혜의 근원을 갖도록 지음 받지 않았다. 대신 자신의 영으로 하나님의 지혜에 접근하도록 되어 있다. 에덴동산에서의 유혹은 바로 이 점에 중심이 있었다. 인간에게 한 사탄의 충고는 하나님이 정해 놓은 한계를 넘어서 자신을 위해 지혜의 근원을 얻는 것이었다. 그렇게 되면 하나님을 더 이상 의지할 필요는 없을 것이기 때문이었다.

하와는 속았다. 그리고 전 인류도 그녀의 뒤를 좇았다. 지혜는 결코 선악과나무 열매 속에 있지 않았다. 사탄이 거짓말을 한 것이다. 지혜는 항상 있던 곳에 있었다. 바로 생명나무, 곧 그리스도 안에 있었다. "그 안에는 지혜와 지식의 모든 보화가 감추어져 있느니라"(골 2:3).

선악과는 지혜가 아닌 죽음을 불러왔다. 인간은 동산에서 쫓겨나고 구속주가 오실 때까지, 갈보리에서 또 다른 나무를 통하여 인간이 돌아올 수 있는 문이 열릴 때까지 생명나무, 그리고 그 안의 지혜에 접근이 금지되었다. 그러나 그동안 타락한 인간은 자기 자신의 지혜로 살려고 노력한다. 그는 목적은 선택하지만 이기적인 욕심과 야비한 질투심이 그 동기가 된다. 그는 목적을 달성하기 위한 수단을 고안하지만 세상적인, 영적이지 않은, 악마적인 "지혜"(약 3:15)의 먹이로 전락한다. 인간의 지혜는 하나님을 아는데 실패할 뿐 아니라 극단의 어리석음으로 이끈다. 그래서 마침내는 영광과 주님을 십자가에 못 박기까지 한다.

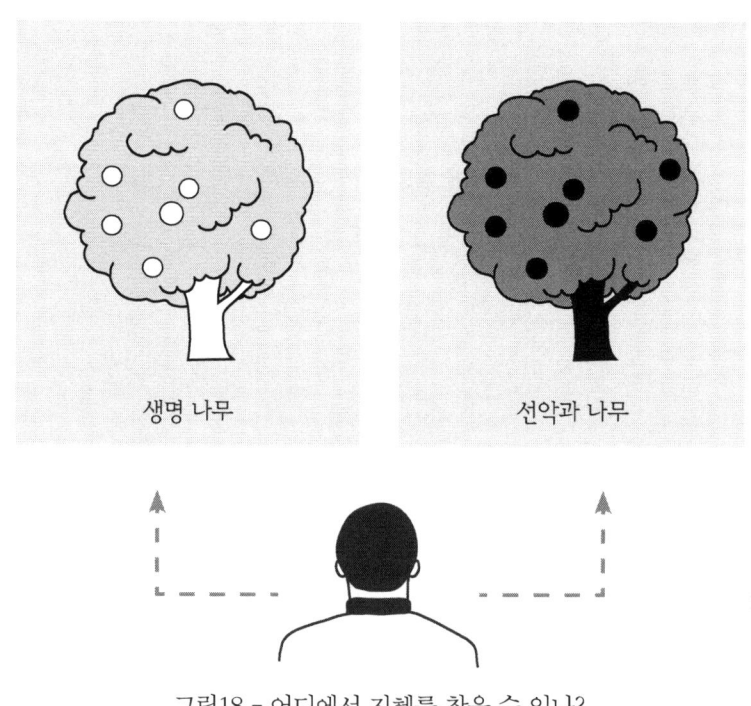

그림18 - 어디에서 지혜를 찾을 수 있나?

왕좌에서 물러난 영

인간이 범죄 하였을 때, 거룩한 지혜에 접근할 수 없게 되었을 뿐 아니라 인간의 본성 속에 있는 거룩한 질서 또한 깨어졌다. 인간의 영은 하나님으로부터 떨어져 정사와 권세를 잃었다. 동시에 선악과나무는 인간의 혼의 힘과 육체의 욕구를 증가시켰다. 이런 죄의 행동이 진행됨으로써 혼이나 육체의 기능이 다스림의 자리를 차지하기 시작하는 결과를 가져왔다.

어떤 사람들은 강력한 지식의 지배를 받고 다른 사람들은 강한 정서적 본성으로, 혹은 주권적 의지로 그리고 또 다른 사람들은 여전히 몸의 욕구나 육체적 정욕에 지배당하고 있다. 그 결과는 항상 파괴적이다. 왜냐하면 혼이나 육이나 어느 것도 지배하도록 되어 있지 않았고 또한 그들 중 어느 것도 그렇게 할 수 있는 능력이 없기 때문이다.

결국 생기는 일은 경쟁하는 욕구들 사이에 만족을 요구하고 서로가 최고임을 주장하면서 계속적으로 힘의 싸움을 벌인다. 결국 인간은 절망적으로 분열되고 균형도 잃은 채 죄의 종인 상태로 자신과 끊임없이 갈등한다.

기억하라. 그래도 인간의 영은 여전히 존재하며 기능한다. 죽음은 우리의 영이 생명의 근원이신 하나님과의 연계가 끊어짐을 의미한다. 그러나 영은 비록 나머지 인간의 본성보다 더 나은 모습은 아니지만 여전히 존재한다. 능력과 권능의 외부적 근원과 연결되도록 창조된 인간의 영이 사탄의 지배 속에 들어간다.

> 그는 허물과 죄로 죽었던 너희를 살리셨도다 그 때에 너희는 그 가운데서 행하여 이 세상 풍조를 따르고 공중의 권세 잡은 자를 따랐으니 곧 지금 불순종의 아들들 가운데서 역사하는 영이라(엡 2:1-2)

거듭나지 않은 인간도 여전히 기능하는 영을 가지고 있다. 그리고 그 영으로 실제로 영적인 경험을 할 수 있다. 인간은 그 영으로 영적인 영역과 접할 수 있다. 그러나 죄로 인해 하나님으로부터 끊어졌기 때문에 미칠 수 있는 영적인 영역이란 것도 죽음의 상태에 있는 영역뿐이다. 당신은 이것을 깨달아야 한다. 왜냐하면 오늘날 경험할 수 있는 많은 영적 경험이 죽음의 영역에서 오는 것이고 하나님과는 아무런 상관이 없는 것이기 때문이다. 영매술(靈媒術), 신비주의, 이방 종교뿐 아니라 고대와 현대의 모든 형태를 망라한 우상 숭배가 포함된다. 이들의 뒤에는 모두 인간의 영혼을 살리는 것이 아니라 바싹 말려버리려는 마귀의 활동이 숨어 있다.

게다가 질병에 찌든 인간의 몸을 생각한다면, 당신은 이사야와 함께 울부짖을 수밖에 없을 것이다. "너희가 어찌하여 매를 더 맞으려고 패역을 거듭하느냐 온 머리는 병들었고 온 마음은 피곤하였으며 발바닥에서 머리까지 성한 곳이 없이 상한 것과 터진 것과 새로 맞은 흔적뿐이거늘 그것을 짜며 싸매며 기름으로 부드럽게 함을 받지 못하였도다"(사 1:5-6).

20장
회심한 인간

인간은 파괴되어 왔기 때문에 회심해야 한다. 실제로 제자리를 잃은 자신을 바로잡기 위해 회심이 필요하다. 복음의 좋은 소식은 마지막 아담이며 생명을 주는 영이시며 인간의 영을 거듭나게 하기 위해 그리스도께서 오셨다는 것이다. 새로 태어나는 경험 속에서 인간의 영은 재창조되며 하나님의 생명이 있는 관계로 회복이 된다. 우리가 거듭날 때 우리의 어떤 부분들이 영향을 받는가? 우리의 육이나 혼이 아닌 우리의 영이다. "육으로 난 것은 육이요 성령으로 난 것은 영이니"(요 3:6)

우리의 아버지이신 하나님은 우리 영의 아버지시며(히12:9), "하나님을 따라 의와 진리의 거룩함으로 지으심을 받은 새사람을"(엡 4:24)입는 것은 우리의 영이다.

그러나 구속은 영에서만 그치는 것이 아니다. 그리스도는 인간의 모든 것을 구원하기 위해 죽으셨지만 최초 인간을 창조하셨던 그 섭리에 따라 구원하셨다. 최초의 인간 창조에는 실수가 없었고 그것은 완전한 계획이었다. 그리고 구속은 그 계획을 손상하지 않는다. 그러므로 구원에는 인간의 본성에서 볼 때 두 가지 단계가 포함된다.

1. 인간의 영이 하나님과 생명 있는 관계로 회복될 뿐 아니라 육과 혼을 본래의 자리로 회복시킨다.

2. 혼이 구원받기 위해서는 반드시 십자가 앞으로 나아와야 한다. 파괴되기 위해서가 아니라 지배하려는 권리를 포기하기 위해서다. 이렇게 해야만 혼이 자유로울 수 있다.

누구든지 제 목숨을 구원하고자 하면 잃을 것이요 누구든지 나를 위하여 제 목숨을 잃으면 찾으리라 사람이 만일 온 천하를 얻고도 제 목숨을 잃으면 무엇이 유익하리요 사람이 무엇을 주고 제 목숨과 바꾸겠느냐(마 16:25-26)

혼이 지배하려는 권리를 내려놓을 때, 인간의 영은 성령으로 충만케 되며 인간의 영에 성령의 능력이 풀어져 혼의 기능이 거룩하고 조화를 이루도록, 몸이 치유 받도록 할 수 있다. 가톨릭의 은사주의(Charismatic) 운동 회원들은 성령세례에 대한 새로운 용어를 사용한다. 그들은 그것을 '성령의 풀려남' 이라고 부른다. 그들은 아마도 진정한 영적인 직관으로 부지불식간에 성령세례를 생생하게 접했던 것 같다. 성령님의 능력과 권위는 인간의 삶의 모든 부분에서 다음의 순서로 전달되도록 하나님이 계획하셨다. (1)인간의 영, (2)인간의 혼, (3)인간의 육.

누구든지 그리스도의 영이 없으면 그리스도의 사람이 아니라 또 그리스도께서 너희 안에 계시면 몸은 죄로 말미암아 죽은 것이나 **영은** 의로 말미암아 **살아 있는 것이니라**(롬 8:9-10)

육신의 생각은 사망이요 **영의 생각은 생명**과 평안이니라(롬 8:6)

예수를 죽은 자 가운데서 살리신 이의 영이 너희 안에 거하시면 그리스도 예수를 죽은 자 가운데서 살리신 이가 너희 안에 거하시는 그의 영으로 말미암아 너희 **죽을 몸도 살리시리라**(롬 8:11)

거룩한 질서가 어떤 것인지 이해하겠는가?

1. **영**은 **살아** 있다.
2. **생각**은 **생명**과 평안이다.
3. 죽을 **몸**에 **생명**이 주어진다.

나머지 이 연구의 목적은 이 진리가 실제 경험으로 이어질 수 있는가다.

21장
영의 기능

거듭남으로 인해 하나님이 부여하셨던 역할을 회복한 인간의 영은 성령으로 힘을 얻어서 혼을 통하여 몸을 다스리고 또 지시한다. 그러나 이러한 사실이 우리에게 더 실제적인 중요성과 의미를 갖기 위해서는 먼저 우리 자신의 영을 만나고 인정해야 한다. 내가 특별히 이 말을 하는 이유는 성령세례를 받기까지는 생각과는 구분되는 영을, '경험' 할 수 있는 차원에서 알지 못하기 때문이다.

영과 혼은 인간의 비물질적인 면이다. 즉, 우리는 그 중 어느 것도 눈으로 볼 수 없다. 다만 기능하는 것을 경험으로 알게 될 뿐이다. 내 혼을 아는 것은 내가 보았거나 만졌기 때문이 아니라 내가 생각하고 느끼고 결정하는, 즉 지, 정, 의로 기능하고 있음을 알기 때문이다. 내가 이런 기능을 하고 있을 때 나는 내 혼으로 살고 있는 것이다.

혼과 같이 영도 세 가지 기능이 있는데 〈그림19〉에서 볼 수 있듯이 혼의 세 가지 기능과 배타적인 관계가 아니라 직접적으로 관련되어 있다. 우리가 이러한 기능에 대해서 알게 될 때, 그리고 우리가 이런 것을 행하고 있을 때 우리는 우리의 영으로 사는 것이다.

지식

인간의 영의 첫 번째 기능은 지식인데 그것은 특별한 종류의 지식이다. 그것은 연역적 과정이나 이성적 결과로서의 지식이 아니라 직관적으로 오는 직접적인 지식이다. 우리의 생각으로 아는 것이 아니라는 것을 잘 이해해야 한다. 생각으로 이해하지만 아는 것은 우리의 영으로써다.

> 사람의 일을 사람의 속에 있는 영 외에 누가 알리요 이와 같이 하나님의 일도 하나님의 영 외에는 아무도 알지 못하느니라 우리가 세상의 영을 받지 아니하고 오직 하나님으로부터 온 영을 받았으니 이는 우리로 하여금 하나님께서 우리에게 은혜로 주신 것들을 알게 하려 하심이라(고전 2:11-12)

재미있는 것은 과학의 위대한 발견이 자료를 모으거나 분류하여 그 자료에서부터 추출해내는 연역적인 방법으로 이루어지지 않았다는 점이다. 인간의 모든 위대한 발견은 직관적인 통찰로 이루어졌다. 인간의 영으로, 인간은 진리를 본 것이다. 그런 다음 그가 직관적으로 알게 된 것을 증명하거나 반증하려는 실험을 한 것이었다.

직관적인 남성들도 많이 있긴 하지만 일반적으로 여성이 남성보다 이러한 종류의 지식에 더욱 익숙하다. 그러나 여자들이 범하는 실수는 그들의 직관에 절대 잘못이 없다고 생각하는 것이다. 인간의 직관이 절대 잘못이 없는 것은 아니다. 그러나 직관은 영적이다. 직관은 지식을 받아들이는 인간의 영이다. 인간은 유한하고 죄로 손상을 입었기 때문에 우리가 인식하는 지식은 불완전하며 우리가 인식한 것을 종종 잘못 해석한다.

하나님을 아는 지식

내가 경험했던 것 중에서 내 삶을 뒤바꿔놓을 만했던 것은 우리 모두가 다른 사람과 관계를 맺는 그 기술로 하나님과도 관계를 맺음을 발견한 것이다. 사람들이 이것을 이해하지 못하기 때문에 특별히 강조할 필요가 있다. 하나님은 한 인격이시며 우리와 하나님과의 관계도 인격적인 것이어서 우리가 다른 사람들을 알고 또 관계하는 데 사용하는 것과 똑같은 기술로 하나님을 알고 하나님과 관계한다.

당신은 스스로의 감각과 생각을 통하여 다른 사람을 알 수는 없다. 영으로 사람을 직접적, 직관적으로 알게 된다. 어떤 경우 당신은 이러한 방법으로 다가가서 금방 그 사람을 알게 된다. 그러나 또 다른 경우에는 아무리해도 전혀 다가갈 수 없을 때가 있다. 나는 아내들이 말하는 것을 들어왔다. "나는 20년이나 결혼생활을 했지만 내 남편을 모르겠어요." 또 부모들은 말한다. "나는 내 아이들에게 다가갈 수 있을 것 같지가 않아요. 아이들을 전혀 알지 못한다는 느낌이 듭니다." 이러한 모든 경우에 좌절하고 있는 부분은 영이다. 왜냐하면 영이 원하는 지식을 얻을 수 없기 때문이다.

하나님을 아는 지식도 이런 직접적이고 직관적인 방법으로 온다는 것을 이해하는 것이 아주 중요하다. 우리는 다음의 사실들을 어떻게 알게 됐는지 설명하거나 묘사하지 못할 수도 있지만 우리는 어떤 확실하고 흔들릴 수 없는 방법으로 하나님이 우리에게 말씀하셨다는 것을 또는 하나님이 우리의 기도를 들으셨다는 것을 혹은 우리가 하나님의 임재 가운데 있다는 것을 '그냥 안다.'

많은 경우 이것을 이해하지 못하기 때문에 우리가 우리에게 이제까지 말씀해 오신 분이 하나님이라는 것을 알지 못한다. 몇 해 전부터 나는 수백 명의 사람들에게 물어왔다. 그들 중에, 하나님이 다가오신 어떤 직관적이고 직접적인 경험을 못 해본 사람이 거의 없었다. 이러한 영으로써 경험은 거의 전적으로 무시한 채 우리 그리스도인들의 믿음을 머리의 지식으로 만들어 왔다는 것은 비극이다.

우리는 또한 하나님에 대한 지식을 영으로(생각으로가 아니라) 얻는 것은 우리가 할 수 있는 것 중 가장 어려운 방법을 하나님이 선택하신 것이 아니라는 것을 깨달아야 한다. 그것은 하나님이 지식을 전하는 유일한 방법이다. 하나님은 우리와 단지 정보를 나누고 싶으신 것이 아니라 생명의 지식을 나누고 싶어 하신다.

> 영생은 곧 유일하신 참 하나님과 그가 보내신 자 예수 그리스도를 아는 것이니이다(요 17:3)

생각으로는 생명을 받아들일 수 없다. 단지 정보나 자료를 다룰 수 있을 뿐이다. 생명을 받아들일 수 있는 것은 오직 인간의 영이다. 그러므로 영만이 생명을 전해주는 하나님을 아는 지식을 받아들일 수 있다. 단순히 인간의 차원에서도 한 사람을 알아가면서 생명력을 경험할 수 있다는 것이 어느 정도 사실이다. 누군가가 그야말로 그 자신을 당신과 나누었을 때, 그 만남이 비록 짧더라도 당신은 자신이 더 살아 있음을, 더 깨어 있음을, 더 생기 있음을 느낀다. 다른 사람의 영으로부터 생명이 전달된 것이다. 그 전달이 자신을 우리에게 나누어주신 살아계신 하나님으로부터 온 것일 때 우리는 영생의 경험을 하게 된다.

양심

우리가 생각해야 할 영의 두 번째 기능은 양심이다. 양심이 생각과 다름을 인식하지 못하고 있다 해도 우리 모두는 양심의 기능에 친밀하다.

> 깨끗한 자들에게는 모든 것이 깨끗하나 더럽고 믿지 아니하는 자들에게는 아무 것도 깨끗한 것이 없고 오직 그들의 마음과 양심이 더러운지라(딛 1:15)

하나님이 우리 양심에 말씀하시기는 하지만 양심이 하나님의 음성은 아니다. 양심은 인간의 영의 기능이다. 정직, 성실 같은 도덕적 진리를 아는 능력 그리고 그것을 특정한 경우마다 적용해서 어떤 일이 있어도 진리를 말하거나 약속을 지키는 것이 불편을 줄 때도 지킬 수 있는 능력을 갖도록 창조되었다.

양심이 어떻게 기능하는지 이해하기 위해서 우리는 그 **형식**과 **내용**을 구별해야 한다.

형식은 양심이 일하는 방법을 말한다. 이것은 민족, 성별, 나이, 배경 혹은 문화에 상관없이 모든 사람에게 같다. 그것은 우리가 **언제** 옳게 행하고 있고 **언제** 그릇 행하고 있는지 우리에게 말해준다.

> 이런 이들은 그 양심이 증거가 되어 그 생각들이 서로 혹은 고발하며 혹은 변명하여 그 마음에 새긴 율법의 행위를 나타내느니라(롬 2:15)

내용은 양심이 판단하는 근거를 말한다. 무엇이 옳고 **무엇이** 그른가를 우리에게 말해준다. 양심의 내용은 문화, 나이 배경, 학습에 따라 다르기 때문에 어떤 사람은 양심에 의해 정죄 받지만 다른 사람의 양심은 그 일에 대해 중립이거나 심지어 그것을 인정하는 경우도 있다.

반면, 성령이 인간의 영을 일깨우고 하나님이 가지고 계신 거룩함과 사랑의 가치 기준을 양심에게 보여줄 때 회개로 이끄는 죄의 고백이 일어난다. 참된 회개가 일어날 때, 성령의 역사는 죄를 다루고 어려움을 겪고 있는 양심에 평안을 말해주기 위해서 갈보리 보혈의 능력에 초점을 맞춘다.

> 그러므로 형제들아 우리가 예수의 피를 힘입어 성소에 들어갈 담력을 얻었나니 그 길은 우리를 위하여 휘장 가운데로 열어 놓으신 새로운 살 길이요 휘장은 곧 그의 육체니라 또 하나님의 집 다스리는 큰 제사장이 계시매 우리가 마음에 뿌림을 받아 악한 양심으로부터 벗어나고 몸은 맑은 물로 씻음을 받았으니 참 마음과 온전한 믿음으로 하나님께 나아가자(히 10:19-22)

양심에 대한 순종은 도덕적 행동의 근본이 된다. 성화, 곧 성령의 계속적인 역사가 하나님의 법을 마음에 새겨서 인간의 영(양심)이 그 은혜로운 자유의 법을 보고 점점 민감해져서 행동과 동기가 순전해진다.

오늘날은 그 어느 때보다도 양심에 대해 이해할 필요가 있다. **양심의 중요한 기능은 진리를 증거하는 것이다.** 이것을 잘 이해하라. 참 혹은 거짓은 본질적으로 생각이 아니라 양심에 기록된다. 당신이 흠잡을 수 없는 그럴듯한 이야기를 듣는다 해도 어느 정도 그것이 의심이 간다는 것을 당신은 그냥 '알 수 있다.' 또 어떤 사람이 전혀 있을 것 같지 않은 사람에 대해 전혀 근거가 없는 듯한 이야기를 하지만 당신은 그 사람이 진실을 말하고 있음을 '안다.' 진실과 거짓을 무엇으로 알 수 있는가? 양심이다.

그 예를 바울이 로마서 9장 1절에서 말하는 것을 찾을 수 있다. "내가 그리스도 안에서 참말을 하고 거짓말을 아니하노라 나에게 큰 근심이 있는 것과 마음에 그치지 않는 고통이 있는 것을 내 양심이 성령 안에서 나와 더불어 증언하노니."

그러므로 사도들의 설교는 듣는 이들의 생각을 향한 것이 아니라 그들의 양심을 향한 것이었다. 사도는 진리를 증명할 필요가 없고, 다만 그것을 선포해야 함을 알았다. 왜냐하면 진리는 그 안에 가지고 있는 확실성을 양심에 전달하기 때문이다.

이에 숨은 부끄러움의 일을 버리고 속임으로 행하지 아니하며 하나님의 말씀을 혼잡하게 하지 아니하고 오직 진리를 나타냄으로 하나님 앞에서 각 사람의 양심에 대하여 스스로 추천하노라(고후 4:2)

언젠가 비기독교인들도 많이 초청되어 오는 기독실업인 모임에서 말씀을 전한 기억이 난다. 처음에 나는 그들에게 말했다. "여러분들에게 제가 오늘 밤 말하는 것이 진실인지 아닌지 여러분이 알아낼 수 있는 확실한 방법을 보여드리겠습니다." 물론 나는 그들의 관심을 사로잡았다! 그런 다음 말했다.

"제 말이 여러분의 양심에 어떻게 기록되는지 주목하시면 됩니다." 그들이 중립을 지키려고 하는 것을 느낄 수 있었다. 사람들이 복음에 대해 부딪히는 지적인 어려움과 반대는 대부분의 경우 자신의 양심을 진리의 공습으로부터 보호하려는 것이다.

사실 깨끗한 양심을 유지해야 한다는 중요성을 지나치게 강조한다는 말은 있을 수 없다. 바울은 "이것으로 말미암아 나도 하나님과 사람에 대하여 항상 양심에 거리낌이 없기를"(행 24:16) 힘쓴다고 말했다. 예수님의 보혈로 깨끗하게 지켜지는 양심만이 정확하게 진리를 증거할 수 있다. 만약 당신이 하나님의 교회를 이제까지 괴롭혀 온 모든 이단을 추적해 본다면 당신은 시작부터 진실과 오류를 분별할 수 없는 더럽혀진 양심을 발견하게 될 것이다. 성경이 경고하는 마지막 때의 속임이 난무하는 가운데에서는 깨끗한 양심이 우리의 유일한 안전장치가 될 것이다.

> 그러나 성령이 밝히 말씀하시기를 후일에 어떤 사람들이 믿음에서 떠나 미혹하는 영과 귀신의 가르침을 따르리라 하셨으니 자기 양심이 화인을 맞아서 외식함으로 거짓말하는 자들이라(딤전 4:1-2)

의사소통

영의 세 번째 기능은 예배, 친교 혹은 의사소통이다. 예수님은 사마리아 여인에게 말씀하셨다.

> 하나님은 영이시니 예배하는 자가 영과 진리로 예배할지니라(요 4:24)

우리는 **오직 우리의 영으로만** 하나님과 **의사소통**할 뿐 아니라 같은 식으로 다른 사람들과도 의사소통한다. 만약 내가 영으로 다른 사람의 영을 접하지 않는다면 실제 의사소통은 이루어지지 않은 것이다. 내가 당신에게 자료나 정보를 전달할 수 있고 이해시킬 수도 있지만 인격으로서의 의사소통은 우리 사이에 없는 것이다.

내가 처음 이것을 발견했던 것은 웰링턴의 십대들을 전도하기 위해 커피하우스 운영을 도울 때였다. 정기적으로 오던 '누더기'라고 불리는 한 젊은이가 있었는데, 그 이름이 그에게 아주 잘 맞았다. 종종 그랬듯 그가 심심할 때 주로 하는 것은 나를 포함해서 보이는 모든 사람을 짜증나게 하고 괴롭히는 것이었다. 사람들을 괴롭히는 데 있어서 그의 창의력은 끝이 없었고 그의 성공률은 가히 인상적이었다. 어느 금요일 밤 누더기는 나의 인내를 시험했는데 내 참을성의 한계를 거의 뛰어넘는 수준이었다. 나는 커피 잔을 놓고 혼자 앉아서 내 영성을 유지하려는 싸움을 싸우고 있었다. 그때 그가 걸어와서는 승리의 거드름을 피우면서 내 맞은편 앞에 털썩 앉았다. 갑자기 내 안의 성령이 그 소년에게 손을 뻗치셨다. 나는 그것이 성령이었다는 것을 안다. 왜냐하면 내 속에서 내가 느끼고 있었던 것은 성가심과 골이 잔뜩 나서 속상한 마음뿐이었기 때문이다. 게다가 그 당시의 나는 다른 사람에게 어떻게 다가가는지도 잘 몰랐다. 나는 이렇게 말하고 있었다.

"그래함, 왜 그렇게 행동하는지 말해줄래? 나는 네가 정말 그런 사람이라고는 생각하지 않거든." 갑자기 내가 그의 영을 만졌다는 것을 깨달았다. 그때부터 몇 시간 동안 그는 거기 앉아서 그의 모든 좌절과 끔찍했던 가정 얘기와 외로움과 실패에 대해 쏟아 내었다. 그리고 그 다음부터는 절대로 한순간도 나를 괴롭히지 않았다. 거기서 나는 우리가 우리 영으로 다른 사람의 영을 만질 때만이 우리가 그들을 도울 수 있음을 배웠다.

너무도 많은 사람들이 어떻게 의사소통을 해야 할지 모른다. 수 년 동안 결혼 생활을 한 남편들과 아내들이 어떻게 의사소통해야 할지를 모른다. 서로에게 얘기하지 않는 것이 아니다. 수만 마디의 말을 해왔겠지만 그 중에 많은 것은 차라리 말하지 않는 것이 나았을 것이다. 서로간의 의사소통은 없었다.

나는 23년 동안 결혼 생활을 한 한 여성을 기억하는데, 그녀의 남편이 어느 날 밤 집에 돌아와서 말했다. "이제 다 끝났어. 무엇인가라도 있었다면 말이야. 이제 헤어지자." 그녀는 나에게 말했다. "우리는 결코 서로에게 화를 내거나 싸워 본적이 없어요. 우리는 그냥 같이 살았고 거기에는 결국 아무것도 없었어요."

자녀들은 말한다. "부모님과 말이 안 통해요." 그들이 말하는 것은 무슨 뜻인가? 그들이 다른 언어로 말한다는 것이 아니라 그들에 대한 사랑으로 다가오는 영을 찾지 못한 것이다. 혹은 그들이 부모님에게 다가갔을 때 아무런 반응이 없었던 것이다.

하나님에게 있는 좋은 점은 우리가 우리 영으로 하나님께 다가갈 때 주님은 주님의 영으로 만나주시기 때문에 우리는 언제나 의사소통할 수 있다는 것이다. 성령은 주님의 영으로 우리에게 다가오는 하나님이시다. 성령은 "아버지께로서"(요 15:26) 나오신다. 우리의 기도 속에 우리가 영으로 다가가지 않는다면 의사소통은 이루어지지 않는다. 우리는 그냥 우리의 기도를 말하고 있을 뿐이다. 반면, 우리가 영으로 다가간다면 말이 전혀 없다 해도 진정한 의사소통이 이루어질 수 있다.

이와 같이 성령도 우리의 연약함을 도우시나니 우리는 마땅히 기도할 바를 알지 못하나 오직 성령이 말할 수 없는 탄식으로 우리를 위하여 친히 간구하시느니라 (롬 8:26)

그러나 영으로 나누지 않는다면 주님의 삶이나 주님에 대해 우리가 알고 있는 것을 다른 사람과 나눌 수 없다. 이것이 대부분 우리가 개인 전도나 그리스도인 상담에서 실패하는 요인이다.

성령의 통로가 되는 것은 물결처럼 성령의 은혜와 능력을 운반해주는 것을 의미한다. 내가 기꺼이 내 자신을 다른 사람에게 주지 않으려 한다면 나는 그에게 그리스도를 줄 수 없다.

22장
영과 혼의 관계

우리는 이제 인간의 혼과 영의 본성과 기능의 차이를 신학적으로 뿐 아니라 경험으로써도 인식하기 시작했다. 히브리서의 다음 요절이 우리에게 도움이 될 것이다.

> 하나님의 말씀은 살아 있고 활력이 있어 좌우에 날선 어떤 검보다도 예리하여 혼과 영과 및 관절과 골수를 찔러 쪼개기까지 하며 또 마음의 생각과 뜻을 판단하나니(히 4:12)

다시 말하면, 직접적이며 직관적인 지식을 주시든가 혹은 우리의 양심에 증거하시든가 혹은 우리로 응답하는 예배를 드리도록 하시는 방법 등을 통해서 하나님의 살아있는 말씀을 바로 우리의 영에게 주신다.

우리는 이제 지극히 중요한 데도 불구하고 거의 탐구하지 않은 영역 앞에 서 있다. **인간의 영과 혼과의 관계다.**

분명히 인간의 영이 우리를 다스리고 지시하는 중심이 되려면 혼과 육과도 필경 특별하게 연관되어 있어야 한다. 더욱이 우리의 영이 성령이 거하시는 처소라면 성령의 은혜와 능력이 우리의 영으로부터 혼과 육의 필요에까지 흘러들어갈 수 있는 통로를 어떻게 열 수 있는지를 아는 것은 매우 중요하다.

〈그림19〉는 영으로 사는 사람의 두 가지 기본적인 특성을 보여준다.

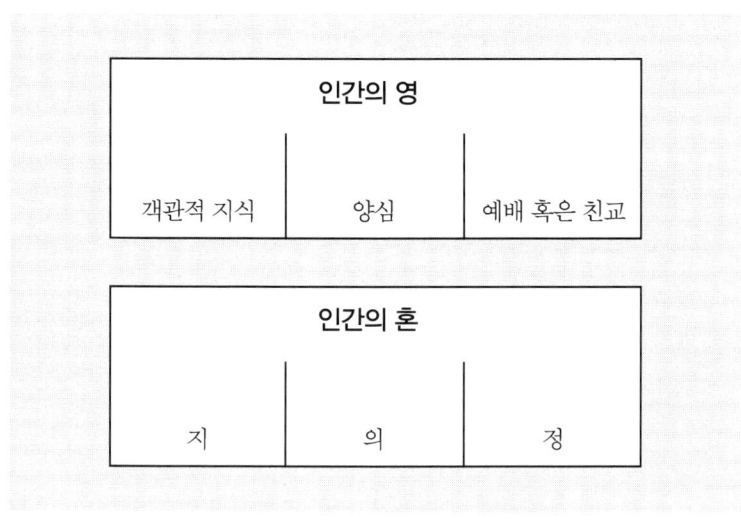

그림19 - 영과 혼의 관계

첫째, 인간의 영의 각 기능은 혼의 기능 중 한 가지씩 특별하게 관련되어야 한다.

- 영이 받아들인 지식은 생각의 이성을 지배하도록 되어 있다.
- 양심은 의지의 결정을 지시하고 통제하도록 되어 있다.
- 친교(communion)의 기능은 정서를 다스리게 되어 있다.

둘째로, 성령님이 인간의 영에 거하신다 해도 성령은 인간 의지의 소원과 동의가 없이는 더 이상 행하실 수 없다. 그것은 우리가 성령을 소멸케 하는 것이 가능한 이유다. 하나님의 성령에게 우리가 'No!'라고 말할 수 있으며 하나님은 전능하시지만 불신자의 마음을 강제로 열고 들어가시지는 않는 것처럼 우리 삶에 닫혀 있는 영역 속에 그분의 방법을 강요하시지 않는다. 우리의 영 안에 거하시는 성령님은 그러한 거절당할 수 있는 그분의 사랑의 법으로 움직이신다. 우리는 성령을 화나게 할 수도 있고, 슬프게 할 수 도 있고, 기쁘게 할 수도 있다. 그분을 향한 우리의 반응과 행동에 따라서 성령은 자유롭게 역사하실 수도 있고 또한 제한받으실 수 있다.

이제 영과 혼이 서로 어떤 원리로 관계하는지 조사해보자. 그래서 우리가 영으로 사는 것이 어떤 의미인지를, 또한 그럼으로써 성령의 능력으로 사는 것이 어떤 것인가를 이해하기 시작할 수 있도록 말이다.

영, 생각, 믿음

우리는 앞서 하나님이 직접적이거나 혹은 그분의 말씀으로 우리에게 말씀하실 때 지식으로 우리의 영에 도달한다는 것을 보았다. 우리는 이 지식을 **계시**라고 부른다.

> 기록된 바 하나님이 자기를 사랑하는 자들을 위하여 예비하신 모든 것은 눈으로 보지 못하고 귀로 듣지 못하고 사람의 마음으로 생각하지도 못하였다 함과 같으니라(고전 2:9-10)

이 지식이 직관적으로 영에 들어올 때 믿음의 가능성이 생긴다. 생각과 영을 연결해주는 것은 믿음이다. 이것은 〈그림20〉에 나와 있다. 우리는 믿음이 무엇인지를 이해해야 한다. 가끔 우리는 믿음을 '이상한 나라의 앨리스'

에서처럼 '아침 먹기 전에 세 가지 불가능한 일을 믿는 것'으로 생각한다. 믿음은 어둠 속으로 뛰어드는 것이 아니며 증거도 없이 무턱대고 믿는 것도 아니다. 믿음은 지식에 근거하기 때문에 항상 결과를 낳는다.

그리스도인이 되기 전에는 '내가 이해하기만 한다면 믿을 수 있을 텐데'라고 생각했다. 그러나 그리스도인이 된 다음에는 '내가 틀렸어. 먼저 믿으면 알게 돼'라고 생각했다. 이제 내가 처음으로 올바르게 깨달은 것은 먼저 알아야 믿게 된다는 것이다.

그러나 우리가 이해해야 하는 것은 믿음이 근거하는 지식은 특별한 종류의 지식이라는 것이다. 그것은 하나님으로부터 우리의 영으로 오는 직접적이고 직관적인 지식이다. 우리의 이성적인 마음은 그러한 종류의 지식에 어려움을 갖는다.

> 육에 속한 사람은 하나님의 성령의 일들을 받지 아니하나니 이는 그것들이 그에게는 어리석게 보임이요, 또 그는 그것들을 알 수도 없나니 그러한 일은 영적으로 분별되기 때문이라(고전 2:14)

그러므로 하나님의 지식이 우리의 영으로 올 때, 우리는 믿음의 행위로 그 지식을 신뢰하는 것 혹은 불신의 행위인 신뢰하지 않는 것 중에서 선택해야 한다.

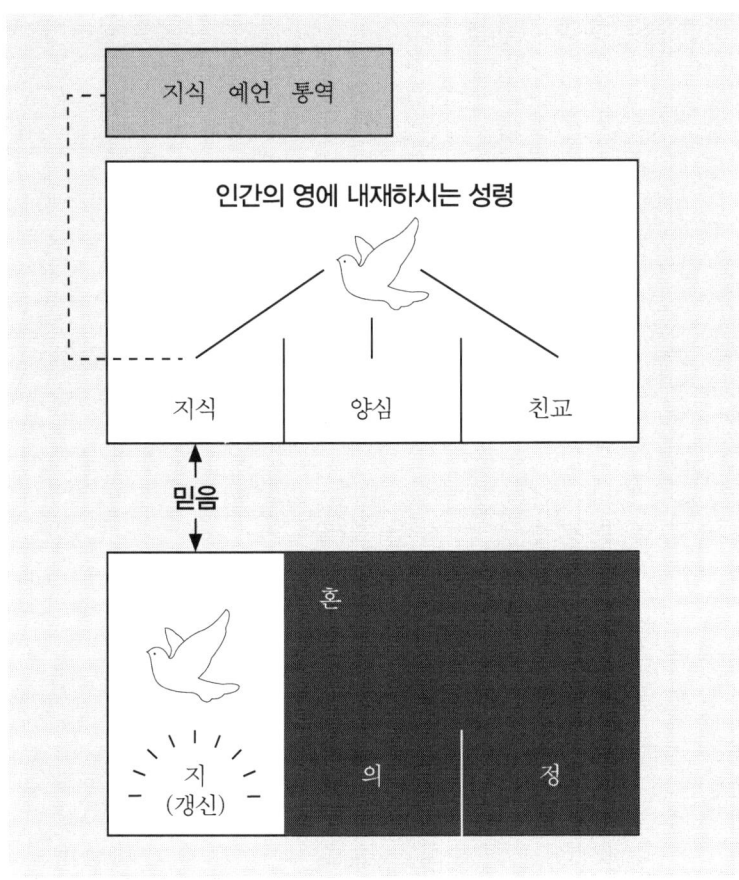

그림20 - 지식과 지(Mind)

우리가 믿음으로 반응할 때 성령의 능력이 우리 영으로부터 우리의 생각과 생각 그 이상에까지 역사하게 된다. 어떤 점에서 믿음의 분량은 중요한 요소가 아니다. 그것은 아주 작은 요소일 수 있다. 예를 들어, 퓨즈나 스위치는 아주 작지만 접속을 완성시켜주는 그 기능은 매우 중요하다. 그것이 바로 예수님께서 '겨자씨만한 믿음'이 있다면 엄청난 결과가 따라올 수 있다고 말씀하신 이유다.

반면, 우리는 불신의 심각한 면도 볼 수 있다. 그것은 단순히 모든 그리스도인들을 괴롭히는 약간의 약점이 아니다. 그것은 계시로 주시는 지식을 거절하는 것이며 우리 삶에 성령이 흘러들어오는 것을 방해하는 극복할 수 없는 장애물이다. 가나안 땅에 들어갈 것이라는 약속을 받았지만 결국 광야에서 죽었던 이스라엘 세대에게 히브리서 저자는 관심을 집중했다. 그는 우리에게 약속을 받는 것 그 자체로 충분한 것이 아니라는 점을 경고한다.

그들과 같이 우리도 복음 전함을 받은 자이나 들은 바 그 말씀이 그들에게 유익하지 못한 것은 듣는 자가 믿음과 결부시키지 아니함이라(히 4:2)

만약 우리가 불신으로 하나님의 말씀을 거부한다면 말씀이 진리라 할지라도 우리 삶에서 결실을 맺지 못할 것이다.

영적 직관

마태복음 18장에서 주님이 어린아이를 부르셨을 때 그 아이를 가운데 세우시고 제자들에게 말씀하셨다. "진실로 너희에게 이르노니 너희가 돌이켜 어린 아이들과 같이 되지 아니하면 결단코 천국에 들어가지 못하리라"(마 18:3).

나는 이 구절에 대한 일반적인 해석, 예를 들어 작은 아이들처럼 우리가 겸손해야 한다든가 신뢰해야 한다는 해석이 아주 만족스럽지 못했다.

깜깜한 밤에 마주치게 된다면 전혀 당신을 신뢰하지도 않고 또 전혀 겸손하지도 않은 일부 아이들이 있다. 따라서 나는 예수님이 정말 날카롭게 지적하고 싶었던 것은 전혀 그런 것이 아니라고 생각한다.

만약 당신이 아장아장 걷는 어린아이가 있는 집에 들어간다면 그 아이는 15초 안에 당신을 판단할 것이다. 그 아이는 당신에 대한 지적인 자료가 많지 않기 때문에 직관적으로 그런 일을 한다. 그리고 자기가 어떤 일을 했는지도 모를 것이다. 그 아이는 순전히 자신의 영이 그에게 말하는 것을 가지고 당신에 대한 생각을 결정한다.

어린아이들에 대해 재미있는 것은 그 아이는 자신의 직관이 자신에게 말하는 바대로 100퍼센트 행동한다. 만약 그 아이가 당신을 좋아하지 않기로 결정한다면 당신은 그 아이에게 가까이 갈 수 없다. 당신이 아무리 얼굴 가득 웃음을 띄고 그럴 듯한 말을 건넨다 해도 엄마 치마 뒤나 부엌 식탁 밑에 숨어 있는 아이를 나오게 할 방법이 없을 것이다.

반면에, 그 아이가 당신을 좋아하기로 결정하면 당신은 그 아이를 떼어 놓을 수가 없다. 그 아이는 당신에게 흠뻑 빠져서 버릇이 없어지기도 한다. 만약 당신이 그 아이가 반쯤 먹은 과자를 당신 입속에 집어넣도록 해주지 않으면 그 아이는 그것을 당신의 코나 혹은 왼쪽 귀속에 찔러 넣으려고 할 것이다. 그 애는 자기가 가지고 있는 것은 뭐든지 당신과 나누어 갖기를 너무나 원하기 때문이다.

당신은 예수님이 무엇을 말씀하고 계신지 이해하는가? **우리가 아이들처럼 우리 영으로 받아들이는 하나님의 지식을 신뢰하려고 하지 않는다면 우리는 결코 하나님 왕국의 도(道)를 이해할 수 없을 것이다.** 그것은 곧 마음속에서 성령을 좇아 행하는 것을 의미한다.

당신이 암에 걸린 어떤 시한부 환자를 방문한다고 해보자. 당신이 주님께 나아가 그를 위로하는 기도를 하는데, 예기치 않게 당신의 영에 주님이 '이러한 표적이 그들로 믿도록 인도할 것이다. 아픈 자들에게 손을 얹으면 나을 것이다. 이제 그대로 하라'고 말씀하신다면 당신은 직관적으로 그것이 환자에 대해 하나님으로부터 온 말씀임을 안다.

그러나 그 다음 당신의 생각이 끼어들어 '너는 그런 위험을 무릅쓸 수 없어. 그것은 암이야. 만약 그 사람이 안 나으면 어떻게 할래?'라고 말한다. 그때 믿음 아니면 불신이 들어서게 된다. 당신의 생각이 물리적 자료(암으로 죽는 사람)를 붙들든가 아니면 믿음으로 아픈 자를 고치시는 하나님이 주시는 새로운 자료를 붙들든가 해야 할 것이다. 믿음은 더 높은 지식, 즉 이러한 특정한 상황에서의 하나님의 뜻 그리고 하나님의 능력에 대한 지식에 접근하기 때문에 감각적인 지식을 문제 삼지 않는다.

생각의 중요성

그러나 단순히 생각이 인간의 영에 대한 큰 장애물은 아니다. 생각 또한 그 자체로 매우 중요한 것이다. 오늘날 교회 안에 가장 결핍되어 있는 것 중 하나는 사물에 대한 순수한 그리스도인의 사고방식과 생각이 없다는 것이다. 생각의 기능은 영으로부터 **말씀으로** 계시의 지식을 받는 것 혹은 명제를 받아들이는 것이다. 그래서 우리가 받아들인 것을 사유(私有)하고 그것을 다른 사람들과 나눌 수 있도록 한다. 고린도전서 2장에서 바울은 계시는 하나님의 성령으로부터 인간의 영으로 온다고 설명하고 있다. 그러나 그 다음 바울은 이렇게 말한다.

우리가 이것을 말하거니와 사람의 지혜가 가르친 말로 아니하고 오직 성령께서 가르치신 것으로 하니 영적인 일은 영적인 것으로 분별하느니라(고전 2:13)

여기에 매우 중요한 원리가 있다. 인간의 영에 주시는 성령의 계시는 종종 빛이 번쩍 비추는 것 같은 깨달음으로 올 때가 있다. 우리는 하나님 안에 있는 무엇인가를 깨닫는다. 그러나 종종 이런 식으로 깨닫는 것은 우리 자신에게조차 설명하기 어렵다. 그것은 사실상 말로는 표현하기 어렵다.

어느 주일 날 오전, 교회에서 집으로 오는 차 속에서 아내가 매우 들떠 있었다. 그녀는 말했다. "오늘 아침 친교를 나누는 중에 예수님의 이름에 대한 아주 훌륭한 것을 갑자기 깨달았어요." 내가 "놀라운데! 어떤 것인지 얘기해 봐요"라고 말하자, "오, 말로는 할 수가 없어요. 그러나 아주 훌륭한 것이에요!"라고 했다. 그것은 진짜 계시였지만 절반의 완성이었다. 우리 안에 성령으로 조명해 주실 때, 우리는 '주님, 이제 말로써도 이해할 수 있기를 원합니다. 그래서 제가 그것에 순종하고 또 그것을 다른 사람들에게 전할 수 있기를 원합니다'라고 기도할 필요가 있다. 우리가 이렇게 하지 않으면 하나님이 주신 가장 훌륭한 경험이 우리 손가락 사이로 빠져나가거나 잃어버릴 수 있다.

생각이 새롭게 됨

생각은 또한 영의 직관을 이해하고 올바로 판단할 수 있도록 새로워져야 한다. 새롭게 되지 않은 생각으로 영의 직관을 다루는 것은 위험하다.

그럼에도 불구하고, 우리 영에 오는 말씀을 신뢰할 때마다 믿음은 영에서부터 생각 속으로 성령의 능력이 풀어지도록 해준다. 이것이 습관적인 반응이 될 때, 생각은 영을 좇게 되며 로마서 8장 6절이 우리에게 말해주듯이 이것이 생명과 생각의 평안이다. 여기서는 그것이 실제로 어떻게 일어나는가를 볼 수 있다. 우리는 생각이 새롭게 됨에 대하여 다른 곳에서 더 많이 다루었다. 하나님의 생각을 아는 성령은 우리 생각을 하나님과 동일하게 생각할 수 있는 능력으로 들어 올리신다.

영적 은사에 관하여

이제 우리는 앞의 사실들이 성령의 은사의 작용에 대하여 무엇을 시사하는지 살펴보겠다.

첫째로, 앞의 사실들은 이러한 은사들의 본질이 "신령한 것"(고전 12:1)이라고 확증하고 있다. 영적인 은사는 성령이 인간의 영에 나타나고 그런 다음 인간의 영에서 생각으로 나타나는 것이다.

둘째로, 영적 은사의 작용에 대한 믿음의 위치를 설명해준다.

지혜의 말씀은 계시를 받는 사람 자신도 알지 못하고 또 본래는 알 수 없는 어떤 사람이나 상황에 대한 정보를 주는 하나님의 말씀이다. 그것은 계시이기 때문에 직접적으로 그리고 직관적으로 오며 그러므로 그것을 바탕으로 행동하기 위해서는 믿음이 필요하다. 처음으로 내가 대중 집회에서 지혜의 말씀을 받았던 때는 가톨릭과 성공회 기도모임에서다. 내가 강단에서 사람들을 예수님께로 초청하고 있었는데, 주님께서 내게 그 모임에 참석한 어떤 사람의 결혼에 대해서 자세하게 보여주셨다.

그것은 보통의 결혼 문제보다 훨씬 심각한 것이었다. 회중이 얼마나 많은가를 둘러보았는데, 그때 내 생각이 말했다. '만약 네가 그것을 말하면, 족히 백 명이 넘는 불만족스러운 아내들이 앞으로 나오게 될 것이다.' 나는 믿음이 없었다. 나는 내 생각의 소리를 들었고 그저 일반적으로 앞으로 나와서 기도 받을 사람들을 초청했다.

앞에 있는 첫 번째 여성이 나에게 그녀의 결혼생활 상태를 말했다. 나는 이미 알고 있었다. 그녀가 자리에 앉아 있는 동안 주님은 그녀의 세세한 부분의 필요들을 알고 계시고 그것을 채우실 수 있음을 그녀가 알아야 한다고 하셨기 때문에 나는 그것을 말하지 않음으로 주님께 꾸지람을 받았다.

예언과 방언 통역 또한 우리가 얘기해왔던 기준을 가지고 이해할 수 있다. 계시는 우리가 살펴보았듯이 성령으로부터 인간의 영에 비추는 조명이다. 모임에서 방언을 받은 사람은 자기의 생각으로는 이해하지 못한 성령으로 받은 어떤 계시를 표현하는 것이다. "내가 만일 방언으로 기도하면 나의 영이 기도하거니와 나의 마음은 열매를 맺지 못하리라"(고전 14:14) 모임에서 성령님이 말씀하시는 것을 이해하기 위해서는 방언 통역의 은사가 동반하며 작용해야 한다. 그래서 영으로 받은 것을 말로 표현한다.

예언의 은사는 한 사람 속에서 이 두 가지 단계가 일어난다. 인간의 영이 계시를 받고 말로써 생각에 전달하고 예언의 말이 나온다. 그것이 바로 바울이 "나는 너희가 다 방언 말하기를 원하나 특별히 예언하기를 원하노라 만일 방언을 말하는 자가 통역하여 교회의 덕을 세우지 아니하면 예언하는 자만 못하니라"(고전 14:5)고 말한 이유다.

예언과 방언 통역은 '믿음'이라는 요소가 필요하다. 보통 예언이나 방언 통역을 처음 시작할 때 단지 한 마디 혹은 두 마디만이 생각날 것이다. 그러나 사람이 믿음으로 내딛을 때만 이러한 말들이 풀려서 영으로부터 생각 속으로 흘러들어가며 예언의 나머지 부분을 받게 될 것이다. 당신이 믿음으로 말하지 않는다면 그 말은 소멸되고 당신은 자신이 정말 하나님으로부터 말씀을 받았는지 확실치 않게 될 수도 있다.

반면, 예언의 말씀이 일단 우리 영에서 멈추면 그것이 문장 중간이었다 할지라도 우리 또한 멈추는 것이 좋다. 성령이 멈춘 후에도 계속한다면 우리는 단지 자신의 생각으로 말하고 있는 것이다. 하나님이 우리에게 말씀을 주시지 않았을 때 예언을 시도하면 우리는 우리 자신의 말, 순전히 인간의 것을 말하고 있을 뿐이다. 하나님이 계시를 주시지 않았을 때 지혜의 말을 하려고 시도하면 우리는 단지 추측만 하고 있는 것이다.

선지자 엘리사에 대해 인상적인 것은 하나님이 언제 그에게 계시를 주시는가를 알았을 뿐 아니라 하나님이 그렇게 하시지 않았을 때도 인정할 줄 알았다. 아들이 죽은 사마리아 여인이 와서 엎드리며 선지자의 발을 잡았을 때, 그의 종 게하시는 그녀를 물리쳐 보냈다. 엘리사가 말했다.

> 가만 두라 그의 영혼이 괴로워하지마는 여호와께서 내게 숨기시고 이르지 아니하셨도다(왕하 4:27)

23장
양심과 의지

영과 생각의 연결고리가 믿음이라는 것은 새로운 통찰일 수 있지만 양심과 의지와의 연결고리는 이미 우리 모두에게 아주 친숙하다. 물론 그것은 순종이다. 양심이 '너 해야 돼'라고 말할 때, 나의 의지는 '내가 할 게'라고 반응해야 한다. 양심이 '너 하면 안 돼'라고 말할 때, 나의 의지는 '나 하지 않을 게'라고 말해야 한다.

영을 좇아 사는 삶에 있어서 양심보다 더 중요한 인간 영의 기능은 없다. 영의 기능보다 더 결정적인 것은 없다. 하지만 순종에 대해서는 몇 가지 더 탐구해야 할 것이 있다. 성숙한 그리스도인이나 많은 설교가들 조차도 그에 대해 몹시 잘못 이해하고 있기 때문이다. 예를 들어, 우리는 가끔 순종이 일종의 도덕적 약이라는 인상을 준다. 몸에 좋은 약이 쓴 것처럼 순종의 행위가 불유쾌하기 때문에 우리에게 선이 될 것이라고 생각한다.

다른 경우에는 **순종**과 **순응**을 혼동한다. 순응은 현대 사회의 가장 위험한 특징 중 하나다. 그것은 사람들이 개인적, 도덕적 책임을 회피하는 한 방법이다. 도덕적 선택의 책임이 지도자, 상관, 정치가 그리고 정당 간부들에게 전가된다. 개개인이 해야 하는 질서와 명령에 응하는 것뿐이다. 이러한 명령의 본질 혹은 결과는 더 이상 자기의 관심이 아니다. 이것이 오늘 우리가 가지고 있는 문제들을 초래했다. 즉, 명백한 악이 발생한다.

그리고 누구도 그것에 대해 책임이 없다. 좋은 군인 혹은 자기가 받은 명령에 충성스럽게 복종하는 부하로서 방아쇠를 당기거나 폭탄을 장치하는 사람은 책임이 없다. 그 명령을 내린 사람은 자기 자신은 아무도 죽이지 않았고 무고한 피 한 방울도 흘리게 하지 않았기에 아무런 죄책감을 못 느낀다. 그는 단지 명령을 따르고 있거나 아무런 피 흘림 없이 그냥 결정한 어떤 정책 결정 사항을 수행하고 있을 뿐이다.

성령은 무조건 따르는 것 그 자체가 꼭 선한 것이 아님을 분명히 한다.

> 너희 자신을 종으로 내주어 누구에게 순종하든지 그 순종함을 받는 자의 종이 되는 줄을 너희가 알지 못하느냐 혹은 죄의 종으로 사망에 이르고 혹은 순종의 종으로 의에 이르느니라(롬 6:16)

사랑과 자유

인간을 향한 하나님의 목적과 하나님의 본성 때문에 하나님은 인간의 도덕적 자유의지를 유지하기 위해서 엄청난 방법으로 자신을 헌신하셨다. 하나님이 인간으로부터 구하신 반응은 사랑이며 우리가 다른 장에서도 이야기했듯이 사랑은 자유로운 도덕적 선택이며 그렇지 않으면 아무런 의미가 없다. 사랑하는 사람은 항상 그가 사랑하는 사람이 'NO'라고 말할 수 있는 위험을 감수해야 한다. 하나님은 인간이 하나님의 사랑에 대해 'NO'라고 말할 수도 있는 위험을 감수하셨고, 갈보리는 결국 그 위험에 대해 주님이 기꺼이 지불하신 대가였다.

하나님은 인간의 인격성의 완전함에 위탁하셨기 때문에 항상 인간의 일에 대해서 인간이 자발적으로 하도록 간섭을 제한하셨다. 아버지로서 그 아들을 세상에 보내시는 것조차도, 인간의 순복하는 의지를 통해서 이루어졌다. 가브리엘이 마리아에게 예수님의 잉태의 소식을 가지고 왔을 때 마리아가 순복하겠다는 그 놀라운 말을 할 때까지는 아무 일도 일어나지 않았다.

주의 여종이오니 말씀대로 내게 이루어지이다(눅 1:38)

같은 식으로 우리의 구속주이신 그리스도 또한 인간의 의지가 스스로 문을 열 때까지는 마음에 들어가시지 않는다. 마음에 들어가시고 난 후에도 주님은 인간의 의지를 최대한 존중하신다. 인간의 거듭난 영속에 거하시는 성령도 우리 의지의 자유로운 반응이 없이는 혼의 삶 속으로 들어가시지 않는다. 하나님은 인간이 도덕적 자유의지를 갖는 것에 깊이 위탁하셨기에 그분은 전능하시지만 심지어 인간의 의지처럼 연약한 것조차도 꺾지 않으셨다.

사랑과 순종

사랑은 관계에 따라 여러 가지로 다르게 표현된다. 인간과 하나님, 피조물과 창조주, 아들과 아버지의 관계에서, **사랑은 주로 순종으로 표현된다.** 자녀와 부모의 사랑의 관계는 '자녀들아 너희 부모를 주 안에서 순종하라'(엡 6:1)이다('부모들아 너희 자녀들에게 순복하라'고 자녀에 대한 부모의 사랑을 표현하지 않음을 주목하라).

그것이 사랑을 표현하기 때문에 하나님께 대한 인간의 반응은 반드시 마음에서 자유롭게 우러난 순종이어야 한다. 우월한 힘에 대해 허리를 굽

히거나 혹은 두려움이나 압력에서 오는 순응이어서는 안 된다. 이러한 이유 때문에 하나님의 명령이 양심에 주어지면 인간은 항상 자유롭게 순종이냐 불순종이냐를 선택하게 된다.

하나님께 감사하리로다 너희가 본래 죄의 종이더니 너희에게 전하여 준 바 교훈의 본을 마음으로 순종하여(롬 6:17)

인간에게는 순종 혹은 불순종의 자유가 있기 때문에 불순종의 진짜 본질이 무엇인지 알 수 있다. 그것은 연약함이나 불행이 아니라 나를 사랑하는 하나님을 거부하는 것이며 사랑하기를 거절하고 반역하는 것이다.

여호와께서 이와 같이 말씀하시되 너희는 길에 서서 보며 옛적 길 곧 선한 길이 어디인지 알아보고 그리로 가라 너희 심령이 평강을 얻으리라 하나 그들의 대답이 우리는 그리로 가지 않겠노라 하였으며(렘 6:16)

순종과 자유

그리스도인의 삶 속에서 분명한 역설 중 하나는 순종이 우리를 자유케 한다는 것이다. 어느 찬송가 작곡자는 "내 뜻은 나의 것이 아니다 내가 내 뜻을 주님의 것으로 만들 때까지는"하고 말한다. 그가 옳다. 순종과 순복은 놀랍게도 자유와 자기본위를 의미한다. 〈그림21〉의 도형은 어떻게 이런 일이 일어나는가를 이해하는 데 도움이 될 것이다.

하나님은 인간의 자유를 유지하는 데 큰 관심을 가지고 계시지만 사탄은 그렇지 않다. 인간은 하나님께 사랑으로 순종하지 않고 반역한 것이 자유를 지켜주지 못하고 오히려 자유를 잃어버리게 했음을 곧 발견했다. 반역이 만들어낸 힘의 공백 속으로 사탄이 들어왔고 인간은 곧 죄에 묶이고 어두움의 압제의 덫에 빠져 있는 자신을 발견했다. 그리스도인인 우리가 사탄의 힘으로부터 구원된 이후조차도 사탄은 여전히 우리의 의지를 덫에 묶어두려고 한다.

사탄은 우리들을 조정하고 속이기 위해 습관의 위력을 이용하고 두려움과 욕망에 호소한다. 그렇다면 우리는 어떻게 그로부터 풀려 날 수 있을까? 유일하게 한 가지 길이 있다. 그것은 예수님의 주 되심에 전적으로 순종하는 것이다.

주 되심은 일반적으로 간과하기 쉽다. 우리는 우리 관점에서 하나님과의 관계를 주로 바라본다. 즉 순종과 위탁, 헌신과 제자도가 그것이다. 그러나 왜 예수님은 주님이 되시려 하는가? 그것은 그분이 우리를 지배하시기 위함이 전혀 아니다.

> 너희가 나를 선생이라 또는 주라 하니 너희 말이 옳도다 내가 그러하다 내가 주와 또는 선생이 되어 너희 발을 씻었으니 너희도 서로 발을 씻어 주는 것이 옳으니라(요 13:13-14)

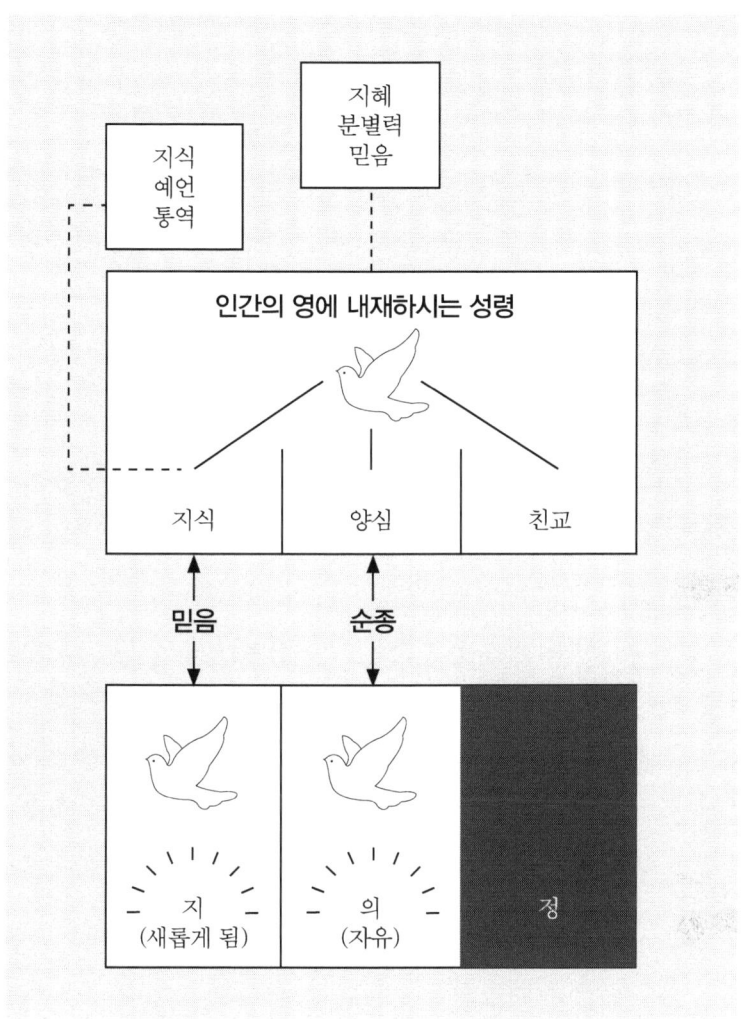

그림21 - 양심과 의지

예수님은 우리를 위해서 주 되심의 책임을 수행하기 위해 주님이 되시고자 한다. **그는 유일하게 우리의 삶을 올바르게 인도하실 분이시며 사탄**

의 공격으로부터 우리를 자유롭게 하실 수 있는 유일한 분이시기에 주님이 되시고자 한다.

그분의 주권 아래서만 우리는 완벽한 자유를 알게 된다. 그분의 보호에서 벗어나면 우리의 자유는 5분도 지속할 수 없다. 사탄이 우리를 그렇게 되도록 할 것이다.

어떻게 예수님은 우리를 자유롭게 하실 수 있는가? 그분이 이 땅에 계셨을 때 사람들을 자유롭게 하신 방식, 즉 성령의 힘에 의해서다.

주의 성령이 내게 임하셨으니 이는 가난한 자에게 복음을 전하게 하시려고 내게 기름을 부으시고 나를 보내사 포로 된 자에게 자유를, 눈 먼 자에게 다시 보게 함을 전파하며 눌린 자를 자유롭게 하고(눅 4:18)

예수님이 사람들을 병으로부터 자유케 하실 때 그분은 성령의 기름 부으심에 의해서 그렇게 하셨고 귀신으로부터 자유케 하실 때도 성령으로 하셨다(마 12:28) 우리도 동일한 성령에 의해 자유롭게 될 수 있다. 우리가 순종할 때 성령의 능력은 인간의 의지의 영역에서 역사하게 된다.

주는 영이시니 주의 영이 계신 곳에는 자유가 있느니라(고후 3:17)

그분은 습관들, 충동, 약물중독, 알코올중독과 내부의 억압하는 속박과 함께 동행 하실 수 없다. 따라서 그분은 멍에를 깨뜨리고 우리를 자유롭게 하신다.

이 땅에서는 하나님의 뜻을 수행하는 즐거움으로 자유케 되는 것과 비교할 수 있는 것이 아무것도 없다.

그리스도께서 우리를 자유롭게 하려고 자유를 주셨으니(갈 5:1)

순종과 능력

우리는 이제 어떻게 하나님이 말씀하시면 우리가 그것을 할 수 있는 능력을 갖게 되는지 보기 시작할 것이다. 우리가 인간의 연약한 순종으로 그분의 명령에 순종할 때 성령의 능력이 우리 인간의 의지에 닿아 가장 연약한 그리스도인이라도 "내게 능력주시는 자 안에서 내가 모든 것을 할 수 있게"(빌 4:13)되는 것이다.

"내가 거룩하니 너희도 거룩할지어다" 혹은 "너희 원수가 너희를 박해할 때 그들을 위해 기도하고 너희 원수를 사랑하라"는 명령을 읽을 때 우리는 "불가능해요!"라고 울부짖는다. 그러나 하나님은 인간이 실패해왔을지라도 명령의 수준을 낮추시지 않는다.

대신에 그분은 인간 안에 성령으로 내주하면서 인간이 순종으로 반응할 때 인간의 약한 의지가 율법의 의를 완수할 수 있도록 인간의 능력을 끌어올리신다.

육신을 따르지 않고 그 영을 따라 행하는 우리에게 율법의 요구가 이루어지게 하려 하심이니라(롬 8:4)

너희 안에서 행하시는 이는 하나님이시니 자기의 기쁘신 뜻을 위하여 너희에게

소원을 두고 행하게 하시나니(빌 2:13)

이것이 하나님이 능력주시는 방법이다. 순종을 통해서 그분의 은혜가 우리에게 족하다는 것을 발견할 수 있다.

내 능력이 약한 데서 온전하여짐이라(고후 12:9)

순종과 지식

우리가 언급했듯이 양심과 의지의 관계는 성령과 동행하는 모든 문제에 있어 매우 중요하다. 하나님의 뜻을 행할 수 있는 능력이 오직 순종에 의해서만 가능할 뿐 아니라 순종은 하나님의 음성을 듣는 데 매우 중요하다.

불순종은 혼의 삶에서 성령을 차단하기 때문에 하나님의 음성을 듣는 데 있어서 극복할 수 없는 장애다. 하나님이 나의 불순종에 관해 말씀하실 때에 그분이 말씀하시지 않아서가 아니라 내가 정말 그분이 말씀하시는 것을 듣기 원하지 않기에 하나님의 음성을 듣기가 매우 어렵다는 것을 발견한다. "나는 하나님이 말씀하시는 걸 들으려 한다"라고 말할지 모르나 사실상 나는 듣는 것에 대해 내가 순종할지 불순종할지를 선택할 수 있기를 원하는 것이다. 그렇게 해서는 하나님의 음성을 들을 수가 없다. 그렇기 때문에 우리가 불순종할 경우나 우리 양심에 무슨 문제가 있을 경우 하나님의 인도를 받는 것이 어렵다. 나는 인도받는 데 있어서 모든 문제가 불순종이나 고백하지 않는 죄에서 비롯한다고 말하려는 것은 아니다. 결코 그렇지 않다. 내가 말하고자 하는 것은 불순종이나 고백하지 않는 죄는 항상 인도함 받는 데 문제를 일으킨다는 것이다.

이것은 영적인 이해에 있어서도 마찬가지다. 예수님도 순종이 하나님을 아는 길이라고 하셨다.

> 사람이 하나님의 뜻을 행하려 하면 이 교훈이 하나님께로부터 왔는지 내가 스스로 말함인지 알리라(요 7:17)

이제 우리는 어떻게 인간이 하나님이 주신 이성과 판단의 능력을 무시하거나 부정하지 않고 하나님이 주신 지혜에 순종하면서 살 수 있도록 창조하셨는지 알게 되었다.

우리는 매일 일상에서 상황과 여건으로부터 정보를 얻는다. 우리의 생각과 감정은 이러한 자료를 분석, 평가, 판단한다. 그러나 우리의 영이 다른 근원으로부터 정보를 얻기도 하는데 그 근원은 하나님의 관점과 하나님이 주신 지혜다.

우리가 세상적 자료로부터 얻을 수 있는 것보다 더 나은 결정을 할 필요가 있을 경우 혹은 감각적 지식이 우리를 오도할 경우, 하나님이 주신 지혜는 성령의 증거를 통해 우리의 양심 가운데 이르게 된다.

우리가 취해야 할 신중한 행동이 우리의 생각으로는 확실해 보이더라도 때로는 양심에 어떤 억제나 견제를 느낄 때가 있다. 그렇다면 의지는 어떤 방향에 주의를 기울여야 하는가? 생각과 양심, 외부적 상황과 성령의 음성 중 어느 것일까?

여기에 그런 상황을 처리하신 예수님의 방법이 있다.

> 내가 아무 것도 스스로 할 수 없노라 듣는 대로 심판하노니 나는 나의 뜻대로 하려 하지 않고 나를 보내신 이의 뜻대로 하려 하므로 내 심판은 의로우니라
>
> (요5:30)

궁극적으로 예수님은 감각적 증거가 아닌 성령의 음성에 따라 결정했다. 그것이 그분의 양심이다. 그분의 판단은 항상 옳았다. 왜냐하면 그분의 순종은 완전했기 때문에 음성 듣는 것도 실수하지 않고 완벽했기 때문이다. 어떻게 당신의 판단이 항상 올바르기를 바랄 수 있는가? 결코 예수님의 분별력을 따를 수 없을 것이다. 우리가 동일한 지혜에 접근할 수 없어서가 아니라(왜냐하면 예수님은 우리에게 지혜가 되셨다.) 우리의 순종이 불안전하고 부분적이기 때문이다. 그러나 성령님은 이 모든 것을 이해하고 있으며 우리가 순종할 의지만 있다면 여전히 우리를 우리의 기꺼운 순종 가운데서 인도하길 원하시며 또 인도하실 수 있다.

사도행전 16장에는 매우 흥미로운 예화가 있다. 우리가 자주 그러하듯 바울도 시행착오를 통해 성령의 인도하심을 배웠다. "성령이 아시아에서 말씀을 전하지 못하게 하시거늘 그들이 브루기아와 갈라디아 땅으로 다녀가"(행 16:6).

바울은 그의 영 안에서 제지하고 있는 것에 반응했는가? 하나님은 바울이 아시아에서는 복음 전하는 것을 금하셨다. 왜? 처한 상황 속에서는 이유를 찾을 수 없었고, 직접적인 방향 제시도 없었다. 그래서 그들은 다른 곳을 찾았다. "무시아 앞에 이르러 비두니아로 가고자 애쓰되 예수의 영이 허락하지 아니하시는지라"(행 16:7) 이것은 그렇게 부정적으로 보이진 않는다. 그러나 그들의 계획에 대한 성령의 동의가 없었기에 그들은

계획을 취소했다.

그러나 그들이 드로아에 왔을 때, 바울은 마게도니아에서 온 어떤 남자가 도와달라고 말하는 환상을 보았다. 바울이 이 환상을 본 후에 "우리가 곧 마게도냐로 떠나기를 힘쓰니 이는 하나님이 저 사람들에게 복음을 전하라고 우리를 부르신 줄로 인정함이러라"(행 16:10) 그들은 옳았다. 그러나 그들이 먼저 성령의 제지하심에 순종하지 않았다면 하나님이 인도하셨을 때 그것을 인정하고 받아들이지 못했을 것이다.

성령의 은사에 관해

우리가 고찰해 온 것은 특별한 성령의 은사의 활용과도 관계가 있다. 예를 들어, 바울이 사도행전 16장의 환상에서 경험한 것은 지혜의 말씀이었다(고전 12:8). 지혜는 이미 언급했듯이 목적의 달성과 관계가 있다. 그것은 지시적이고 그렇기 때문에 순종을 요구한다.

지혜의 말씀에 대한 신뢰도를 알아보는 것은 그 말씀을 받은 사람이 실제로 겸손하게 순종하며 사는가를 보는 것이다.

만약 당신의 삶에 대한 하나님의 뜻에 순종하지 않으면 다른 사람의 삶에 대한 하나님의 뜻을 결코 알 수 없을 것이다.

지혜의 말씀의 은사는 순종의 학교에서 훈련을 받지 못한 사람이 아니라 성숙한 사람에 의해 활용되는 것이다.

이것을 이해한다면 영적 은사의 영역에서 검증되지 않은 사람들의 지시적 예언으로 인해 생기는 많은 문제나 마음의 고통을 피할 수 있을 것이다.

물론 지시적인 예언의 사역이 있고, 또 그것은 우리 삶에 대한 하나님의 뜻을 알려줄 수 있지만 그것은 성숙한 사람들의 사역이다.

오늘날 교회에는 예언자가 많지 않다. 그리고 진짜 예언자들은 하나님의 혹독한 시련을 통과한 사람들이다.

그리고 다른 사람들에게는 '주님, 이 사람은 무엇을 하겠습니까?'라고 물을 때 '그것이 너와 무슨 상관이냐? 너는 나를 따르라'(요 21:22)고 주님은 대답하신다.

양심의 기능과 직접적으로 관련된 또 다른 영적 은사는 **영분별**(고전 12:10)의 은사다.

양심의 역할에 대해 언급할 때 이미 우리는 그것이 진실을 증거한다고 지적했다. 영을 분별하고 진실한 사람 그렇지 않은 사람 그리고 그 외 다른 것들의 참과 거짓을 증거하는 것이 양심이다.

구원의 사역에서 깨끗한 양심의 중요성은 아무리 강조해도 지나치지 않는다. 왜냐하면 악한 영의 존재는 증상이 아니라 분별력에 의해 결국을 알 수 있기 때문이다. 나는 귀신들린 전형적 케이스의 특징이 나타난 경우를 보았는데 나중에 그것은 깊은 감정적 상처나 정신적 스트레스로 인한 결과라는 것을 알게 된 경우가 있었다. 반면, 나는 육신적 필요에 대해 기도해주러 갔다가 그것이 마귀와 관련된 문제인 것을 발견한 적도 있다. 분별은 영적 상황에 관해 진리를 아는 것이다. 그리고 진리를 증명하는 것은 양심이기 때문에 정확히 분별하는 데에는 깨끗한 양심이 필요하다.

비슷한 상황은 예언을 판단하는 경우에도 적용된다. 사실 고린도전서 12장에서 방언 통역이 방언과 연결되어 있듯이 분별은 예언과 연관된다. 예언은 세 개의 가능한 요소로부터 나온다. 성령으로부터, 예언하는 사람의 영으로부터, 그리고 드물지만 속이는 영으로부터.

그렇다면 어떻게 예언의 말씀이 주님으로부터 나온 것인지 아닌지 알 수 있단 말인가? 요한1서 4장 2-3절을 보자. "이로써 너희가 하나님의 영을 알지니 곧 예수 그리스도께서 육체로 오신 것을 시인하는 영마다 하나님께 속한 것이요 예수를 시인하지 아니하는 영마다 하나님께 속한 것이 아니니." 이것은 중요한 테스트이지만 우리가 직면하는 일상적인 상황엔 별 도움이 되지 못한다. 즉, 오늘 집회 때 한 형제가 예언한 것이 정말 주님으로부터 왔는지 아니면, (그 형제는 주님으로부터 왔다고 생각해도) 실은 자신의 영에서 온 것인지 어떻게 알 수 있는가?

요한일서 4장 6절에서 "우리는 하나님께 속하였으니 하나님을 아는 자는 우리의 말을 듣고 하나님께 속하지 아니한 자는 우리의 말을 듣지 아니하나니 진리의 영과 미혹의 영을 이로써 아느니라"라는 말씀을 통해 그 해답을 찾게 된다.

요한복음과 서신서에서 '보는 것'과 '듣는 것'에 대한 언어는 대부분 영적으로 보고 듣는 것을 언급한다. '듣는다(listen)'는 것은 여기서 이런 식으로 사용되었다. 요한은 진정으로 영적인 말은 하나님의 사람들이 단지 귀로 듣는 것이 아니라 영으로 듣는 것이라고 말한다. 따라서 예언이 주님께로부터 온 것인지 아닌지를 알려면 그리고 당신이 양심 안에서 그것을 들었는지 확신하지 못한다면 다른 사람에게 물어보라. 다른 영적인 지체가 들었는지 못 들었는지 알아보라. 예언의 은사의 기능이 직관적이듯이 예언을 판단하는 것도 마찬가지로 직관적이다.

더 나아가서 예언을 판단하는 것은 매우 중요하다. 우리의 양심이 더욱 더 성경에 근접해 있을수록 우리의 영적 감각을 이용해 예배 중에 우리가 들은 예언이 진실인지 거짓인지 하나님의 것인지 사람의 것인지 더 잘 분별할 수 있다.

마지막으로 **믿음**의 은사가 있다(고전 12:9).

우리가 이것을 언급하는 이유는 믿음은 항상 생각뿐 아니라 의지로부터 반응을 요구하기 때문이다. 믿음이 단지 지적 동의를 넘어서지 못하면 그것은 결코 우리의 행동에 영향을 주지 못하고 성경에서 말하는 믿음에 미치지 못할 것이다. 성경에서 믿는 것이란 항상 강한 의지적 요소를 내포하고 있다. 따라서 신뢰와 순종은 항상 함께 간다.

> 믿음으로 아브라함은 부르심을 받았을 때에 순종하여(히 11:8)

구약성경의 믿음의 은사를 가진 선조들의 대하소설은 믿음에 따라 행동한 사람들의 역대기다. 방주를 만든 노아, 이삭을 바친 아브라함, 홍해를 건넌 모세, 300군사와 기드온, 골리앗과 맞선 다윗 등이다. 따라서 믿음의 은사를 구할 때 그것은 순종을 요구하는 것임을 분명히 이해해야 한다. 그것은 베드로가 성전 문 앞에서 보여준 그런 순종과 같다.

> 베드로가 이르되 은과 금은 내게 없거니와 내게 있는 이것을 네게 주노니 나사렛 예수 그리스도의 이름으로 일어나 걸으라 하고 오른손을 잡아 일으키니(행 3:6-7)

24장
예배와 감정

영으로 사는 것은 영의 직관적인 기능이 생각의 이성(논리)보다 우위에 있고 양심이 의지를 다스리는 것임을 알았다. 우리는 이제 영에 속한 예배 혹은 친교의 기능이 어떻게 혼의 감정적인 반응을 다스리도록 되어 있는가를 보겠다.

이것은 확실히 낯익은 영역은 아니다. 나처럼 당신도 아마 감정을 통제하는 것은 의지일 것이라고 추측했을 것이다. 우리는 사람들에게 '화를 참아라' 혹은 '흥분하지 말라'고 말한다. 그러나 이러한 종류의 통제는 효과에 있어서 매우 제한적이다.

그리고 어떤 경우에도 일방적으로 작용하는 것처럼 보인다. 말하자면 감정은 의지에 의해 억압될 수는 있지만 의지의 힘으로는 감정이 생길 수 없다. 나는 나 자신을 의지적으로 행복하게, 슬프게 혹은 두렵게 할 수 없다. 내가 더 열심히 노력하면 할수록, 어떠한 정서적인 반응을 만들어 낸다는 것은 더 불가능해진다.

하나님은 인간을 자신의 형상으로 창조하셨고 그럼으로써 인격을 다스리는 중심은 의지가 아니라 영이 되도록 만드셨다. 더욱이 그리스도인은 자신의 영을 통하여 내주하시는 성령님께 근접한다. 하지만 이것이 감정적인 삶과 어떤 관련이 있는가?

틀림없이 어떤 중요성이 있다. 왜냐하면 우리가 정서적인 삶에 대해 가장 원하는 대부분의 요소-사랑, 희락, 화평, 오래 참음, 자비, 양선, 충성, 온유,

절제(갈 5:22-23)-를 성령께서 확실히 소유하고 계시기 때문이다. 문제는 '우리의 영에 거하시는 성령이 어떻게 우리의 감정 속으로 들어오시도록 하는가?' 다. 영적 교통 혹은 예배의 영적인 기능과 감정을 경험하는 혼을 이어주는 다리는 무엇인가?

사람들이 대부분 상처 입는 곳이 정서의 영역이기 때문에 그것은 매우 중요한 문제다. 해답은 한 마디로 요약될 수 있는데 그 해답이 성경에서 가장 무시되고 오해받고 있는 부분이다. 당신은 〈그림22〉에서 그것을 보게 된다. 그것은 소망이다.

소망, 무시 받는 미덕

바울은 고린도전서의 위대한 사랑장을 다음과 같은 유명한 말로 결론 지었다. "그런즉 믿음, 소망, 사랑, 이 세 가지는 항상 있을 것인데 그 중의 제일은 사랑이라"(고전 13:13).

데살로니가전서에서 그는 세 가지를 다시 열거한다. "너희의 믿음의 역사와 사랑의 수고와 우리 주 예수 그리스도에 대한 소망의 인내를 우리 하나님 아버지 앞에서 끊임없이 기억함이니"(살전 1:3).

그런데 여기 매우 이상한 것이 있다. 나는 믿음이라는 주제에 대해서 수백 번의 설교를 들었고, 아마 사랑에 대해서도 그만큼 들었을 것이다. 내 기억으로는 소망에 관한 설교는 내 평생에 단 두 번 들었다. 그 두 번도 사실 내가 내 자신에게 설교한 것이다. 바울이 사랑이 가장 위대한 것이라 말한 것은 사실이다.

그러나 소망은 단지 세 번째라 해도, 그것을 그토록 슬프게 무시해서는 안 되었다. 아마도 영어에서 단어의 소리가 주는 느낌이 그런 사실과 관련이 있을 것이다. 소망은 좀 약하고 일시적으로 들린다. '내가 할 수 있었으면 하고 소망할 뿐이야', '사실 소망이 별로 없어'. 그러나 바울이 옳았다. 소망은 엄청나고 삶을 바꿀 만한 개념이다. 우리가 그것이 정말 어떤 것을 의미하는지 이해할 때 말이다.

성경에서 말하는 소망의 정의를 알려주겠다. 그것을 꼭 기억하라. **소망은 어떤 좋은 것에 대한 확신 있는 그리고 호의를 가진 기대다.** 희망에 대한 이 개념은 세 가지 뿌리를 가지고 있음을 주목하라.

1. 자신감
2. 기대
3. 안정감

소망은 확신이 있고 안정감이 있고 기대가 있기 때문에 그것을 가진 사람 안에 하나님을 향하여, 다른 사람을 향하여, 인생을 향하여 내적으로 열린 태도를 갖게 한다. 이것은 최고로 중요하다. 왜냐하면 우리는 우리가 받는 것만을 경험하고, 열었던 것만을 받아들이기 때문이다.

열려있는 태도는 심지어 그리스도인들 사이에서 조차도 비교적 드물다. 주로 두 분류의 사람이 있다. 처음 사람은 말한다. "아무것도 기대하지 말라, 그러면 너는 실망도 하지 않을 것이다." 그들은 비관주의자들이다. 비관주의자들은 말한다. "항상 최악의 것을 기대하라, 그러면 당신은 어떤 일이 일어나든 실망하지 않을 것이다." 당신은 내가 몰인정하다고 생각하는가? 그러면 우리 중 얼마나 많은 사람들이 습관적으로 인생에 대해 사람과 하나님에 대해 보호망을 가지고 있는지 생각해보라. 그리고 왜 우리가 절대로 어떤 것도 받지 못 하는가에 대해 생각해보라.

소망은 실제로 믿음의 다른 면이다. 믿음은 어떤 것을 신뢰하는 것에 내 자신을 위탁함을 뜻한다. 소망은 자신이 주는 것에 대해 반응이 있을 것을 기대하며 그러므로 나는 그 반응을 받아들이는 것에 열려 있음을 뜻한다. 그러한 신뢰와 기대에서 사랑의 가능성이 생긴다. 사랑을 창조하는 것은 믿음과 소망에서 생긴다. 우리는 고린도전서 13장 13절을 바울의 방정식의 형태로 이치에 맞게 만들 수 있다.

믿음 + 소망 = 사랑

우리가 다른 사람을 신뢰하는 일에 스스로를 위탁하기를 두려워하기 때문에, 혹은 다른 사람에게 주는 것이 소중히 여겨지고 인정받고 다시 반응이 올 것이라는 확신이 없기 때문에, 인간관계에서 여전히 실패하고 있다. 우리는 다른 사람과의 간격을 잇는 데 실패한다. 우리가 다른 사람에게 다가가지 않든지 혹은 그가 우리에게 다가오기를 허락하지 않기 때문이다.

수줍은 사람 혹은 열등감을 가진 사람은 소망에 문제가 있다. 나는 내가 어릴 때 나 자신에게 말하던 것을 기억할 수 있다. "사람들이 절대 내게 가까이 오지 못하게 해야 해. 왜냐하면 그들이 내가 어떻다는 것을 알면, 즉시로 관심을 끊을 테니까." 그래서 나는 결코 모험을 하지 않았다.

많은 사람들이 하나님과의 사이에서도 같은 문제를 가지고 있다. 자신을 하나님께 맡기기를 꺼려해서라기보다는 오히려 하나님이 그들이 주님께 드리는 것을 가치 있게 여기시고 그들의 제의에 어떤 식으로든 반응하실 것이라는 분명한 확신이 부족하기 때문이다. 때로 나는 그런 사람에게 "만약 지금 당장 당신이 하나님께 어떤 것을 구했다면 당신은 정말 주님이 당신의 말을 들으시고 당신에게 응답하실 것이라고 생각합니까?"라고 묻는다. 대부분 그들은 잠시 생각에 잠기는 듯하다가 말한다. "그렇게 믿을 수 있기를 바라지만 정직하게 말해서 나는 하나님이 내게 정말 관심이 있다고 느끼지 않아요."

진리는 정확히 그 반대다. 우리는 하늘 아버지께 한 사람의 개인으로서 측량할 수 없는 가치가 있다. 주님은 우리를 큰 값을 주고 사셨고 우리의 머리카락까지도 다 세고 계신다고 말씀하신다. 그러므로 우리가 신뢰함으로, 예배함으로, 필요를 가지고 하나님께 나아갈 때, 주님은 언제나 반응하신다. 그렇기 때문에 우리가 하나님이 좋은 것을 주실 것에 대하여 확신에 찬 기대를 하는 것이다. 그렇게 기대할 수 있는 충분한 근거가 있다.

소망이 우리를 부끄럽게 하지 아니함은 우리에게 주신 성령으로 말미암아 하나님의 사랑이 우리 마음에 부은 바 됨이니(롬 5:5)

항상 확신에 찬 기대를 갖는 것은 모든 믿는 자들의 특징이 되어야 한다. 왜냐하면 하나님은 소망의 하나님이시기 때문이다.

소망의 하나님이 모든 기쁨과 평강을 믿음 안에서 너희에게 충만하게 하사 성령의 능력으로 소망이 넘치게 하시기를 원하노라(롬 15:13)

소망과 생각

오랫동안 나는 에베소서 6장에 있는 하나님의 전신갑주에 대해 참된 이해를 거의 하지 못했다. 나는 여러 가지 갑옷과 투구 같은 장비를 입고 쓰는 것을(그리고 마음속으로 내가 중세의 기사처럼 그 옷차림을 하고 싸우는 모습을) 상상할 수 있었지만, 실제로 별로 중요해 보이지는 않았다. 그런데 어느 날, 데살로니가전서 5장 8절을 읽고 있었을 때, 어떤 것을 보았다.

> 우리는 낮에 속하였으니 정신을 차리고 믿음과 사랑의 호심경을 붙이고 구원의 소망의 투구를 쓰자

거기에도 믿음, 소망, 사랑이 있었지만 이제 나는 **소망이 생각의 보호자임**을 깨달았다. 소망은 우울과 염려와 비관과 모든 종류의 부정적인 생각에 대한 완전한 보호자다. 일은 결국 어디에서부터 잘못되었는가? 어두움 속에서 상대방에 대한 두려움으로 가득 차 문을 닫아 건 믿음에서부터다. 무엇이 어두움을 쫓아내는가? 빛이다. 당신은 어떻게 빛이 들어오게 하겠는가? 문을 열라. 무엇이 두려움을 쫓아내는가? 완전한 사랑이다. 당신은 어떻게 사랑을 얻겠는가? 믿음과 소망, 신뢰와 기대, 줄 수 있는 용기와 받으려는 열린 마음! 아브라함은 이런 소망의 전형적이며 대표적인 인물이다.

> 아브라함이 바랄 수 없는 중에 바라고 믿었으니 이는 네 후손이 이같으리라 하신 말씀대로 많은 민족의 조상이 되게 하려 하심이라(롬 4:18)

그러나 예수님 자신은 최고의 소망을 가진 인간이었다. 그와 같은 소망의 인생은 결코 전에도 그리고 이제까지도 없었다. 사랑과 화해의 감동적 모습인 최후의 만찬에서 주님이 떡을 떼신 것은 그저 마음 없는 헛된 몸짓이 아니었다. 주님의 복된 인성은 끝까지 유다가 되돌아와서 구원받기를 소망하셨다고 나는 믿는다. 예수님은 또한 베드로의 결정적인 흠을 알고 계셨다. 주님은 베드로가 말씀을 어기고 예수님을 부인하리라는 것을 아셨지만 여전히 말씀하셨다.

시몬아, 시몬아, 보라 사탄이 너희를 밀 까부르듯 하려고 요구하였으나 그러나 내가 너를 위하여 네 믿음이 떨어지지 않기를 기도하였노니 너는 돌이킨 후에 네 형제를 굳게 하라(눅 22:31-32)

소망과 감정

우선 감정 안에서 소망의 자리가 어디인지를 알아야 할 필요가 있다. 침울한 기분에 있음을 쉽게 알 수 있는 시편 42편의 다윗을 보자.

내 영혼아 네가 어찌하여 낙심하며 어찌하여 내 속에서 불안해 하는가(시 42:5)

그러나 다윗은 절망감을 치료하는 소망의 가치를 알았다.

너는 하나님께 소망을 두라 그가 나타나 도우심으로 말미암아 내가 여전히 찬송하리로다(시 42:5)

성경이 소망이라고 부르는 기대에 찬 열린 태도는 우리의 감정적 균형을 위해 절대적으로 중요하다. 그것은 단순한 맹목적 낙관론이 아니며 혹은 '괜찮을 거야'라는 식의 운명론도 아니다. 소망은 하나님을 향해 확신 있고 열린 태도다. 왜냐하면 우리를 위한 주님의 모든 선택은 그 동기가 무한한 사랑에 있으며 무한한 지혜로써 결정된다는 것을 알기 때문이다. 모든 좋은 은사와 온전한 선물은 우리가 배운 대로 그 선하심이 조금도 변함이 없으신 우리의 하늘 아버지로부터 온다(약 1:17). 가장 어렵고 힘든 상황 속에서도 우리는 하나님이 우리의 선을 이루신다는 것을 발견한다(롬 8:28). 그런 조건에서라면 마음을 열고 받아들이려 하지 않을 사람이 누가 있겠는가?

자주 우리는 감당할 수 있는 능력을 넘어서는 혹은 위협적인 상황을 만난다. 그리고 두려움과 분노, 혹은 초조함 속에서 방어적으로 반응한다. 그러나 우리가 하나님을 향하여 열린 태도를 가질 때, 우리는 또한 상황에 다르게 반응할 수 있다.

우리는 상황과 환경을 내적 안정감의 위치에서 바라본다. 우리는 어려움과 문제를 우리를 위하시고 우리 편이신 하나님의 능력으로 헤아려본다.

구약에 아름다운 예가 있다. 엘리사는 도단에 있었고 그 성은 시리아 군대에 포위되어 있었다. 그 예언자의 종은 공포에 질려 있었다. "아아, 내 주여 우리가 어찌하리이까"(왕하 6:15). 그러나 엘리사는 이상하게도 두려워하지 않았다. 그는 다른 사실을 알고 있었기 때문에 평온했다. "두려워하지 말라 우리와 함께 한 자가 그들과 함께 한 자보다 많으니라 하고 기도하여 이르되 여호와여 원하건대 그의 눈을 열어서 보게 하옵소서 하니 여호와께서 그 청년의 눈을 여시매 그가 보니 불말과 불병거가 산에 가득하여 엘리사를 둘렀더라"(왕하 6:16,17).

그러나 소망은 단순히 우리의 감정적 반응을 안내해주는 사실적이고 믿을 만한 정보를 주는 것 외에 다른 훨씬 더 큰 중요성을 가지고 있다. 당신이 도표에서 보게 되는 것처럼 소망은 성령께서 감정의 영역 속으로 들어오시는 것을 허용하기 위해 필요한 기본적인 연결고리가 되어준다.

우리는 이미 이것의 중요성을 정서적 치유의 면에서 탐구했지만 여기서도 그것을 간단하게 반복해야겠다.

첫째로, 소망은 성령께서 종종 우리의 감정 속에 묻혀 있는 상처, 즉 거절감, 분노, 슬픔, 실패 등의 경험을 깨끗이 치유하시도록 할 수 있게 한다. 성령께서 우리의 감정에 들어오셔서 감추어진 필요를 다루시도록 허락하는 것은 바로 기대, 신뢰, 소망이다. 성령이 그렇게 하시도록 허락할 때, 우리는 성령이 일하시는 부드러운 긍휼과 무한한 기술에 감탄을 금치 못할 것이다.

둘째로, 소망은 우리의 인격 안에서 감정의 성장을 방해했을 묶임을 제거한다. 바울이 에베소서 4장 15절에서 말한 것처럼 우리는 오직 사랑 안에서 참된 것을 하여 범사에 머리이신 그리스도에게까지 자라가야 한다. 많은 그리스도인들이 영적으로 정신적으로 성숙하지만 정서적으로는 미성숙하다.

무엇이 해답인가? 우리는 미성숙한 것에 대해 용서를 받을 수도 없고 그것으로부터 치유를 받을 수도 없다. 우리는 다만 정서적으로 자라갈 수 있을 뿐이다. 성령은 양자의 영이시다(롬 8:15). 우리를 자식처럼 성숙함으로 이끄는 영이시다. 성령은 실패의 두려움, 열등감, 부정적 자아상, 혹은 무가치감 등 그 어떤 방해물이든지 제거하실 수 있다. 나는 이런 모든 것, 그리고 더 많은 것들이 성령에 의해서 제거되는 것과 사람들이 자유케 되어 정서적으로 아름답게 성숙하는 것을 보아왔다.

셋째로, 이것은 매우 흥미로운 것인데 소망의 특징, 즉 기대하며 환영하는 열린 태도는 성령으로 하여금 우리 안에서 주님의 성품이 나타나게 한다.

성령의 열매는 이렇게 우리를 성품 속에 접목된다. 나는 종종 어떻게 그런 일이 일어나는지 궁금했다. 내가 들었던 설교는 성령을 모방하거나 흉내 내야 한다고 제시했다. 당신이 완전히 위선적이 아니면서 어떻게 감정을 흉내 낼 수 있는가? 순종이 열매를 낳는가? 혹은 믿음이? 실제로 둘 다 아니다. 소망이 그 일을 한다. 그 열쇠는 열려 있는 태도다.

성령의 열매는 우리의 감정으로 경험하도록 되어 있다. 왜냐하면 첫째는 성령의 열매 자체가 감정이고, 둘째는 감정은 행동의 가장 강력한 동기 유발자이기 때문이다. 가장 아름다운 균형이 이 모든 것 안에 있다.

- 하나님은 그분의 **진리**를 우리와 나누신다. 그것은 영적인 직관으로 받아들이며 **생각**을 조명한다.
- 하나님은 그분의 **지혜**를 우리와 나누신다. 그것은 양심에 의해 분별하며 **의지**에 의해 반응한다.
- 하나님은 **그분의 사랑**을 우리와 나누신다. 그것은 **예배** 중에 경험하며 **감정**으로 느낀다.

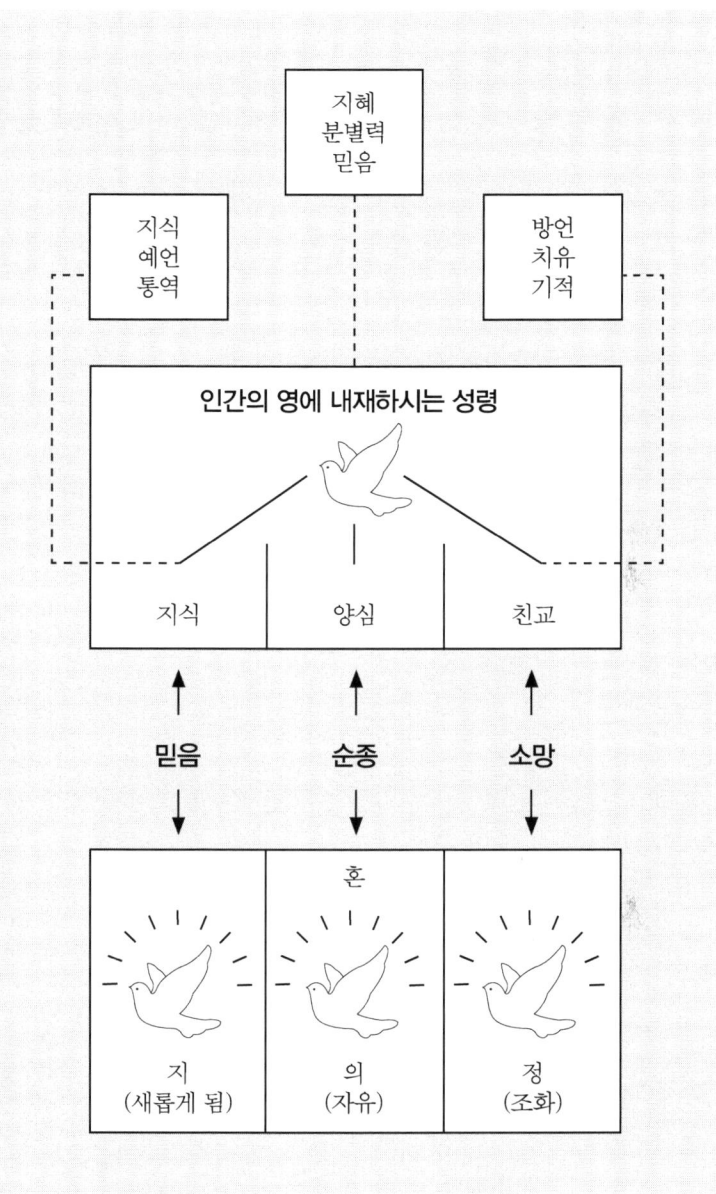

그림22 - 영(Spirit)과 정(Emotions)의 관계

주님의 이러한 거룩한 나눔으로부터 우리는 그리스도의 생각을 갖는 것이 어떠한 것인가(고전 2:16), 그리고 우리 안에서 소원을 두고 행하도록 역사하시는 하나님을 경험하는 것이 어떤 것인가(빌 2:13) 알아야 할 뿐 아니라 그리스도의 심장을 느껴야 한다. "내가 예수 그리스도의 심장으로 너희 무리를 얼마나 사모하는지 하나님이 내 증인이시니라"(빌 1:8).

우리는 다른 사람들을 향한 그리스도의 변하지 않는 조건 없는 사랑의 흐름을 우리 마음속에서 느끼도록 되어 있다. 내가 이것을 알게 된 때가 몇 번 있었지만 사실은 항상 내가 이미 받고 있었다.

즉, 우리는 우리 자신에서부터 그 사람을 꾸미거나 만들어 낼 수 없다. 우리는 그것이 일어나기 전에는 어떠했었던가를 상상할 수조차 없다. 왜냐하면 하나님의 사랑은 질적으로 인간의 사랑과 다르기 때문이다. 그러나 하나님은 사랑이 너무나 많으셔서 그분의 사랑을 성령을 통하여 우리 마음속에 쏟아 부어 주기 원하신다. 우리가 해야 할 유일한 공헌은(만일 그것을 공헌이라고 부를 수 있다면) 다름 아닌 기대와 열린 마음이다. 그 기대와 열린 마음이 하나님이 우리에게 주시는 것을 받아들일 수 있도록 해준다.

방언, 치유, 기적

이제까지 우리가 생각해본 것들은 영적 은사, 특별히 **방언**의 은사에 대해 잘못 오해하고 있는 부분들을 조명해 줄 수 있다. 우리가 여기서 다루는 이유는 무엇보다도 방언은 의사소통의 문제로서 우리가 앞에서 이미 지적했듯이 의사소통은 영으로 하는 것이기 때문이다. 내가 영으로 다가가서 다른 사람의 영을 만질 때에만 그 사람과 의사소통이 된다. 그러므로 말을 전혀 하지 않고도 진정한 만남과 참된 의사전달이 가능하다. 우리는 말 한마디 하지 않더라도 서로에게 사랑과 공감으로 다가가 만나고 웃고 껴안을 수 있다. 감정이 깊어지는 때(예를 들어, 사랑, 슬픔 혹은 동정심), 그런 일이 종종 일어난다. 하지만 만일 20년 동안 사귀면서도 우리가 서로에게 결코 한 번도 말을 나눈 적이 없다면 그것은 매우 제한적인 관계가 될 것이다.

그러면 우리는 어떻게 성령세례와 같은 경험의 중요한 본성을 이해해야 하는가? 성령세례는 방언이 아니며, 기쁨, 평안, 능력, 거룩함 또한 아니다. 이런 것들은 성령세례 후에 따라올 수 있지만 성령세례가 이런 것 자체는 아니다. **성령세례는 본질적으로 성령이신 하나님과 우리 인간의 영이 만나는 것이다.** 이것을 경험하면서 내 영이 성령님을 만날 때 방언이 필요하지 않다는 것은 전적으로 맞는 말이다. 방언 없이도 참된 만남과 진정한 의사소통이 있을 수 있다. 그러나 내 영이 성령님을 만날 때, 생각으로는 적당한 말을 찾을 수 없지만 내 영으로는 그 말을 할 수 있다. 방언은 성령이 우리 영에게 의사전달의 매개로 주시는 훌륭한 은사다.

내가 만일 방언으로 기도하면 나의 영이 기도하거니와(고전 14:14)

방언을 말하는 자는 사람에게 하지 아니하고 하나님께 하나니 이는 알아 듣는 자가 없고 영으로 비밀을 말함이라(고전 14:2)

이제까지 내가 들어본 방언에 대한 가장 좋은 신학적 설명은 웰링턴 부두에서 크레인 운전사로 있었을 때 개종하여 성령으로 충만케 된 내 친구에게서 들었던 것이다. 그는 방언에 대해 "우리 영이 '생각'이라는 기억을 통하지 않고 곧바로 성령과 통하는 영적인 운전"이라고 했다. 그것은 거의 완벽한 설명이다!

방언은 의사소통의 매개 그 이상도 이하도 아니므로 방언을 사용할 때 흥분할 필요가 없음을 이해할 것이다. 어떤 때 나는 영어를 말하면서도 아주 흥분한다. 그러나 대부분은 별다른 느낌이 없다. 내가 방언으로 기도하는 어느 때는 전율과 흥분을 느끼지만, 또 어떤 때는 단지 하나님께 평범한 일상적인 것을 말한다.

치유의 은사와 기적의 은사는 말에 의한 의사소통이 아니라 능력에 의한 의사소통이기에 의사전달이라는 중심 요소 때문에 방언과 같은 맥락에서 생각할 수 있다. 성경에는 말씀과 능력 간의 근본적인 동일성이 있다. 치유의 능력은 예수님의 말씀에 뒤따라온다. 주님의 말씀은 마귀를 다스리는 힘이 있다. 주님은 사도들과 함께 동역하시면서 표적 등으로 주님의 말씀을 확증하셨다.

치유나 기적의 은사를 활용할 때 두 가지 방향에 대한 열린 태도가 필요하다.

1. 치유하거나 기적을 행하시는 성령님께 대한 확신 있는 기대로 나아가는 것.
2. 주님께 받은 것을 다른 사람들에게 줄 수 있도록 그들에 대해 열린 마음과 태도를 가지는 것.

치유의 은사는 아픈 자가 낫도록 기도하는 것이 아니다. 그것은 그들을 치유하는 것이다. 우리는 천국을 **전파**하도록 명령받았고 또한 아픈 자를 **고치도록** 명령받았다(마 10:7-8). 치유의 은사는 아픈 사람의 믿음과는 상관없이 작용할 수 있지만 우리는 특정한 상황에 대한 주님의 생각을 먼저 알아야 할 필요가 있다. 성전 문 앞에 있던 앉은뱅이의 치유는 이것을 나타내는 경우다. 그곳이 그가 늘 구걸하는 장소인 것으로 보이기 때문에 사도들은 아마 예수님도 전에 그곳을 많이 지나갔을 것이다. 그러나 이번에는 베드로가 그의 영으로 뭔가 다른 것을 느꼈다. 치유 받을 것은 생각도 않고 있었던 앉은뱅이에게 그는 말한다. "은과 금은 내게 없거니와 내게 있는 이것을 네게 주노니 나사렛 예수 그리스도의 이름으로 일어나 걸으라 하고"(행 3:6).

이러한 열려 있는 내적인 태도에는 부족한 것을 채워주려는 감정적 개입이 필연적으로 따른다. 예수님은 필요를 지닌 무리들을 보셨을 때 긍휼히 여기는 마음을 가지셨다. 긍휼로 움직여지는 마음이 없이 치유의 역사가 가능한지에 대해서 나는 매우 회의적이다. 긍휼한 마음이 치유 사역의 시작인 것이다.

25장
말씀이 육신이 되다

이제까지 우리는 성령의 능력이 우리 영에서 지, 정, 의의 영역 속으로 들어가는 데 필요한 여러 가지 반응을 살펴보았다. 우리는 이제 한 단계 더 들어가야 한다. 하나님의 형상으로 인간을 창조하신 하나님의 목적은 자연의 영역과 영적인 영역의 실체를 공유하는 것이다. 그러므로 성령의 능력은 우리 혼의 삶뿐 아니라 우리 육체의 삶에도 영향을 미친다.

나는 먼저 이것을 치유의 문제와 연결 지었지만 치유 그 이상의 것이 포함된다. 그것은 말씀이 우리 안에 육신이 되는 모든 과정이다. 그러나 우리는 신체적 치유로부터 시작할 것이다. 성령은 생명의 영이기 때문에 (롬 8:2), 성령께서 만지는 모든 것은 반드시 살아난다.

사실 우리는 특별히 로마서 8장 11절에서 주님이 우리의 죽을 몸을 살리실 것이라는 말씀을 듣는다. 내가 직면했던 문제는 이것이었다. 만일 내가 아프면 그것을 성령께서 고치실 수 있도록 성령의 능력이 어떻게 내 혼 뿐 아니라 내 몸 속으로 들어가 역사하실 수 있게 하는가. 성령님이 강제로 혼속으로 들어가시지 않는 것과 마찬가지로 인간 의지의 자유로운 동의가 없이는 몸속으로 들어와 강제로 역사하시지 않기 때문에 내가 해야 할 어떤 반응이 필요하다.

내가 발견한 원칙은 〈그림23〉에 나와 있다. 그 원칙은 치유뿐 아니라 성령으로 사는 전반적인 문제와 관련이 있음을 기억하라.

믿음과 고백

그리스도인들 특히 복음주의 그리스도인들은 구속에 대해 성경이 믿음 하나만 언급하지 않은 것을 쉽게 받아들이지 못한다. 예를 들어서 **구원**은 **회개**와 믿음으로 된다.

유대인과 헬라인들에게 하나님께 대한 회개와 우리 주 예수 그리스도께 대한 믿음을 증언한 것이라(행 20:21)

성화는 **순종**과 믿음으로 된다. 곧 하나님 아버지의 미리 아심을 따라 성령이 거룩하게 하심으로 순종함과 예수 그리스도의 피 뿌림을 얻기 위하여 택하심을 받은 자들에게 편지하노니 은혜와 평강이 너희에게 더욱 많을지어다(벧전1:2).

하나님이 처음부터 너희를 택하사 성령의 거룩하게 하심과 진리를 믿음으로 구원을 받게 하심이니(살후 2:13)

치유는 **고백**과 믿음으로 된다.

질병은 물론 복잡한 문제다. 그 속에 포함되어 있는 요소들은 단순하고 일반적인 한 가지 유형에 속하는 것이 아니다. 그러므로 어떤 경우든지 치유할 때 한 가지 통일된 접근만을 적용하려는 시도는 반드시 어려움에 부딪히게 된다. 예수님은 결코 그렇게 하지 않으셨다. 그것이 우리가 때로는 주님이 왜 그때 그렇게 행하셨는지 혹은 왜 그렇게 말씀하셨는지 이해하기 어려운 이유가 된다. 여기에서 치유에 대한 모든 주제를 다 펼쳐 놓을 수는 없다. 예수님의 기적을 정확하게 이해하는 것은 우리가 치유 사역에서 부딪히는 모든 가능한 상황에 대한 열쇠를 제공한다고 확신한다.

종종 그렇듯이 믿음이 치유의 중요한 열쇠가 되는 데 있어서 자주 간과하는 요소는 고백이다. 'homologeo'라는 말은 문자적으로 '똑같은 것을 말하는 것'을 의미한다. **고백은 하나님이 말씀하신 진리에 대한 깊은 확신에서 주님의 말씀에 동의한다고 입으로 시인하는 것이다.**

고백에 대한 고전적 설명은 로마서 10장이다.

> 말씀이 네게 가까워 네 입에 있으며 네 마음에 있다 하였으니 곧 우리가 전파하는 믿음의 말씀이라 네가 만일 네 입으로 예수를 주로 시인하며 또 하나님께서 그를 죽은 자 가운데서 살리신 것을 네 마음에 믿으면 구원을 받으리라 사람이 마음으로 믿어 의에 이르고 입으로 시인하여 구원에 이르느니라(롬 10:8-10).

여기서 '구원'에 사용된 헬라어 단어는 'sozo'인데 '치유되는 것 또는 온전케 되는 것'을 의미한다. 그러므로 이 구절은 치유되기 위해서는 두 가지가 필요하다고 말한다. 믿는 마음(하나님과의 올바른 관계인 의를 가져옴), 그리고 고백하는 입(치유를 가져옴)이다.

성경에서 의에 대한 또 다른 기본적인 의미는 '기준에 따르는 것'이다. 하나님의 하나님 되심은 언제나 완벽하기 때문에 하나님은 의로우시다. 욥기에서 하나님은 인간에게 인간의 의를 되돌려주셨다고 말씀한다. 그것은 하나님이 인간을 고치셨다는 것을 뜻한다. 질병이 아니라 건강이 바로

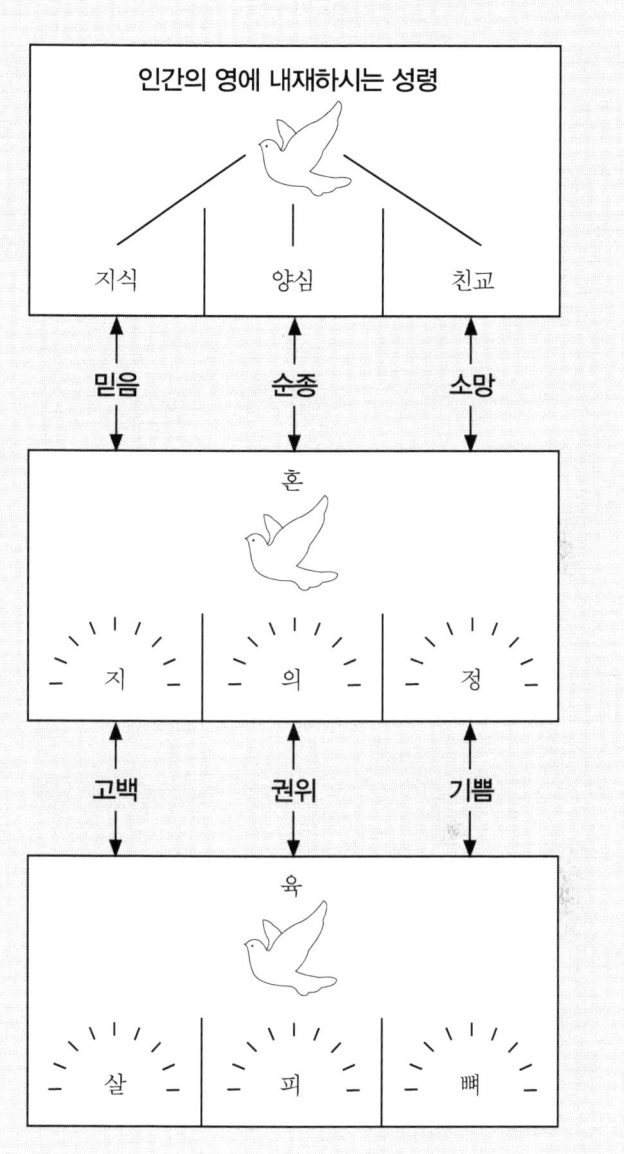

그림23 - 말씀이 육신이 되다

인간을 향한 하나님의 기준이다. **그래서 마음속의 믿음이 건강이라는 기준을 회복한다. 그리고 고백으로 실현된다.** 많은 경우, 우리가 우리 믿음의 결과를 얻지 못하는 것은 우리 입으로 그것을 시인하지 않기 때문이다. 하나님이 우리의 필요를 채우시기 위해 실제로 예비해두셨지만 잠재되어 있을 뿐 결코 실제가 되지 않는다.

성령은 시인하는 것에 대해 굉장히 강조한다.

> 내가 진실로 너희에게 이르노니 누구든지 이 산더러 들리어 바다에 던져지라 하며 그 말하는 것이 이루어질 줄 믿고 마음에 의심하지 아니하면 그대로 되리라 (막11:23)

그가 믿는 무엇이 아니라 **그가 말하는 것이 무엇이든지** 갖게 될 것이란 점을 명심하라.

> 내가 믿었으므로 말하였다 한 것 같이 우리가 같은 믿음의 마음을 가졌으니 우리도 믿었으므로 또한 말하노라(고후 4:13)

예수님이 "이 아이가 죽은 것이 아니라 잔다"(막 5:39) 하고 야이로에게 말씀하셨을 때, 눈먼 자에게 "보라 네 믿음이 너를 구원하였느니라"(눅 18:42)고 말씀하셨을 때, 그리고 나사로의 무덤 앞에서 "내 아버지여 내 말을 들으신 것을 감사하나이다…나사로야 나오라"(요 11:41-43)고 말씀하셨을 때 모두 믿음으로 말씀하셨다.

말하는 것을 이렇게 강조하는 이유가 무엇인가? 그것은 개인의 믿음을 공적으로 시인하는 것도 한 가지 이유이지만 그 이상의 것이 있다. 우리가 그것을 이해한다면 우리의 전반적인 믿음 생활에 대변혁을 일으킬 수 있는 매우 중요한 원리다.

첫째, 하나님이 창조하신 방법을 숙고하라. 지으심을 받지 않은 창조자이신 하나님은 말씀으로 모든 것을 창조하셨다. 말씀으로 존재하게 하셨다.

땅이 혼돈하고 공허하며 흑암이 깊음 위에 있고 하나님의 영은 수면 위에 운행하시니라 하나님이 이르시되 빛이 있으라 하시니 빛이 있었고(창 1:2-3)

그분의 영으로 하나님은 창조의 말씀을 하셨고 모든 창조의 기적들이 존재하게 되었다.

믿음으로 모든 세계가 하나님의 말씀으로 지어진 줄을 우리가 아나니 보이는 것은 나타난 것으로 말미암아 된 것이 아니니라(히 11:3)

둘째, 하나님의 형상으로 지음 받은 인간은 창조된 창조자다. 동물은 환경에 적응하는 행동의 유형에 갇혀 있다. 우리는 그것을 본능이라 부른다. 그러나 인간은 동물과 다르다. 인간은 자신의 행동을 선택할 수 있고 자신의 목적을 선택할 수 있다. 다른 말로 하면, 인간은 창조할 수 있다. 어떻게 인간이 창조하는가? 인간은 하나님이 창조하신 똑같은 방법으로 창조한다. **인간은 인간의 영으로 창조하는데 그것은 말로 선포함으로써 생겨난다.** 인간은 영 안에 담고 있는 것을 표현한다. 인간은 의사를 전달하고 선한 것이든 악한 것이든 말함으로써 현실로 생겨난다.

> 너희는 악하니 어떻게 선한 말을 할 수 있느냐 이는 마음에 가득한 것을 입으로 말함이라 선한 사람은 그 쌓은 선에서 선한 것을 내고 악한 사람은 그 쌓은 악에서 악한 것을 내느니라(마 12:34-35)

만약 우리가 인간 사회에 악이 어찌 그렇게 만연되었느냐고 묻는다면, 대답은 인간이 그것을 말함으로써 현실로 존재케 했다는 것이다. 모든 것을 허용하는 사회가 어떻게 생기게 되었는가? 인간이 말함으로써 존재케 되었다. 당신은 왜 사탄이 언제나 대중매체를 조종하려고 하는지 아는가? 사탄이 이 원리를 이해하고 있기 때문이다. 당신은 사탄이 왜 그리스도인들의 입을 막으려고 몸부림치는지 이해할 수 있는가? 그렇게 함으로써 그들이 창조하지 못하게 하려는 것이다. 물론 우리는 우리의 말뿐만 아니라 삶으로 증거한다. 그러나 말이 아니라 오직 삶으로만 증거하는 것에는 치명적인 약점이 있다. 그러한 삶이 창조한 것은 거의 없으며 자신을 재생산하는 것도 거의 없다. **인간은 그의 영에 있는 것을 말함으로써 창조한다.** 이 기본적인 진리가 당신의 존재 전체에 새겨질 때까지 이것을 명심하라.

우리가 믿음으로 말할 때, 우리는 하나님의 뜻과 예비하심이 현실로 나타나도록 말하는 것이다. 우리의 필요를 채우시겠다는 하나님의 약속은 사실이지만 아직은 잠재된 예비하심일 뿐이다. 그것은 우리의 은행 계좌에 들어 있는 돈과 같다. 정말 돈이 많이 있긴 하지만 잠재되어 있을 뿐이다. 그것은 우리의 청구서를 갚아주지도 않고 빵 한 덩어리나 우유 한

병을 사주지도 않으며 단지 은행에 있을 뿐이다.

　돈은 항상 우리 이름으로 거기에 있지만 우리는 굶어 죽을 수도 있고 혹은 빚을 갚지 못해 감옥에 갈 수도 있다. 하나님의 약속은 그와 같다. 믿음은 주님께 나아가서 예비 된 것을 받는다. 그것을 말로 고백하면 실제의 물질이 생긴다. 믿음은 수표를 끊는 것이다. 고백은 수표를 계산원에게 건네주고 물건으로 교환하는 것이다.

　치유의 경험은 이러한 면을 나에게 매우 생생하게 조명해 주었다.

　한번은 내 귀 안쪽에 염증이 생겨 균형 감각이 흐트러져서 자꾸만 현기증을 느꼈다. 얼마 후 좀 나아졌지만 의사는 내 나이를 생각할 때 그것이 재발하지 않으리란 보장이 없다고 했다. 몇 달이 지난 어느 월요일 아침, 나는 일어나서 목욕실로 갔는데 벽이 빙 도는 것이었다.

　그때 나는 치유 세미나를 인도하고 있었다. 그날 아침 내 머리에 첫 번째로 드는 생각은 "오늘밤에는 세미나에 못 가겠군"이었다. 두 번째로 드는 생각은 "오늘밤 왜 못 가는지 어떻게 설명하나?"였다. 세 번째 생각은 더 옳았다. 나는 믿음으로 나아가서 주님을 붙들었다. 그리고 믿음으로 내가 나을 것이라고 받아들였다. 그러나 나는 주님이 말씀하신 것을 고백하기 시작했다. "주님이 채찍에 맞음으로 나는 나음을 입었다. 나는 나았다."

　나는 아침 내내 그 고백에 매달렸다. 내가 머리를 너무 빠르게 돌리면 세상이 도는 것 같았기 때문에 처음에 나는 조심해야 했다. 그러나 한낮쯤 되니까 나았다. 그리고 그 문제는 다시 재발하지 않았다. 치유는 언제나 성령 안에 있었다. 왜냐하면 성령은 생명의 영이시기 때문이다. 믿음으로 나아가 예비하심을 받아들였을 때 성령의 능력이 내 생각의 영역 속으로 들어올 수 있었으며 고백으로 그것이 현실이 되어 성령의 능력이 내 몸으로 들어오게 된 것이다. 내 몸의 결과는 거룩한 질서와 온전함을 얻게 되었다. 문제 그대로 거룩한 균형이다!

믿음과 고백, 둘 다 필요하다. 믿음으로 연결되지 못하면 당신이 가진 것은 문제에 대한 생각뿐이다. 당신은 긍정적인 사고방식이라는 능력을 가질 수 있다. 그러나 그것이 지금 우리가 이야기하고 있는 것은 아니다. 당신은 당신의 믿음으로 받아들이지 않은 것을 말함으로써 현실이 되게 할 수 없다. 믿음은 계시된 지식의 확실성에 근거한다. 믿음은 예비되어 있는 것을 '본다.' 그리고 나아가서 그것을 받는다. 그럴 때 믿음은 창조적인 말을 사용함으로써 이미 받은 것을 현실로 나타나게 한다.

순종과 권위

우리는 다른 곳에서 순종과 권위의 관계의 여러 가지 면을 탐구해 보았지만 여기서 우리가 관심을 갖는 것은 순종의 드러나는 권위다. 먼저 우리는 인간이 권위를 사용하는 것이 언제나 하나님의 계획의 일부였다는 것을 이해해야 한다.

> 하나님이 이르시되 우리의 형상을 따라 우리의 모양대로 우리가 사람을 만들고 그들로 바다의 물고기와 하늘의 새와 가축과 온 땅과 땅에 기는 모든 것을 다스리게 하자 하시고(창 1:26)

인간의 반역에도 불구하고 그 사실에 대해 하나님은 결코 마음을 바꾸신 적이 없다. 죄로 인해 속죄와 구속이 필요하게 되었다. 그러나 주님이 주님의 일을 완성하셨을 때, 하나님은 자신이 성취하기로 정한 것을 정확하게 성취하실 것이다. 그것은 하나님의 모양과 형상을 따라 지음 받은 인간이 모든 창조물들을 다스리는 것이다.

권위는 위임된 능력을 행사하는 것이기 때문에 그 능력의 근원에게 순종하는 관계에 있는 사람들에 의해서만이 행사될 수 있다. 하나님의 능력은 하나님 자신으로부터 분리해서 누군가 다른 사람에게 넘겨줄 수 있는 것이 아니다. 능력은 하나님의 존재와 본성에 속해 있다. 그리고 하나님만이 그것을 사용하실 수 있다. 그것은 하나님의 의지로만 역사한다.

그러나 하나님은 구속된 인간을 통해서 그분의 능력을 사용하여 우리가 거룩한 동기를 나누는 특권을 갖도록 하신다. 사랑으로 하나님께 순종하는 관계에서 우리는 어떤 특정한 상황에서 하나님이 그것에 대해 **무엇**을 하길 원하시는지, 그리고 **언제** 하길 원하시는지 알아야 한다. 그렇게 할 때 능력을 사용할 수 있다. 그의 믿음에 예수님이 깊은 인상을 받았던 로마 백부장은 이 원리를 완전하게 이해했다.

> 말씀만 하사 내 하인을 낫게 하소서 나도 남의 수하에 든 사람이요 내 아래에도 병사가 있으니 이더러 가라 하면 가고 저더러 오라 하면 오고 내 종더러 이것을 하라 하면 하나이다(눅 7:7-8)

백부장이 스스로 권위를 **가지고** 있는 사람이라고 말하지 않은 것을 주목하라. 그는 자신이 권위 **밑에** 있는 사람이라고 말했다. 오직 그가 권위를 가진 사람 밑에 있었기 때문에 그는 권위를 가졌다. 그 밑에 있는 사람들은 주저 없이 그의 명령에 복종했다. 그가 개인적으로 그들보다 강했기 때문이 아니라 백부장의 상관의 능력이 그의 명령 뒤에 있고 그들 뒤에는 그들의 상관이 있고 로마에 있는 황제에게까지 거슬러 올라간다는 것을 알았기 때문이다. 권위 밑에 있는 한 백부장은 로마 제국의 모든 힘을 그의 등 뒤에 가진 것이다.

이것이 그리스도인에게 무엇을 뜻하는지 이해하겠는가? 필요나 어려움의 상황을 만날 때, **우리는 우리 자신 속에 있는 능력의 근원을 의지할 필요가 없다는 것을 의미한다.** 우리에게 필요한 것은 예수 그리스도의 주 되심에 대하여 순종의 자리를 지키는 것이 전부이며 그러면 하나님의 왕국의 모든 능력이 우리 뒤에 있게 된다.

그러므로 순종의 목적은 하나님이 우리에게 권위를 맡기실 수 있도록 하는 것이다. 누가복음 19장에 있는 달란트 비유의 전체의 초점은 바로 거기에 있다. 주인은 종이 돈을 버는 것에 관심이 있는 것이 아니라 종을 다스리는 자가 되게 하는 것에 관심이 있었다.

그는 돈이 아닌 삶에 투자를 하고 있었다. 그래서 순종으로 반응한 자에게 주인은 이렇게 말했다. "잘하였다 착한 종이여 네가 지극히 작은 것에 충성하였으니 열 고을 권세를 차지하라"(눅 19:17).

열 달란트, 열 고을, 다섯 달란트, 다섯 고을 등 권위는 순종에 엄격하게 비례한다. 하나님의 목적은 죄와 사탄의 종으로 있던 자들을 구하고 그들에게 주님의 뜻에 자유롭게 사랑으로 반응하도록, 그리고 마음으로부터 순종하도록 가르쳐서 그들의 권위와 다스림을 행사하도록 하려는 것이다. 그러므로 순종이 반드시 권위에 선행되어야 한다.

예수님에게서 우리는 아버지의 뜻과 계획에 대한 절대적 순종을 볼 수 있다. 그러므로 주님이 행사하셨던 권위 또한 절대적이었다. 그것은 주님의 모든 생애와 사역에 나타나 있다. '권위를 가진 인자'는 주님이 가지신 칭호 중 하나였다. 다음의 예를 보라.

· 가르침	이는 그 가르치시는 것이 권위 있는 자와 같고 그들의 서기관들과 같지 아니함일러라(마 7:29)
· 치유	무리가 보고 두려워하며 이런 권능을 사람에게 주신 하나님께 영광을 돌리니라(마 9:8)
· 귀신을 쫓음	이는 어찜이냐 권위 있는 새 교훈이로다 더러운 귀신들에게 명한즉 순종하는도다(막 1:27)
· 자연에 대해	그가 누구이기에 바람과 물을 명하매 순종하는가 (눅 8:25)
· 죄에 대해	인자가 땅에서 죄를 사하는 권세가 있는 줄을 너희로 알게 하리라(눅 5:24)
· 삶과 죽음에 대해	내가 내 목숨을 버리는 것은 그것을 내가 다시 얻기 위함이니 나는 버릴 권세도 있고 다시 얻을 권세도 있으니(요 10:17-18)

주님이 죽으시고 부활하심으로 **모든 권세**를 가지셨다!

예수께서 나아와 말씀하여 이르시되 하늘과 땅의 모든 권세를 내게 주셨으니

(마 28:18)

그리스도는 교회에게 권위를 위임하셨을 뿐 아니라 성령이 내주하시는 사람 안에 권위를 뒷받침할 능력을 주셨다. 주님의 인성 안에서 예수

님이 권위를 말씀하셨을 때, 그것은 명령을 시행하신 주님 안에 계신 성령의 능력이었다. "그러나 내가 하나님의 성령을 힘입어 귀신을 쫓아내는 것이면 하나님의 나라가 이미 너희에게 임하였느니라"(마 12:28)

> 하나님이 나사렛 예수에게 성령과 능력을 기름 붓듯 하셨으매 그가 두루 다니시며 선한 일을 행하시고 마귀에게 눌린 모든 사람을 고치셨으니 이는 하나님이 함께 하셨음이라(행 10:38)

따라서 예수님이 성령세례에 대해 제자들에게 말씀하셨을 때, 주님은 그들에게 자신의 경험을 통해 주님이 가지셨던 그 능력을 받을 수 있음을 그들에게 확증하셨다. 우리는 필요를 채울 수 있는, 혹은 마귀를 이길 수 있는, 사람들을 자유케 할 능력을 갖도록 요구받지 않는다. 우리 안에 계신 성령이 모든 능력을 가지고 있다. 단지 우리의 책임은 어떤 상황에 성령님이 접근할 수 있도록 허용하는 것이다.

성도에게 부여된 권위는 그러므로 두 가지 요소에 의존한다. 하나는 교회의 머리 되신 그리스도께 속하는 능력과 권위고 다른 하나는 부활하신 주님과 우리의 관계다. 그리스도께서 소유하신 권위는 절대적이다. 교회의 머리로서 주님은 주님의 몸에 권위를 위임하셨다.

1. **질병과 마귀에 대해**

"예수께서 그의 열두 제자를 부르사 더러운 귀신을 쫓아내며 모든 병과 모든 약한 것을 고치는 권능을 주시니라"(마 10:1)

2. 사탄의 모든 능력에 대해

"내가 너희에게 뱀과 전갈을 밟으며 원수의 모든 능력을 제어할 권능을 주었으니 너희를 해칠 자가 결코 없으리라"(눅 10:19)

3. 상황에 대해

"무엇이든지 너희가 땅에서 매면 하늘에서도 매일 것이요 무엇이든지 땅에서 풀면 하늘에서도 풀리리라"(마 18:18)

우리가 어떤 권세를 언제 행사하는지 어떻게 알 수 있는가? 이것은 중요한 문제다. 또한 성도의 권세를 가르치는 데 있어서 대부분 간과하는 문제다. 그것은 우리가 사탄의 능력에 대해 권세를 가지고 있기 때문에 우리가 잘못되었다고 생각하는 모든 것을 우리 뜻대로 바르게 할 수 있다는 인상을 줄 수 있기 때문이다. 그것은 물론 말도 안 되는 소리다.

만약 내가 어려운 상황에 직면해 있다면 그에 대한 수많은 설명이 가능하다. 내 자신의 죄나 실수에 기인할 수 있고 그것을 어떻게 극복해야 하는지 하나님이 가르치시기 위해 내게 허락하신 것일 수 있으며 혹은 원수가 나를 공격하기 위해 계획된 것일 수도 있다. 예를 들어, 하나님이 나에게 어려운 상황을 통과함으로써 내게 어떤 것을 가르치기 원하신다면 내가 그 상황에 대한 권세를 행사하려 노력한다 해도 주님은 상황을 변화시킬 능력을 주시지 않을 것이다. 예수님은 십자가에 달리셨을 때도 주님을 도울 열두 천사 군단을 부르실 권세를 가지셨음을 아셨다. 그러나 주님은 더 큰 권세를 보셨기 때문에 더 큰 권세를 사용하지 않으셨다. 주님의 죽음과 부활을 통해 그 권세를 받으셨고 우리에게 하나님의 자녀가 되는 권리를 주셨다.

우리가 언제 어떻게 권위를 사용해야 하는지는 양심 안에서 성령의 인도에 대한 분별을 통해서 안다.

박수인 엘루마가 바울의 전도를 반대하고 총독인 서기오 바울을 믿음에서 떠나게 하려 했을 때의 예가 사도행전 13장에 있다. 그때 바울은 어떻게 했나? 그는 엘루마와 논쟁할 수 있었지만 그렇게 하지 않고 엘루마에 관해 성령께서 명하는 것에 대해 즉시 반응했다.

> 바울이라고 하는 사울이 성령이 충만하여 그를 주목하고 이르되 모든 거짓과 악행이 가득한 자요 마귀의 자식이요 모든 의의 원수여 주의 바른 길을 굽게 하기를 그치지 아니하겠느냐 보라 이제 주의 손이 네 위에 있으니 네가 맹인이 되어 얼마 동안 해를 보지 못하리라 하니 즉시 안개와 어둠이 그를 덮어 인도할 사람을 두루 구하는지라 이에 총독이 그렇게 된 것을 보고 믿으며 주의 가르치심을 놀랍게 여기니라(행 13:9-12)

사도행전 9장에서 베드로는 룻다에 사는 성도에게 내려갔고 거기서 중풍에 걸려 8년 동안 침상에 누운 애니아라는 사람을 발견했다.

베드로는 애니아가 낫도록 기도하지 않고(아마 성도들은 자주 그렇게 했을 것이다) 그를 고쳤다.

> 베드로가 이르되 애니아야 예수 그리스도께서 너를 낫게 하시니 일어나 네 자리를 정돈하라 한대 곧 일어나니 룻다와 사론에 사는 사람들이 다 그를 보고 주께로 돌아오니라(행 9:34-35)

능력을 발휘하여 결과를 낳는 그러한 권세는 성령의 지시하심에 대한 즉각적이고 겸손한 순종 안에서 행사되었을 때만 일어날 수 있다.

방법은 순종의 권세며 둘 다 필요하다. 만약 우리가 순종하며 살지 않고 있다면 우리가 맘대로 명령할 수 있다 하더라도 아무것도 일어나지 않을 것이다. 어떤 능력도 우리의 말을 시행하지 않을 것이기 때문이다.

반면, 우리가 우리에게 위임된 권세를 행사하지 않는다면 아무것도 일어나지 않을 것이다. 우리 뒤에 능력이 없기 때문이 아니라 그것을 주어진 상황 속에 발휘하지 않았기 때문이다. 성령의 능력이 치유하고 구원하고, 묶고 풀고, 환경과 상황을 변화시키고 다스리는 것은 두 가지의 모두 작용할 때다.

권세의 영적 본질

권세라는 전체 주제에 있어서 일반적으로 간과하기 쉬우나 매우 중요한 면이 하나 있는데 〈그림22〉에 분명하게 나타나 있다. **즉, 참된 권세는 그 근원이 항상 영적인 것에 있다.** 때문에 권세는 그것을 행사하는 사람의 영에서 나와 작용하며 권세를 행사하는 대상이 되는 사람의 영에 미친다. 그러므로 권세는 후자의 사람의 양심에 영향을 끼칠 것이며 명령 혹은 지시에 대한 '당위성'이 있게 된다. 그럼에도 불구하고 사람의 의지는 순종 혹은 불순종에 대해 자유롭다. 그러므로 순종은 자유로운 선택이며 모든 참된 순종을 자유케 하는 효과가 있다.

그런데 만약 권세를 행사하는 사람 자신이 순종 가운데 살고 있지 않다면 그 사람에게서 나오는 것은 영적인 권세가 아니라 혼의 힘이다. 〈그림23)의 도표에서 순종을 가려보라. 그러면 당신은 그러한 사람에게서 나오는 것의 근원이 더 이상 영에 있지 않고 혼에 있다는 것을 알 것이다.

그것은 대부분 의지의 힘이지만 거기에는 또한 강한 정서적 압박감이나 강압적인 주장이 있을 수 있다. 혼에 근거를 두고 있기 때문에 그것은 다른 사람의 혼에 접근할 것이다. 의지의 충돌, 논쟁과 갈등 혹은 적대감이 있을 것이다. 명령이나 지시를 받는 사람은 우월한 힘에 굴복하든지 (그러나 동시에 분노하고 반항적인 감정을 갖는다) 혹은 자기 자신의 입장을 고수해서 갈등을 노출할 것이다.

내가 진정한 권세에 순종할 때, 진정한 권세는 영적이고 나의 도덕적 자유를 존중하기 때문에 열등감이나 왜소해지는 느낌을 갖지 않는다. 옳지 않은 권세는(다른 사람의 의지나 생각을 강요하는 것) 나의 도덕적 자유를 존중하지 않고 강요하거나 조종하려 한다. 그러면 나는 따르든지 아니면 반발한다. 나는 보통 반발함으로써 덜 위험에 처한다.

이 원리를 이해하는 것이 부모들에게 중요하다. 그리고 교회 지도자들에게 똑같이 중요하다. 메노 사이몬(Menno Simon)이 400여 년 전에 말했듯이 교회 내의 영적 권위는 믿지 않는 사람들을 순종하게 하지는 못한다. 교회의 영적 권위는 순종하는 사람들이 거룩한 삶을 살도록 해주기 위함이다.

기대와 기쁨

현재 세계적으로 널리 퍼진 은사주의 부흥의 특징 중 하나는 하나님의 백성들에게 기쁨이 되돌아오는 것이다. 위대한 독일의 설교자인 헬무

트 틸리케(Helmut Thelike)는 "그리스도인들이 매주일 아침 교회에서 나올 때 하나님 아버지의 잔치에 참여했던 것처럼 보이는 대신에 보통은 그들의 죄를 막 경매해버린 것처럼, 그리고 그것을 다시 갖고 싶어하는 것처럼 보인다!"라고 했다. 오늘날에는 그러한 결론이 맞지 않는 많은 성도들의 모임이 있음으로 인해 하나님을 찬양하자.

창조 그 자체는 기쁨에서 태어났다. 지구의 기초가 놓을 때를 "그 때에 새벽 별들이 기뻐 노래하며 하나님의 아들들이 다 기뻐 소리를 질렀느니라"(욥 38:7)라고 욥기는 우리에게 말한다.

지혜이신 그리스도에 대한 구약의 위대한 구절을 우리는 읽게 된다.

> 또 땅의 기초를 정하실 때에 내가 그 곁에 있어서 창조자가 되어 날마다 그의 기뻐하신 바가 되었으며 항상 그 앞에서 즐거워하였으며 사람이 거처할 땅에서 즐거워하며 인자들을 기뻐하였느니라(잠 8:29-31)

인간은 기쁨을 경험할 필요가 있다. 환희에 대한 필요라고 해도 과장이 아니다. 인간은 자신의 마음속에서 지극한 기쁨을 갈망하고 있다. 하와가 선악과나무에서 기쁨의 약속을 본 후로부터 인간은 그러한 경험을 추구해왔다. 오늘날 인간은 성을 통해서, 환각제를 통해, 신비주의를 통해, 명상요법을 등을 통해 추구하고 있다. 이러한 방법의 일부는 해롭고 위험하며, 다른 것은 더 긍정적일 수 있지만 모두 비기독교적이며 그러므로 궁극적으로는 지속적인 결과를 만들어 내지 못한다.

기쁨을 찾는데 있어서 우리가 알아야 할 두 가지가 있다.

첫째는 **기쁨은 항상 부산물이다.** 그것은 그 자체로서 목적이나 목표가 결코 될 수 없다. 진정한 기쁨이라면 그것은 항상 다른 경험의 부산물인 것이다. 기쁨으로써의 기쁨을 구하는 것은 행복을 위한 행복을 구하는 것과 마찬가지로 그 즉시 우리가 그것을 찾지 못한다. 그러한 추구는 사실 역효과를 초래한다. 당신은 기쁨을 추구하는 것을 시작하기 전보다 더 비참해질 수 있다.

둘째는 **이런 부산물인 기쁨을 경험하는 것에 대한 본질이다.** 성경은 인간의 지극한 기쁨은 오직 한 가지 경험에서만 나온다고 아주 분명히 말하고 있다. 즉, **살아계신 하나님을 개인적으로 만나는 경험이다.**

그런즉 내가 하나님의 제단에 나아가 나의 큰 기쁨의 하나님께 이르리이다
(시 43:4)

주의 앞에는 충만한 기쁨이 있고 주의 오른쪽에는 영원한 즐거움이 있나이다
(시 16:11)

하나님의 나라는 먹는 것과 마시는 것이 아니요 오직 성령 안에 있는 의와 평강과 희락이라(롬 14:17)

예수를 너희가 보지 못하였으나 사랑하는도다 이제도 보지 못하나 믿고 말할 수 없는 영광스러운 즐거움으로 기뻐하니(벧전 1:8)

만약 베드로전서 1장 8절의 말씀이 그 말하는 바를 정말 뜻한다면, 그리스도인으로서 25년을 살면서 나는 무엇인가 아주 중대한 것을 놓쳤음을 처음으로 깨닫게 되었다. 나는 "말할 수 없는 영광스러운 즐거움으로 기뻐하니"라는 것이 무엇을 뜻하는지 상상조차 할 수 없었다.

나는 결코 내가 성령세례 받았던 그 밤을 잊지 못할 것이다. 나는 부흥에 대한 수많은 책을 읽었기 때문에 일어날 만한 일이 일어나도록 그때까지 내가 할 수 있는 모든 것을 해보았다. 하나님이 정말 나를 만나셨다면, 내가 그러시기를 간절히 바랐기 때문에 주님은 나에게 내 영혼의 깊은 곳에까지 죄성이 있음을 내게 확증할 것이라고 결론지었다. 나는 그러한 것을 실제로 경험하고 싶은 마음이 너무도 간절하여 바짝 용기를 내었다. 그러나 실제로 일어난 일은 내 모든 기대와는 전혀 달랐다. 내가 기도받고 있는 동안 내 영혼의 깊은 곳에서 나는 성령 하나님을 만졌고 내 속에서부터 순수한 형언할 수 없는 기쁨이 터져 나왔다.

내 모든 의심과 두려움 후에 나는 하나님은 실제로 계시며 하나님은 멋지고 하나님은 내 속에 계시다는 것을 발견했다. 나는 기쁨으로 웃고 소리쳤다. 마침내 나는 주님께 멈추게 해달라고 말해야 했다. 나는 그때 감당할 수 있는 그 이상을 누렸다. 오, 할렐루야! 놀라운 것은 20년이 넘어서도 그 경험은 오늘날에도 그때와 같이 신선하고 새롭고 흥분되고 기쁜 것, 아니 그 이상이라는 것이다.

이제 당신은 소망과 기쁨이 연결되는 것을 이해할 수 있는가? 성령의 임재를 경험할 수 있게 하는 기대는 기쁨 안에서 성취되는 것을 발견한다. "소망의 하나님이 모든 기쁨과 평강을 믿음 안에서 너희에게 충만하게 하사 성령의 능력으로 소망이 넘치게 하시기를 원하노라"(롬15:13)

성령의 열매는 기쁨으로 시작한다. 초기의 제자들은 우리가 읽었듯이 "기쁨과 성령이" 계속적으로 충만했다(행 13:52).

두려움이나 분노 같은 부정적인 감정은 우리 몸 안에 기능적이고 신체적인 혼란이 초래할 수 있지만 기쁨은 사람을 치료한다. 그것은 생명을 주는 것이다. "마음의 즐거움은 얼굴을 빛나게 하여도 마음의 근심은 심령을 상하게 하느니라"(잠 15:13).

마음의 즐거움은 양약이라도 심령의 근심은 뼈를 마르게 하느니라(잠 17:22)

내게 즐겁고 기쁜 소리를 들려 주시사 주께서 꺾으신 뼈들도 즐거워하게 하소서 (시 51:8)

근심하지 말라 여호와로 인하여 기뻐하는 것이 너희의 힘이니라(느 8:10)

요한 웨슬레가 침상에서 죽음을 맞이하던 때를 옛 설교자 중 한사람은 이렇게 기록하였다. "구세주의 얼굴을 마주 보는 것을 기대하는 그의 기쁨이 너무나 지극해서 그는 두 주를 더 살 수 있었다." 나는 그 말을 좋아한다! 당신은 마침내 예수님을 볼 것이라는 기쁨으로 무아지경이 된 늙은 군사를 상상할 수 있는가? 그 기쁨이 그의 연약한 늙은 몸에 아드레날린을 뿜어 대서 하루하루를 더 살게 했다.

마지막으로 기쁨은 그 본질 그대로 표현되어야 한다. 얼마나 많은 기쁨이 성경에 나오는지 보는 것은 매우 중요하다. 아무 성경이든 거기에 기쁨, 환희, 즐거움 같은 말이 몇 번 나와 있는지 살펴보라. 그리고 그들이 어떤 것과 연결되어 있는지 보라. 노래하는 것(시 71:23), 소리치는 것(사 35:10), 춤추는 것(렘 31:13), 뛰는 것(눅 6:23), 손뼉 치는 것(시 47:1), 음악(대상 15:28) 등이다.

기뻐하는 그리스도인들은 복음을 가장 강력하고 설득력 있게 광고하는 자이기 때문에 기쁨은 진정한 복음전도의 비밀이다. 성령 안에서의 기쁨은 소멸할 수 없고 상황에 관계없다. 왜냐하면 상황이 만들어 낼 수도 없고 빼앗을 수도 없기 때문이다. 예수님은 제자들에게 말씀하셨다. "내가 다시 너희를 보리니 너희 마음이 기쁠 것이요 너희 기쁨을 빼앗을 자가 없으리라"(요 16:22).

우리 인간의 영에는 기쁨의 근원이 거하신다. 바로 성령 하나님이시다. 우리가 주님을 향하여 열린 기대(혹은 소망)의 태도를 가지고 살면 기쁨은 우리 몫이 될 것이다. 기쁨으로 우리는 구원의 샘에서 계속해서 물을 긷는 것이다.

자유케 된 자아

지은이 탐 마샬
옮긴이 예수전도단

1994년 6월 20일 1판 1쇄 펴냄
2004년 5월 24일 개정1판 1쇄 펴냄
2018년 6월 25일 개정2판 1쇄 펴냄
2022년 5월 01일 개정2판 2쇄 펴냄

펴낸곳 도서출판 예수전도단
출판 등록 1989년 2월 24일(제2-761호)
주소 서울특별시 관악구 신림로7나길 14
전화 02-6933-9981 · **팩스** 02-6933-9989
전자우편 ywam_publishing@ywam.co.kr
홈페이지 www.ywampubl.com

ISBN 978-89-5536-567-2
책값은 뒤표지에 있습니다.

본 저작물의 한국어판 소유권은 도서출판 예수전도단에 있습니다.
잘못된 책은 바꾸어 드립니다.